Manual dos
**JUIZADOS ESPECIAIS
ESTADUAIS CÍVEIS**

01083

P552m   Philippsen, Adair
        Manual dos Juizados Especiais Estaduais Cíveis: anotações, jurisprudência, roteiros. / Adair Philippsen, Artur Arnildo Ludwig. — Porto Alegre : Livraria do Advogado Editora, 2004.
        215 p.; 16 x 23 cm.

        ISBN 85-7348-321-0

        1. Juizado Especial Cível. 2. Justiça estadual. I. Ludwig, Artur Arnildo. II. Título.

                                        CDU - 347.919.3

        Índices para o catálogo sistemático:
        Juizado Especial Cível
        Justiça estadual

        (Bibliotecária responsável: Marta Roberto, CRB-10/652)

Adair Philippsen
Artur Arnildo Ludwig

Manual dos
JUIZADOS ESPECIAIS
ESTADUAIS CÍVEIS

Anotações
Jurisprudência
Roteiros

Porto Alegre 2004

© Adair Philippsen
Artur Arnildo Ludwig
2004

Revisão de
Rosane Marques Borba

Capa, projeto gráfico e diagramação de
Livraria do Advogado Editora

Direitos desta edição reservados por
Livraria do Advogado Editora Ltda.
Rua Riachuelo, 1338
90010-273 Porto Alegre RS
Fone/fax: 0800-51-7522
livraria@doadvogado.com.br
www.doadvogado.com.br

Impresso no Brasil / Printed in Brazil

"O Direito, como disse o grande Benjamin Cardozo, recordando Roscoe Pound, deve ser estável, mas não pode permanecer imóvel, como viajante, deve estar pronto para o amanhã. Esta a missão que nos cabe: criar um novo processo e com ele uma nova 'justiça', para responder aos desafios de um novo tempo. Para isso, além de esforços, talento e uma nova mentalidade, precisamos acreditar e ter esperança."

Min. Sálvio de Figueiredo Teixeira

Prefácio

Os Juizados Especiais constituem a mais importante inovação introduzida no sistema judiciário, com alteração profunda no procedimento e na organização dos serviços. Nos últimos anos, representa 1/3 do movimento forense do Estado do Rio Grande do Sul, e seu custo é de 10% da despesa com a jurisdição comum.

Nascidos de uma experiência exitosa da AJURIS, sendo o nosso Estado o primeiro que se preocupou em implantar o novo sistema da Lei 9.099/95 em todas as comarcas e em muitas sedes de Municípios sem serviços instalados, bem como em faculdades, escolas e bairros, e onde foi editada a primeira revista de jurisprudência de seus julgados, é natural surgisse aqui uma publicação destinada a servir de guia para os trabalhos do dia-a-dia dos Juizados Cíveis. Não participei daquela fase inicial de pioneirismo e informalidade, mas colaborei com as que se seguiram, com o entusiasmo de quem acredita seja este o rumo certo para a solução eficaz de alguns dos problemas da prestação jurisdicional, que se torna cada vez mais onerosa e lenta, com perspectiva de aumento continuado da demanda.

O Dr. Adair Philippsen e o Des. Artur Arnildo Ludwig, magistrados com larga experiência nos Juizados, elaboraram cuidadosamente este trabalho para servir de verdadeiro manual a todos quantos atuam no Foro. Contém a reprodução dos artigos da Lei 9.099/95, com comentários objetivos sobre o conteúdo da norma, indicação de regulamentos administrativos da Corregedoria-Geral da Justiça e, principalmente, ementas da jurisprudência dos Juizados Especiais, específica para as questões de direito processual e direito material de sua competência, oriunda de Turmas Recursais, Súmulas, Enunciados. Creio que reúne a mais completa resenha da jurisprudência dos Juizados, de utilidade evidente. Ainda contém roteiros para a audiência de conciliação, para a audiência de instrução e julgamento, para a audiência de execução e para a de conciliação na execução de títulos extrajudiciais, e um quadro de prazos.

A oportunidade de sua publicação está em duas razões. Em primeiro, porque é preciso realçar a importância dos Juizados Especiais na estrutura do Poder Judiciário, para o que este Manual chama a atenção, pois em muitos Estados da Federação sequer foram instalados, ou o foram de modo insuficiente. Passada a fase experimental, e provado que o sistema pode funcionar e bem, não utilizá-lo adequadamente, ou permitir que seus serviços percam qualidade e presteza, significa mau gerenciamento dos serviços judiciários, uma vez que os defeitos, nesse caso, não podem ser atribuídos ao Legislativo (lei existe), nem à escassez de recursos orçamentários (suas despesas são pequenas). Em segundo lugar, porque os Juizados, especialmente os Cíveis, foram instituídos a partir de uma visão desburocratizada da Justiça, que pode ser informal e célere, sendo decisivo que tais características, realçadas em obra como esta, não sejam desvirtuadas por uma rotina de retorno ao modelo antigo, comodamente formalista e lento.

Por tudo, isso estou honrado e ao mesmo tempo feliz de poder apresentar um trabalho jurídico com esse conteúdo e um tal significado.

Min. Ruy Rosado de Aguiar Júnior

Abreviaturas

Ag-Rg	Agravo Regimental
AI	Agravo de Instrumento
AJG	Assistência Judiciária Gratuita
Apel.	Apelação
Apel. Cív.	Apelação Cível
Apel. Crim.	Apelação Criminal
AR	Aviso de Recebimento
Câm. Cív.	Câmara Cível
CC	Código Civil
CDC	Código de Defesa do Consumidor (Lei nº 8.078, de 11-09-1990)
CE	Constituição do Estado do Rio Grande do Sul
CEC	Câmara Especial Cível
CF	Constituição da República Federativa do Brasil
CCo	Conflito de Competência
CGJ-RS	Corregedoria-Geral da Justiça do Estado do Rio Grande do Sul
CNI-ENM	Comissão Nacional de Interpretação da Lei nº 9.099, sob a coordenação da Escola Nacional da Magistratura
CPC	Código de Processo Civil
CR-SP	Colégio Recursal do Estado de São Paulo
DJU	Diário da Justiça da União
Des.	Desembargador
DOE	Diário Oficial do Estado do Rio Grande do Sul
EA	Estatuto da Advocacia (Lei nº 8.906, de 04-07-1994)
ECJEs	Encontro de Coordenadores de Juizados Especiais
ECJTR-RJ	Encontro de Coordenadores de Juízes das Turmas Recursais dos Juizados Especiais do Rio de Janeiro
Edcl	Embargos de Declaração
EI	Embargos Infringentes
EJECiv	I Encontro dos Juizados Especiais Cíveis do Rio Grande do Sul
EJJEs-RJ	Encontro de Juízes dos Juizados Especiais do Rio de Janeiro
EJJEsI-RJ	Encontro de Juízes de Juizados Especiais e Adjuntos Cíveis do Interior do Rio de Janeiro
EJTR-RJ	Encontro de Juízes dos Juizados Especiais Cíveis e de Turmas Recursais do Rio de Janeiro
EM-RJ	Encontro dos Magistrados dos Juizados Especiais do Rio de Janeiro

Exp.	Expediente
FONAJE	Fórum Permanente dos Coordenadores dos Juizados Especiais do Brasil
Fórum-BA	V Fórum Permanente de Estudos e Debates dos Juizados Especiais e Processo Civil da Bahia
HC	*Habeas Corpus*
inc.	Inciso
JE	Juizado Especial
JECiv	Juizado Especial Cível
JEE	Juizado Especial Estadual
JEF	Juizado Especial Federal
JEs	Juizados Especiais
JPC	Juizado de Pequenas Causas – Doutrina – Jurisprudência (Tribunal de Justiça do Estado do Rio Grande do Sul)
JTARGS	Julgados do Tribunal de Alçada do Estado do Rio Grande do Sul
LI	Lei do Inquilinato (Lei nº 8.245, de 18-10-1991)
LJE	Lei dos Juizados Especiais (Lei nº 9.099, de 26-09-1995)
Min.	Ministro
MP	Ministério Público
MS	Mandado de Segurança
NE	Nota de expediente
OAB	Ordem dos Advogados do Brasil
Of. Circ.	Ofício Circular
p.	página
parág.	parágrafo
Proc.	Processo
RE	Recurso Extraordinário
Rec.	Recurso
Rel.	Relator
Rela.	Relatora
Res.	Resolução
Resp	Recurso Especial
RJE	Revista dos Juizados Especiais – Doutrina – Jurisprudência (Tribunal de Justiça do Estado do Rio Grande do Sul)
RJE-BA	Revista dos Juizados Especiais – Tribunal de Justiça do Estado da Bahia
RJJERJ	Revista de Jurisprudência dos Juizados Especiais do Rio de Janeiro
RJTJRGS	Revista de Jurisprudência do Tribunal de Justiça do Estado do Rio Grande do Sul
RMS	Recurso em Mandado de Segurança
RO	Recurso Ordinário
RSTJ	Revista do Superior Tribunal de Justiça
RT	Revista dos Tribunais
STF	Supremo Tribunal Federal
STJ	Superior Tribunal de Justiça
TA	Tribunal de Alçada
TARS	Tribunal de Alçada do Estado do Rio Grande do Sul
TACSP	Tribunal de Alçada Civil do Estado de São Paulo
TAMG	Tribunal de Alçada do Estado de Minas Gerais

T.	Turma
TJES	Tribunal de Justiça do Estado do Espírito Santo
TJGO	Tribunal de Justiça do Estado de Goiás
TJMS	Tribunal de Justiça do Estado de Mato Grosso do Sul
TJPR	Tribunal de Justiça do Estado do Paraná
TJRJ	Tribunal de Justiça do Estado do Rio de Janeiro
TJRS	Tribunal de Justiça do Estado do Rio Grande do Sul
TJSC	Tribunal de Justiça do Estado de Santa Catarina
TR	Turma Recursal
TRCiv	Turma Recursal Cível
TR/AM	Turma Recursal do Estado do Amazonas
TR/DF	Turma Recursal do Distrito Federal
TRF	Tribunal Regional Federal
TRF/RS	Turma Recursal de Férias do Estado do Rio Grande do Sul
TR/MG	Turma Recursal do Estado de Minas Gerais
TR/MT	Turma Recursal do Estado do Mato Grosso
TR/PR	Turma Recursal do Estado do Paraná
TR/RN	Turma Recursal do Estado do Rio Grande do Norte
TR/RS	Turma Recursal do Estado do Rio Grande do Sul
TRE	Tribunal Regional Eleitoral
TRs	Turmas Recursais
v.	veja

Sumário

Introdução   17

Capítulo I – Disposições Gerais   19
  Art. 1º Criação e finalidade   19
  Art. 2º Critérios   21

Capítulo II – Dos Juizados Especiais Cíveis   24
  Seção I – Da Competência   24
  Art. 3º Atribuições – Execução – Exclusão da competência – Renúncia de crédito   24
  Art. 4º Competência de foro   40
  Seção II – Do Juiz, dos Conciliadores e dos Juízes Leigos   43
  Art. 5º Poderes do juiz   43
  Art. 6º Critérios de decisão   45
  Art. 7º Auxiliares da Justiça – Impedimentos   46
  Seção III – Das Partes   49
  Art. 8º Exclusões – Legitimação ativa   49
  Art. 9º Assistência por advogado – Preposto   55
  Art. 10. Intervenção de terceiros e litisconsórcio   61
  Art. 11. Intervenção do Ministério Público   64
  Seção IV – Dos Atos Processuais   65
  Art. 12. Publicidade e realização dos atos processuais   65
  Art. 13. Validade – Nulidade – Atos fora da Comarca – Registro e conservação   65
  Seção V – Do Pedido   70
  Art. 14. Instauração do processo – Requisitos da petição inicial – Pedido genérico – Pedido oral   70
  Art. 15. Pedidos alternativos ou cumulados   76
  Art. 16. Designação de sessão de conciliação   77
  Art. 17. Instauração da sessão – Pedidos contrapostos   78
  Seção VI – Das Citações e Intimações   79
  Art. 18. Citação – Citação por correspondência – Citação de pessoa jurídica ou firma individual – Citação por oficial de justiça – Advertência – Citação por edital – Comparecimento espontâneo   79
  Art. 19. Intimação   83
  Seção VII – Da Revelia   85
  Art. 20. Revelia   85
  – Fluxograma do Juizado Especial Cível   93

Seção VIII – Da Conciliação e do Juízo Arbitral 94
Art. 21. Conciliação e vantagens 94
– *Roteiro para audiência de conciliação* 94
– *Recomendações aos conciliadores* 95
Art. 22. Condução da conciliação – Homologação 96
Art. 23. Julgamento antecipado. Revelia 98
Art. 24. Arbitragem – Instauração – Escolha do árbitro 98
Art. 25. Critérios do árbitro e eqüidade 98
Art. 26. Entrega e homologação do laudo arbitral 98
Seção IX – Da Instrução e Julgamento 99
Art. 27. Audiência de instrução e julgamento – Designação e intimação 99
Art. 28. Fases da audiência 100
– *Roteiro da audiência de instrução e julgamento* 100
– *Esboço de ata de audiência de instrução e julgamento* 101
Art. 29. Incidentes – Juntada de documentos 105
Seção X – Da Resposta do Réu 106
Art. 30. Conteúdo da contestação e exceções 106
Art. 31. Reconvenção e pedidos contrapostos 110
Seção XI – Das Provas 112
Art. 32. Meios probatórios 112
Art. 33. Produção de provas 116
Art. 34. Limite do número de testemunhas – Intimação de testemunhas – Prazo – Condução 119
Art. 35. Prova técnica – Inspeção Judicial 123
Art. 36. Registro da prova oral 126
Art. 37. Juiz leigo 127
– *Recomendações aos juízes leigos* 127
Seção XII – Da Sentença 128
Art. 38. Conteúdo da sentença – Liquidez da sentença 128
Art. 39. Ineficácia da sentença 132
Art. 40. Decisão do juiz leigo 134
Art. 41. Cabimento do recurso – Julgamento do recurso – Capacidade postulatória 134
Art. 42. Prazo de interposição – Preparo – Resposta 143
Art. 43. Efeitos 151
Art. 44. Transcrição de gravação 151
Art. 45. Intimação do julgamento 152
Art. 46. Conteúdo do acórdão 152
Art. 47. (vetado) 152
Seção XIII – Dos Embargos de Declaração 153
Art. 48. Cabimento – Correção de erro material 153
Art. 49. Prazo e forma de interposição 155
Art. 50. Suspensão do prazo do recurso principal 155
Seção XIV – Da Extinção do Processo sem Julgamento do Mérito 156
Art. 51. Hipóteses de extinção do processo – Ausência do autor – Inadmissibilidade do procedimento – Incompetência Territorial – Impedimentos – Sucessão – Intimação das partes – Força maior 156

Seção XV – Da Execução   175
Art. 52. Processamento da execução de sentença – Liquidez da sentença – Conversão de índices – Intimação da sentença – Execução forçada – Cominação de multa – Obrigação de fazer – Alienação forçada de bens – Dispensa de editais – Embargos à execução   175
– *Roteiro para audiência de execução*   177
Art. 53. Processamento da execução de título extrajudicial – Penhora – Audiência de conciliação – Ausência ou improcedência dos embargos – Extinção do processo   192
– *Roteiro para audiência de conciliação na execução de título executivo extrajudicial*   193
Seção XVI – Das Despesas   199
Art. 54. Isenção de custas, taxas ou despesas – Preparo do recurso   199
Art. 55. Custas e honorários – Custas na execução   201
Seção XVII – Disposições Finais   205
Art. 56. Assistência judiciária   205
Art. 57. Acordo extrajudicial   205
Art. 58. Ampliação das hipóteses de conciliação   207
Art. 59. Ação rescisória   207
Capítulo IV – Disposições Finais Comuns   208
Art. 93. Legislação estadual   208
Art. 94. Serviços de cartório   208
Art. 95. Prazo de instalação dos Juizados Especiais   208
Art. 96. Vigência da lei   209
Art. 97. Revogações   209
– *Quadro de prazos*   210

Índice analítico   211

Introdução

A extraordinária e crescente procura pelos Juizados Especiais obriga magistrados, promotores, juízes leigos, conciliadores, servidores, advogados e prepostos, como sabido, a freqüentes pesquisas para solução de dúvidas que surgem no dia-a-dia. E a resposta almejada, como é de se esperar, precisa ser encontrada com rapidez. Do contrário, até estará sendo desatendido um dos mais importantes critérios – se não for o primordial – do sistema: a celeridade.

Para tal mister, também, a fonte de consulta, sem pender para exaustivas e volumosas elucubrações, parece deva considerar outro dos princípios dos Juizados Especiais: a simplicidade.

Com esses singelos e definitivos propósitos é que foi concebido o presente Manual. O fito é transformá-lo em simples, rápido e, sobretudo, prático livro de pesquisa a todos aqueles que lidam com os Juizados Especiais.

Para tanto, é reproduzida a íntegra do texto legislativo, acrescentando-se a cada dispositivo anotações que destacam a jurisprudência, especialmente das Turmas Recursais do Rio Grande do Sul, estado pioneiro na adoção desse sistema instrumental. Embora não se alimente a pretensão de que o Manual seja um repositório jurisprudencial, faz-se alusão a acórdãos daqueles Colegiados. O que quer significar que as notas refletem os temas de maior debate nesses quase dez anos de vigência da lei, além de traduzir posições já solidificadas, estas a partir de súmulas e enunciados.

As anotações, ainda, aludem a conclusões e proposições apresentadas em encontros promovidos para estudos acerca dos Juizados Especiais, bem como fazem menção a sugestões e orientações da Corregedoria-Geral da Justiça do RS. Para completar, o Manual traz roteiros de audiências, fluxogramas e quadro de prazos.

Assim sendo, esperamos possa o presente trabalho – para cuja consecução foram decisivas as colaborações da Bacharela Maria Ester Hartmann Philippsen, na tarefa de digitação dos dados, e do ilustre Promotor de Justiça Nilton Kasctin dos Santos, responsável pela revisão final do texto, a quem registramos nossos agradecimentos, de alguma forma, auxiliar os operadores e contribuir para o aperfeiçoamento do sistema e da aplicação da Justiça.

Lei nº 9.099, de 26 de setembro de 1995(1, 1a)

CAPÍTULO I
DISPOSIÇÕES GERAIS

CRIAÇÃO E FINALIDADE
Art. 1º Os Juizados Especiais Cíveis e Criminais, órgãos da Justiça Ordinária, serão criados pela União (2), no Distrito Federal e nos Territórios, e pelos Estados (2a, 2b), **para conciliação** (3), **processo, julgamento** (4) **e execução** (5), nas causas de sua competência (6).

(1) *A lei regulamenta o art. 98 da CF:* A União, no Distrito Federal e nos Territórios, e os Estados criarão: I – juizados especiais, providos por juízes togados, ou togados e leigos, competentes para a conciliação, o julgamento e a execução de causas cíveis de menor complexidade e infrações penais de menor potencial ofensivo, mediante os procedimentos oral e sumaríssimo, permitidos, nas hipóteses previstas em lei, a transação e o julgamento de recursos por turmas de juízes de primeiro grau.
(1a) Art. 24, X, e §§ 1º e 4º, CF. Art. 5º, IV, do CDC.
No RS a Lei nº 10.675, de 02-01-96, criou o Sistema dos JEs.
(2) A Lei nº 10.259, de 12-07-01, instituiu os Juizados Especiais Cíveis e Criminais no âmbito da Justiça Federal e, em seu art. 20, segunda parte, estabeleceu ser vedada a aplicação da referida lei no juízo estadual. "Por expressa disposição legal – art. 20 da Lei nº 10.256/2001 -, não se aplica a Lei dos Juizados Especiais Federais na Justiça Estadual. É nula a citação procedida na Justiça Estadual com base nas disposições da Lei nº 10.259/01" (AI nº 120245/SC, TRF/4ª Reg., 6ª Turma, Rel. Juiz Néfi Cordeiro, 01-04-03).
(2a) Art. 1º, parágrafo único, da Lei nº 10.675, em atendimento ao art. 93 da LJE, dispõe que: "A opção pelos Juizados Especiais Cíveis é do autor da ação." O art. 3º, § 3º, também fala em "opção" pelo procedimento

previsto na LJE. Mas, na Assembléia Legislativa do RS, por iniciativa do TJ, tramita projeto de lei visando a tornar obrigatória, no âmbito estadual, a competência do JECiv nas demandas de valor até 40 vezes o salário mínimo nacional.

(2b) "Os JECiv podem ser escolhidos pelas partes, comportando-se a ação a ser proposta no seu âmbito, segundo definição legal. Mas não é obrigatória a sua jurisdição. A parte interessada pode escolher a Justiça Comum para, perante a mesma, ajuizar a sua causa" (Apel. Cív. n° 2001.001.10193, TJRJ, 16ª Câm. Cív., Rel. Des. Ronald Valladares, 12-03-02).

Nesse sentido: "Ao autor é facultada a opção entre, de um lado, ajuizar a sua demanda no JE, desfrutando de uma via rápida, econômica e desburocratizada, ou de outro, no Juízo Comum, utilizando, então, o procedimento sumário" (Resp n° 146.189-RJ, STJ, 4ª T., Rel. Min. Barros Monteiro, 24-03-98). "Se a autora preconiza a devolução de valor inferior ao estabelecido pelo art. 3°, I, da LJE, pode a ação ser proposta perante o JE, sendo esta uma opção sua" (Resp n° 331891/DF, STJ, 3ª T., Rel. Min. Antônio de Pádua Ribeiro, 21-03-02). E isso porque: "A possibilidade do ajuizamento em citados juízos não tem escopo de dificultar, mas sim de facilitar o tutelado na escolha do procedimento que melhor ampare suas pretensões, vez que a interpretação restritiva é claramente incompatível com a missão do sistema processual de garantir o pleno acesso à justiça" (Apel. s/ Revisão n° 567672-00/1, 2° TACiv/SP, 10ª Câm., Rel. Marcos Martins, 27-01-00).

Por isso "o exercício do direito de ação no Juizado Especial Cível é facultativo para o autor" (Enunciado Cível 1 do FONAJE).

Também: "Sendo uma opção do autor da demanda a escolha do processo, não é absoluta a competência dos Juizados Especiais Cíveis" (JTARGS, 99/210). Idem: RJTJRGS, 179/268 181/221-229, 183/411.

Em contrário: "A execução por título extrajudicial de valor não excedente de 40 (quarenta) vezes o salário mínimo deve ser proposta no JECiv, cuja competência é absoluta, em face da regra contida no art. 3°, I e § 1°, II, da LJE. O credor somente poderá optar entre o JE e a Justiça Comum se seu crédito exceder a 40 salários mínimos, importando a opção renúncia ao crédito que ultrapassar o referido limite, nos termos do art. 3°, § 3°, da LJE. É absoluta a competência *ratione materiae*, prevista no art. 3° da Lei Instituidora dos JEs, que, diversamente da Lei 7244/84, não faculta ao autor optar pela justiça comum" (CCo n° 2211434, TAMG, 7ª Câm. Cív., Rel. Antônio Carlos Cruvinel, 17-10-96). "É absoluta a competência do juizado especial cível para o julgamento das causas de que trata o art. 3° da LJE" (Apel. Cív. n° 99.019922-3, TJSC, 3ª Câm. Civ, Rel. Des. Sérgio Paladino, 09-03-00).

(**3**) v. Arts. *2º, in fine*, 21 e seguintes.
(**4**) v. Arts. 27-29 e 38-46.
(**5**) v. Arts. 52 e 53.
(**6**) v. Art. 3º.

CRITÉRIOS
Art. 2º O processo orientar-se-á pelos critérios (1) **da oralidade** (2)**, simplicidade** (3)**, informalidade** (4)**, economia processual** (5) **e celeridade** (6, 7, 8)**, buscando, sempre que possível, a conciliação ou a transação** (9)**.**

(**1**) Sem incidência supletiva do CPC, ao contrário do que ocorre nos Juizados Especiais Criminais, pois, quanto a estes há aplicação subsidiária das disposições dos Códigos Penal e de Processo Penal, segundo o art. 92 da LJE.
A propósito, "o procedimento do JE é comandado pelos princípios do art. 2º da LJE, pelo que são inaplicáveis os regramentos do CPC, salvo quando se trata de normas subsidiárias" (Rec. nº 01196888570, Rel. Claudir Fidélis Faccenda, RJE 18/54)."No sistema dos JECivs, estão previstos apenas dois recursos, o 'inominado', do art. 41, e os 'embargos de declaração', do art. 48. Antes de buscar aplicação subsidiária do CPC, impõe-se dar aplicação ao art. 2º da própria LJE, que orienta o processo por critérios próprios. No caso, os da informalidade e da economia, que autorizam identificar outras possibilidades de defesa para o agravante, notadamente embargos de devedor após a penhora, que, ao que consta, ainda não se perfectibilizou, abrindo-se aquelas possibilidades recursais regulares, não sendo necessário importar este recurso da Justiça Comum para a garantia do Direito Constitucional da ampla defesa" (RJE 18/86).
Contra: "Há aplicação subsidiária do CPC à Lei 9099/95 em tudo que for compatível com as normas específicas ou princípios norteadores do microssistema dos Juizados Especiais Cíveis" (Enunciado Cível 9 do I EM-RJ).
(**2**) (ORALIDADE) Podem ser orais: o mandato ao advogado (art. 9º, § 3º); o pedido (art. 14, *caput*); a contestação (art. 30); o pedido contraposto (art. 31); os depoimentos das partes, das testemunhas e de técnicos (arts. 35 e 36); os embargos de declaração (art. 49); a execução de título judicial (art. 52, IV) e os embargos na execução de título extrajudicial (art. 53, § 1º).
(**3**) (SIMPLICIDADE) Art. 10 (inadmissão, no processo, de intervenção de terceiro ou de assistência); art. 14, §§ 1º, 2º e 3º (o pedido é feito de forma simples, podendo ser genérico e em sistema de fichas ou formu-

lários impressos); art. 18 (citação por correspondência e, sendo necessária, por Oficial de Justiça, independentemente de mandado ou carta precatória, não sendo admitida citação por edital); art. 19 (as intimações observam a forma prevista para a citação ou qualquer outro meio idôneo de comunicação); art. 31 (inadmissão de reconvenção); art. 34 (comparecimento das testemunhas independentemente de intimação); art. 37 (instrução dirigida por juiz leigo); art. 38 (a sentença dispensa relatório); art. 41, § 1º (recurso julgado por turma composta por três juízes de primeiro grau); art. 46 (o julgamento em segundo grau constará apenas de ata, com fundamentação sucinta e dispositivo); art. 57 (valem como títulos executivos judicial e extrajudicial, respectivamente, o acordo homologado pelo juiz, independentemente de termo, e o acordo, por instrumento escrito, referendado pelo MP); art. 59 (inviabilidade de rescisória).

(4) (INFORMALIDADE) Art. 5º (liberdade do juiz na determinação da produção da prova); art. 9º, *caput* (desnecessidade de assistência da parte por meio de advogado); art. 13, § 2º (a prática de atos processuais em outras comarcas pode ser solicitada por qualquer meio de comunicação); art. 13, § 3º (registro apenas dos atos essenciais); art. 16 (o pedido independe de distribuição e autuação); art. 17 e parágrafo (em caso de comparecimento das partes à sessão de conciliação, são dispensados o registro do pedido e a citação, bem como a contestação formal se há pedidos contrapostos); art. 32 (admissão de todos os meios de prova moralmente legítimos, ainda que sem especificação em lei); art. 36 (a prova oral não será reduzida a escrito); art. 52, IV (dispensa de citação na execução de título judicial); art. 52, VII e VIII (possibilidade de autorização do devedor, do credor ou de terceiro para tratar de alienação de bem penhorado, dispensada a publicação de editais, quando se tratar de bens de pequeno valor); art. 54 (o acesso ao JE independe do pagamento de custas ou taxas em primeiro grau).

(5) (ECONOMIA PROCESSUAL) Art. 13, *caput* (validade dos atos processuais sempre que atendida a finalidade); art. 13, § 1º (a nulidade só será pronunciada em caso de prejuízo); art. 52, III (intimação da sentença em audiência, sempre que possível).

(6) (CELERIDADE) Art. 16 (após o registro do pedido, a própria Secretaria designa sessão de julgamento, a realizar-se no prazo de quinze dias); art. 27, parágrafo único (não sendo possível a realização imediata da instrução, será designada audiência para um dos quinze dias subseqüentes); art. 29 e parágrafo (decisão de plano de todos os incidentes da audiência, inclusive com manifestação imediata de uma das partes sobre documentos apresentados pela outra); art. 33 (produção de todas as provas em audiência); art. 42 (interposição de recurso em 10 dias, com

imediata apresentação das razões); art. 53, § 2° (na execução de título extrajudicial, busca de meio mais rápido e eficaz para a solução do litígio, se possível com dispensa de alienação judicial).

Também por isso "todos os processos de competência do JECiv tramitam durante as férias, não se suspendendo pela superveniência delas" (Súmula n° 9 das Turmas Recursais do JECiv do RS). "Os feitos do JE tramitam normalmente durante as férias forenses, com base no princípio da celeridade processual, consagrado no art. 2°. Seria contrário ao princípio da celeridade que as causas dos JEs não tramitassem nas férias forenses, eis que praticamente todas as causas que seguiam o rito sumário hoje são da competência do JE, e elas corriam durante as férias forenses'" (RJE 19/98-99). "Sendo da própria índole do procedimento especial a sumariedade de seus atos, mais a busca pela celeridade do processo, inaplicável a suspensão do processo pelas férias forenses" (RJE 19/99).

(7) Exemplos de aplicação prática dos princípios do JE:

"Testemunha não ouvida porque não portava carteira de identidade: ilegalidade do procedimento" (RJE 15/47).

"O procedimento nos JEs prescinde do registro dos depoimentos em ata, fazendo-se-o apenas dos considerados essenciais e em resumo" (RJE 15/48).

"Provas juntadas com as razões recursais. Possibilidade de conhecimento em hipótese como a presente, em que deveria ter sido fornecido à recorrente assistência judiciária por litigar no outro pólo pessoa jurídica e face à natureza informal dos JEPCCs" (RJE 15/51).

"Em face dos critérios que informam o procedimento do JE (art. 2°), quando o pedido é deduzido oralmente e registrado pela secretaria de forma deficiente, o autor pode aclará-lo na audiência, incluindo, inclusive, como no caso, solicitação de condenação em multa por inadimplemento contratual (mesma causa de pedir)" (RJE 17/46).

"Se a sentença foi omissa sobre o ponto discutido pelas partes, é possível o julgamento em seu grau, face aos princípios do JE (art. 2°). Vige, aqui, a mitigação do princípio do duplo grau de jurisdição" (RJE 17/54).

"O JE dispensa as formalidades características do processo comum (CPC), orientando-se pelos princípios dos arts. 2°, 5° e 6° da LJE. Por isso, não se faz necessária prévia prestação de contas para cobrança de importâncias recebidas pela procuradora" (RJE 18/55).

"Inexiste nulidade processual pelo aditamento do pedido três dias antes da audiência. Até na audiência de instrução o pedido pode ser aditado, desde que garantido o contraditório. Inteligência do art. 2° da LJE" (RJE 18/99).

"No sistema dos JECivs, onde predominam os princípios da celeridade, simplicidade, oralidade e economia processual, previstos no art. 2°, é possível o aditamento da inicial, para a inclusão de mais um ou de outro réu, mesmo depois da audiência de tentativa de conciliação que, nesses casos, deve ser renovada" (RJE 22/66).

"Apesar de possível a obtenção de cautelar, perante os JEs, não é o caminho mais adequado, uma vez que o procedimento dos JEs é restrito, desenvolvendo-se dentro dos princípios do art. 2°. (...) Indemonstrados os fatos alegados no pedido de vício do título encaminhado a protesto, a ação cautelar de sustação deve ser julgada improcedente" (RJE 22/77).

"A sentença, que excede o que foi postulado pelo autor, deve ser reduzida aos limites do pedido, em face do princípio da congruência, sem a necessidade de decretar sua nulidade, em razão do princípio da informalidade" (RJJERJ 1/72).

(8) Em vista de tais critérios, tem sido destacado também o princípio processual da imediatidade do juiz, porquanto "sem dúvida, o julgador que coleta a prova, visualizando a testemunha e as partes, tem condições peculiares para proferir um julgamento mais preciso e correspondente à realidade dos fatos" (RJE 17/91), particularmente quando a prova preponderante é a testemunhal (RJE 18/89), pois o "Juiz processante julga com a convicção extraída do contato pessoal com as partes e provas coligidas" (RJE 19/63). "Princípio da imediatidade e identidade física do Juiz. O instrutor tem melhores condições de analisar a prova e formar convicção" (RJE 24/52).

(9) V. arts. 447 a 449 do CPC e 840 a 850 do CC.

V. art. 57, e notas, sobre transação (= acordo extrajudicial, de acordo com o legislador).

CAPÍTULO II
DOS JUIZADOS ESPECIAIS CÍVEIS
SEÇÃO I
DA COMPETÊNCIA

ATRIBUIÇÕES
Art. 3º. O Juizado Especial Cível tem competência (1) **para conciliação, processo e julgamento das causas cíveis de menor complexidade** (1a, 1b, 1c, 1d), **assim consideradas:**
I – **as causas cujo valor não exceda a quarenta vezes o salário mínimo** (2, 2a, 2b, 2c, 2d);
II – **as enumeradas no art. 275, inciso II, do Código de Processo Civil** (3, 3a);

III – a ação de despejo para uso próprio (4, 4a, 4b);
IV – as ações possessórias (5) sobre bens imóveis de valor não excedente ao fixado no inciso I deste artigo (5a).
EXECUÇÃO
§ 1º. Compete ao Juizado Especial promover a execução (6):
I – dos seus julgados (6a, 6b);
II – dos títulos executivos extrajudiciais (7), no valor de até quarenta vezes o salário mínimo, observado o disposto no § 1º do art. 8º desta Lei (7a).
EXCLUSÃO DA COMPETÊNCIA
§ 2º. Ficam excluídas da competência do Juizado Especial as causas de natureza alimentar (8, 8a), falimentar (8b), fiscal (8c) e de interesse da Fazenda Pública (8d), e também as relativas a acidentes de trabalho (9, 9a), a resíduos (9b) e ao estado e capacidade das pessoas, ainda que de cunho patrimonial (9c).
RENÚNCIA DE CRÉDITO
§ 3º. A opção pelo procedimento previsto nesta Lei (10) importará em renúncia ao crédito excedente ao limite estabelecido neste artigo (10a), excetuada a hipótese de conciliação (10b).

(1) "Lei local não poderá ampliar a competência do JE" (Enunciado Cível 3 do FONAJE). "O elenco das causas previstas no art. 3º da LJE é taxativo" (Conclusão 12ª do II ECJEs). "É taxativo o elenco das causas previstas no art. 3º da Lei 9.099/95". (Enunciado Cível 30 do FONAJE).
(1a) "A menor complexidade da causa para a fixação da competência é aferida pelo objeto da prova e não em face do direito material" (Enunciado Cível 54 do FONAJE). "O JE não tem competência para apreciar causas em que o valor supera o limite expresso no art. 3º da LJE e naquelas de maior complexidade, a exigir produção de prova incompatível com seus princípios norteadores" (RJJERJ 1/38). "A questão de menor complexidade, aludida pelo art. 3º da LJE, diz respeito à prova pericial e ao valor, que suplanta os 40 salários mínimos, nas hipóteses em que a norma acima indicada estabelece a competência, observando tal critério" (RJE 1/14).
Sobre o que seja causa complexa, v. anotações sobre o art. 51, inc. II.
Exemplos:
"(...) Havendo necessidade de interrupção da audiência para a realização de perícia formal, com quesitos das partes, há complexidade para a instrução da causa, o que torna o JE incompetente e determina a extinção do processo sem julgamento do mérito" (RJE 17/73).
"Cobrança de honorários por prestação de serviços de advocacia e consultoria. Complexidade da matéria e possibilidade teórica de tramitação por rito especial implicam a remessa do feito à jurisdição comum. **Processo extinto**" (RJE 17/74).

"Revisão judicial por alegado vício de vontade e cobrança de taxas abusivas de juros. Aplicação direta da CF. Complexidade da matéria e natureza da norma implicam a remessa do feito à jurisdição comum. Processo extinto" (RJE 17/74).

"Exigindo o ressarcimento por despesas médicas, em face de plano de assistência complementar, na comprovação dos fatos, a realização de prova técnica de perícia colore de complexidade a demanda, impondo o reconhecimento da incompetência do JE. Processo extinto" (RJE 19/95).

"A ação que visa a obter atualização monetária de depósitos do FGTS é de natureza complexa, refugindo, assim, à competência do JE" (Súmula nº 02 das Turmas Recursais do JECiv do RS).

(1b) Ressalvadas as restrições legais, o JE também tem competência para processamento e julgamento de medidas cautelares preparatórias ou incidentais, bem como para antecipação da tutela. Veja-se:

"É cabível a determinação, de ofício, de medidas cautelares no processo de conhecimento, em curso nos Juizados Especiais Cíveis" (Enunciado Cível 11 do II EJJEs-RJ).

"São cabíveis a tutela acautelatória e a antecipatória nos Juizados Especiais Cíveis, em caráter excepcional" (Enunciado Cível 26 do FONAJE).

"A inexistência de previsão legal não impede concessão de provimento liminar ou antecipação de tutela. Aplica-se à LJE, subsidiariamente, o CPC, no que não conflitarem" (RJE 20/101). Contra: "Inviabilidade de concessão de liminar no rito da LJE por falta de previsão legal expressa a permiti-lo" (Rec. Nº 656/97, 4ª TR/RJ, Rel. Gabriel de Oliveira Zefiro). Ainda: "Medida cautelar. Contrapedido. Medida cautelar que visa a obstar desconto de débito contraído contra cooperativa de servidor, e que, efetuado diretamente em conta-corrente, não tem cunho satisfativo e mantém a natureza acessória do processo principal" (RJE 20/93).

"Apesar de possível a obtenção de cautelar, perante os JEs, não é o caminho mais adequado, uma vez que o procedimento dos JEs é restrito, desenvolvendo-se dentro dos princípios do art. 2º. (...) Indemonstrados os fatos alegados no pedido de vício do título encaminhado a protesto, a ação cautelar de sustação deve ser julgada improcedente" (RJE 22/77).

Deve ser observado, porém, que "o ajuizamento de Ação Cautelar preparatória nos Juizados Especiais Cíveis pressupõe que o mesmo seja o juízo competente para a ação principal" (Enunciado do IV ECJEs, CANCELADO pelo Enunciado Cível 18 do FONAJE). Daí por que: "Descumprimento de decisão liminar proibitiva de inscrição de nome de consumidor em órgão de controle creditício. Determinação proferida *incidenter tantum* em ação revisional de contrato. A ação que visa a tornar efetivo o direito reconhecido em sentença anterior é de natureza acessória, competente para apreciá-la o juízo em que a decisão foi prolatada. Incompetência absoluta do JECiv. Declaração *ex officio*, com fulcro no art. 113 do CPC"[1] (RJE 34-35/58).

(1c) "A competência dos Juizados Especiais, de uma forma genérica, está restrita às causas de menor complexidade. Em decorrência excluem-se dessa competência, desde logo, ressalvada expressa disposição legal em contrário, aquelas ações que se inserem nos procedimentos especiais previstos no Código Instrumental Civil"[2] (CCo n° 804, TJSC, 1ª Câm. Cív., Rel. Des. Orli Rodrigues).

"As ações cíveis sujeitas aos procedimentos especiais não são admissíveis nos Juizados Especiais" (Enunciado Cível 8 do FONAJE).

Assim, por exemplo, o JE não é competente para:

a) ação de consignação em pagamento (CCo n° 771, TJSC, 1ª Câm. Cív., Rel. Des. Trindade dos Santos, 06-02-96; Rec. n° 498-96, CR-SP, Rel. Hamid Charaf Bdine Júnior, 28-06-96; CCo n° 100990006973, TJES, 4ª Câm. Cív., Rel. Des. Dair José B. de Oliveira, 09-02-00);

b) ação de reintegração de posse (CCo n° 96.000092-5, TJSC, 3ª Câm. Cív., Rel. Des. Eder Graf, 07-05-96; CCo 97.000814-7, TJSC, 1ª Câm. Cív., Rel. Des. Trindade dos Santos, 22-04-97);

c) ação de nunciação de obra nova (RJERJ 1/16 e Apel. n° 0357701, TAMG, 1ª Câm. Cív., Rel. Nepomuceno Silva, 21-05-02);

d) ação de usucapião (AI n° 6.381, TJSC, 1ª Câm. Cív., Rel. Des. Protásio Leal, 24-09-91);

e) ação monitória: "Não são admissíveis as ações monitórias no Juizado Especial em razão da natureza especial do procedimento" (Enunciado Jurídico 6 do I EJTR-RJ);

f) procedimentos especiais de jurisdição voluntária, como, por exemplo, alvará judicial (CCo n° 96.002866-8, TJSC, 3ª Câm. Cív., Rel. Des. Paulo Gallotti, 13-08-96; CCo n° 69/97, TJRJ, 10ª Câm. Cív., Rel. Des. Walter D'Agostino, 12-08-97). Contra: "É competente para eventual expedição de Alvará Judicial o Magistrado do JECiv que, através de jurisdição estendida da assistência judiciária, decide pedido formulado por parte maior e capaz" (Apel. Cív. n° 54586-8/188, TJGO, 2ª Câm. Cív., Rel. Dr. João Waldeck Félix de Sousa, 07-11-00);

g) processos administrativos, como, por exemplo, dúvida suscitada por registrador (Apel. Cív. n° 39.189, TJSC, 4ª Câm. Cív., Rel. Des. Anselmo Cerello);

---

[1] Art. 113, CPC – A incompetência absoluta deve ser declarada de ofício e pode ser alegada, em qualquer tempo e grau de jurisdição, independentemente de exceção.

[2] Arts. 890 a 1.210, CPC.

h) ações coletivas[3] (Enunciado Cível 32 do FONAJE);

i) ação de revisão de aluguel (Enunciado Cível 5 do II EJJEs);

j) ações decorrentes da variação cambial nos contratos de natureza financeira, em razão do valor da causa, que deve corresponder ao preço do negócio jurídico (Enunciado Jurídico 9 do I EJTR-RJ);

l) ação de preceito cominatório (AI 605/97, TJRJ, 3ª Câm. Cív., Rel. Des. Gustavo Kuhl Leite, 01-07-97);

m) insolvência civil (Apel. Cív. nº 0305636-6/2000, TAMG, 1ª Câmara Cível, Rel. Juiz Silas Vieira, 29-08-00);

n) ações mencionadas no Decreto-Lei nº 911/69 (AI nº 2001.002.13392, TJRJ, 6ª Câm. Cív., Rel. Des. Luiz Zveiter, 26-02-02).

(1d) Entre as causas que podem ser processadas no JE incluem-se:

a) pedido de restituição de prestações pagas em consórcio de imóvel (RJE 14/52);

b) disputa entre o vigilante e a Escola de Formação, uma vez que inexiste relação trabalhista, mas apenas contratual (RJE 14/58);

c) cobrança e cumprimento de contrato de pequena empreitada, sem vínculo empregatício entre as partes (RJE 15/53);

d) pedido de reembolso de quantias pagas por inexecução de serviço em empreitada de construção civil (RJE 18/55);

e) cobrança de prestação de serviços em razão de sociedade de fato mantida pelas partes (RJE 18/56);

f) pedido de indenização por danos materiais e morais decorrentes de acidente pessoal (RJE 18/105), inclusive de transporte coletivo (RJE 25/53);

g) cobrança decorrente de confissão de dívida (RJE 19/95-96);

h) cobrança de honorários advocatícios (RJE 20/80);

i) indenização por perda de CTPS (RJE 20/85);

j) pedido referente exclusivamente a dano moral, limitado ao valor de 40 salários mínimos (Enunciado 24 do I EM-RJ);

l) ação de adjudicação compulsória (Apel. Cív. nº 97.010294-1, TJSC, 3ª Câm. Cív., Rel. Des. Cláudio Barreto Dutra, 09-09-97);

m) ação anulatória de acordo homologado no sistema da LJE (Apel. Cív. nº 70000079038, TJRS, 14ª Câm. Cív., Rel. Des. Marco Antônio Bandeira Scapini, 23-03-00);

n) ação declaratória de nulidade de ato jurídico (CCo nº 606-9/194, TJGO, 3ª Câm. Cív., Rel. Des. Geraldo Deusimar Alencar, 22-08-00),

---

[3] V. arts. 91 e seguintes do CDC.

como escritura pública – não de registro público (CCo nº 626-1/194, TJGO, 4ª Câm. Cív., Rela. Des. Beatriz Figueiredo Franco, 15-03-01);

o) ação previdenciária fundada na Lei 10.259/01, onde não houver Juízo Federal (Enunciado Cível 65 do FONAJE);

p) pretensão indenizatória por dano moral advindo de relacionamento conjugal (RJE 38/60);

q) indenização por utilização indevida de imagem em notícia televisiva (RJE 38/60).

(2) "Inserindo-se a demanda judicial no inc. I do art. 3º da LJE e não estando excepcionada nos termos do § 2º do mesmo artigo, resta caracterizada a competência dos JECiv para o julgamento da causa" (Ag-Rg no AI nº 338395/BA, STJ, 3ª T., Relª Min. Nancy Andrighi, 15-12-00).

(2a) V. § 3º e arts. 9º, 39, 51 e 52, IX, *b*.

Sobre a matéria excluída, v. § 2º.

Na Assembléia Legislativa do RS, por iniciativa do TJ, tramita projeto de lei visando a tornar obrigatória, no âmbito estadual, a competência do JECiv nas demandas de valor até 40 vezes o salário mínimo nacional.

"Para efeito de alçada, em sede de Juizados Especiais, tomar-se-á como base o salário mínimo nacional" (Enunciado Cível 50 do FONAJE), no dia do ajuizamento da ação.

(2b) Mas "o acréscimo do valor da condenação, a título de correção monetária, não está limitado ao valor de alçada do JE. Só o pedido e a condenação ficam limitados aos 40 salários mínimos. A partir daí, com juros e correção monetária, o valor poderá exceder o limite de alçada" (RJE 17/47). "Eventuais consectários do descumprimento voluntário da obrigação podem suplantar o teto no somatório geral, no caso não-impugnado" (RJE 17/69).

Certo, outrossim, que "não é permitido que a parte, para se enquadrar na competência do JE, formule mais de um pedido, em separado, tendo por base o mesmo contrato" (RJE 20/91). "Ações ajuizadas entre as mesmas partes, mesmo objeto e causa de pedir. Conexão evidente que impõe reconhecimento. Ajuizamento perante o JECiv em ações diversas porque o valor extrapola o teto do juizado previsto em lei. Extinção sem julgamento do mérito" (RJE 34-35/47).

E, quando "o valor do contrato é superior a 40 salários mínimos, se impõe reconhecer a incompetência do JEC, em razão do valor da causa para extinguir o processo sem julgamento do mérito, *ut* art. 51, II, da LJE" (RJE 19/96).

(2c) Também: "O valor estabelecido no inciso I do art. 3º não limita todas as causas de menor complexidade" (Enunciado Cível 2 do I EM-RJ).

Lei 9.099/95 - art. 3º

(2d) "A competência dos Juizados Especiais para julgar os conflitos de vizinhança decorre unicamente do critério do valor" (Enunciado Jurídico 10 do I EJTR-RJ).

(3) Art. 275, com a redação da Lei 10.444, de 07-05-02 – Observar-se-á o procedimento sumário:

I – (...);

II – nas causas, qualquer que seja o valor:

a) de arrendamento rural e de parceria agrícola;

b) de cobrança ao condômino de quaisquer quantias devidas ao condomínio;

c) de ressarcimento por danos em prédio urbano ou rústico;

d) de ressarcimento por danos causados em acidente de veículo de via terrestre;

e) de cobrança de seguro, relativamente aos danos causados em acidente de veículo, ressalvados os casos de processo de execução;

f) de cobrança de honorários dos profissionais liberais, ressalvado o disposto em legislação especial;

g) nos demais casos previstos em lei.

(3a) Independentemente do valor econômico, já que o teto referido no inc. I é apenas repetido no atinente às ações possessórias (inc. IV). Nesse sentido: Enunciado Cível 58 do FONAJE: "As causas cíveis enumeradas no art. 275, II, do CPC, admitem condenação superior a quarenta salários mínimos e sua respectiva execução, no próprio Juizado." "As causas elencadas no art. 3º, incs. II e III, não se submetem ao teto de 40 salários mínimos" (Conclusão 2ª do II ECJEs).

Assim: "As cobranças de condomínio enumeradas no art. 275 do CPC e as ações de despejo para uso próprio podem tramitar nos Juizados sem limite de alçada" (Conclusão 2 do V Fórum-BA). Por isso "as ações objetivando a cobrança de taxas de condomínio em edifícios de apartamentos residenciais, por não ter natureza fiscal, mas envolver valores, matéria e condição da pessoa, é da competência do JE, de forma intransferível, improrrogável e imodificável, a teor do disposto no art. 3º, inc. II, da LJE. Em se tratando de competência *ratione materiae*, o texto legal não permite opção por outra jurisdição nas causas ali elencadas, sob pena de afronta ao princípio da segurança jurídica e da competência jurisdicional" (EDcl no AI nº 99.010744-2, TJSC, 4ª Câm. Cív., Rel. Des. Solon d'Eça Neves, 03-08-00).

Também: "A ação de reparação de danos decorrentes de acidente de circulação, seja qual for a monta dos prejuízos objetivados de recomposição, permanecem no âmbito de competência dos JECiv, nos termos do art. 3°, inc. II, da LJE, conjugado com o art. 275, item II, da Codificação Processual Civil, interpretação essa reforçada pela conclusão 8ª da colenda Seção Civil deste Tribunal. Ainda porque as normas legais não recepcionam, de regra, expressões desnecessárias, como igualmente não excluem expressões essenciais à exata compreensão do texto. Assim, pretendesse a LJE limitar as causas elencadas no art. 275, II, do CPC, ao parâmetro valorativo fixado no inc. I do seu art. 3°, certamente seria expressa ao impor a mesma limitação, a exemplo do que ocorre com as ações possessórias de bens imóveis, às quais impõe aquele limite de valor (art. 3°, inc. IV)" (CCo nº 96.010719-3, TJSC, 1ª Câm. Cív., Rel. Des. Trindade dos Santos).

Contra: "Mesmo as causas cíveis enumeradas no art. 275 do CPC, quando de valor superior a quarenta salários mínimos, não podem ser propostas perante o JE" (Súmula nº 11 das Turmas Recursais do JECiv do RS). "A competência e o teto limite de 40 salários mínimos abrangem inclusive as ações elencadas no art. 275, inc. II, do CPC. (...) Aplicação e inteligência do art. 3° da LJE, inc. I, cuja limitação do valor de 40 salários mínimos abrange e estende-se às ações elencadas no art. 275, inc. II, do CPC. No mesmo sentido, as limitações constantes das disposições do § 3° do art. 3° e art. 39 da citada Lei, que importa em renúncia e ineficácia da sentença ao valor excedente a 40 salários mínimos" (RJE 17/50). "Valor da indenização: os pedidos com base no inc. II do art. 3° da LJE também estão sujeitos à alçada do JEC face ao disposto nos seus arts. 39 e 3°, § 3°'" (RJE 17/78). Idem: 17/80.

(4) V. arts. 5°, 47, III e §§ 1° e 2°, 52, II e §§ 1° e 3°, 61, 62, I e VI, e 80 da Lei 8.245/91 (Lei de Locações de Imóveis Urbanos).

(4a) "Versando o pedido inicial sobre retomada de imóvel por infração contratual, incabível oferta da pretensão perante os JEs – tratando-se de locação, possibilidade única fica restrita à retomada para uso próprio" (RJE 20/89). "Não se inserindo a ação de despejo por falta de pagamento ou por outra infração contratual na definição de competência do art. 3°, III, da LJE, e tendo em vista a incompatibilidade do rito sumaríssimo dos Juizados com o procedimento ordinário previsto na LI, a competência para processar e julgar a causa é da justiça comum" (CCo nº 96.003070-0, TJSC, 4ª Câm. Cív., Rel. Des. Pedro Manoel Abreu). Por isso, "nos JEs, não se admite ação de despejo que não seja para uso próprio" (Conclusão 4ª do I ECJEs). "Despejo por denúncia vazia – Incompetência absoluta dos JEs" (Rec. nº 12-96, CR-SP, Rel. Diniz Fernando, 21-10-96). "Despejo por falta de pagamento cumulada com cobrança – Competência do Juízo Cível e não do JECív, mesmo que o valor da causa seja inferior a quarenta vezes o salário mínimo" (AI nº 459.793, 2° TACSP, Rel. Pereira Calças, 23-04-96). "Somente a ação de despejo para uso próprio é admissível nos Juizados Especiais Cíveis" (Conclusão 3ª do II ECJEs e Enunciado 3 do I EM-RJ). "Nos Juizados Especiais só se admite a ação de despejo prevista no art. 47, inc. III, da Lei 8.245/91" (Enunciado Cível 4 do FONAJE).

Contra: Art. 80 da LI: "Para os fins do inciso I do art. 98 da CF, as ações de despejo poderão ser consideradas como causas cíveis de menor complexidade". "As ações de despejo, segundo dispõe o art. 80 da Lei nº 8.245/91, podem ser consideradas causas cíveis de menor complexidade, atendendo ao conceito definido no art. 98, I, da Carta Constitucional.[4] Consoante o art. 5º, inc. II, da LC 77/93, as ações de despejo, genericamente, são causas cíveis de menor complexidade. Muito embora a LJE tenha definido na competência dos Juizados somente a ação de despejo para uso próprio, como o art. 97 revogou expressamente as Leis 4.611/65 e 7.244/84, nada dispondo sobre o alcance dessa revogação às leis estaduais, é possível concluir-se pela plena vigência da norma estadual, alargando as possibilidades de competência para as ações de despejo por falta de pagamento, por infração contratual, por denúncia vazia, etc., mesmo porque o Estado dispõe de competência concorrente para legislar sobre o processo dos Juizados, nos termos do art. 24, inc. X, da CF"[5] (Apel. Cív. nº 97.000919-4, TJSC, 4ª Câm. Cív., Rel. Des. Pedro Manoel Abreu).

Ainda: "Consoante concluiu a Seção Civil, a ação de despejo para uso próprio compreende as para uso de ascendente ou descendente, para efeito de definição da competência dos JEs (Conclusão 35ª)" (Apel. Cív. nº 52.132, TJSC, 4ª Câm. Civ., Rel. Des. Pedro Manoel Abreu).

(4b) Nesse caso, mesmo que o valor seja excedente ao limite do inc. I: "As causas elencadas no art. 3º, incs. II e III, não se submetem ao teto de 40 salários mínimos" (Conclusão 2ª do II ECJEs).

Contra: "Ajuizamento de ação, visando à retomada de imóvel para uso próprio, é possível perante os JEs, observada a limitação de valor em 40 salários mínimos. Rito segue a LJE, mas documentação pertinente deve cumprir exigências legais da Lei nº 8.245/91. Processo extinto, ausente comprovação de propriedade do imóvel" (RJE 21/52).

(5) O JECiv também não é competente para o julgamento de ação reivindicatória de imóvel (RJE 25/56).

---

[4] Art. 98, I, CF – Art. 98 – A União, no Distrito Federal e nos Territórios, e os Estados criarão: I – juizados especiais, providos por juízes togados, ou togados e leigos, competentes para a conciliação, o julgamento e a execução de causas cíveis de menor complexidade e infrações penais de menor potencial ofensivo, mediante os procedimentos oral e sumaríssimo, permitidos, nas hipóteses previstas em lei, a transação e o julgamento de recursos por turmas de juízes de primeiro grau.

[5] Art. 24, CF – Compete à União, aos Estados e ao Distrito Federal legislar concorrentemente sobre: X – criação, funcionamento e processo do juizado de pequenas causas.

(5a) V. arts. 920 a 933 do CPC.

"Para efeito de alçada, em sede de Juizados Especiais, tomar-se-á como base o salário mínimo nacional" (Enunciado Cível 50 do FONAJE).

"A competência do JE, para as ações possessórias, restringe-se às causas onde o valor do imóvel não supera 40 salários mínimos" (Proc. nº 01596934891, Rel. Claudir Fidélis Faccenda, 1ª TR/RS, 26-02-97).

Impõe-se, porém, a "extinção do processo pela complexidade nas causas em que não há definição do vínculo obrigacional, ou da natureza da ocupação, ou posse do imóvel do autor, pelo requerido" (RJE 17/48). Idem: 17/72.

(6) v. art. 52 e incs.

"A execução de sentença, em processo de conhecimento, proferida pelo JE, processar-se-á no próprio juizado" (CCo Cível nº 0114156800, TJPR, 1º Grupo, Rel. Des. Jesus Sarrao, 07-03-02).

Daí que: "O JE não tem competência para executar título judicial constituído junto à Justiça Comum" (RJE 26-27/43).

(6a) "Plenamente possível a execução, perante o sistema dos JEs, dos títulos decorrentes do próprio Juizado. O valor da execução apenas encontrará limite no disposto no art. 3º, inc. I, da LJE. Importará em renúncia, automática, o excedente (do valor de alçada), nos termos do § 3º da mesma lei" (RJE 18/85).

Contra: "Ainda que este abranja valor superior ao limite permitido no JE, deste será a competência para a execução" (CCo nº 70000705517, TJRS, 1ª CEC, Rel. Des. Luís Augusto Coelho Braga, 30-08-00). "Tratando-se de título judicial emanado dos JECiv, conforme dispõe o art. 3º, § 1º, da LJE, a competência absoluta e funcional para a promoção de sua execução é dos próprios Juizados, inobstante o valor ultrapassar os limites da alçada da LJE, mormente quando a 'queixa' foi ofertada antes do advento da dita LJE, momento em que se deve considerar proposta a ação, conforme o art. 263 do CPC,[6] tornando-se inaplicáveis, por via de conseqüência, as normas relativas aos limites da alçada, tendo em vista a estabilização da competência, nos termos do art. 87 do CPC,[7] ocorrendo, no particular, o fenômeno processual da *perpetuatio jurisdictionis*" (RJE-BA 2/36).

De observar, porém, que "o valor de alçada, para fins de competência do Juizado, deve ser considerado no momento do ajuizamento do pedi-

---

[6] Art. 263, CPC. Considera-se proposta a ação, tanto que a petição inicial seja despachada pelo juiz, ou simplesmente distribuída, onde houver mais de uma vara. A propositura da ação, todavia, só produz, quanto ao réu, os efeitos mencionados no art. 219 depois que for validamente citado.

[7] Art. 87, CPC. Determina-se a competência no momento em que a ação é proposta. São irrelevantes as modificações do estado de fato ou de direito ocorridas posteriormente, salvo quando suprimirem o órgão judiciário ou alterarem a competência em razão da matéria ou da hierarquia.

do. Na execução, à evidência, vale o valor da conta, impaga, na data do ajuizamento da execução. A correção monetária e encargos não se incluem no valor de alçada, até porque provocados pelo devedor inadimplente" (RJE 19/78-79).

Ainda: "A eficácia do acordo extrajudicial a que se refere o art. 57, que pode ser sobre matéria de qualquer natureza ou valor, está condicionada à homologação pelo juízo competente e poderá ser executada no Juizado Especial, nos casos de sua competência" (Conclusão 13ª da CNI-ENM).

(6b) Também será competente para execução da sentença homologatória de composição dos danos civis do JECRIM, a que se refere o art. 75, *caput*, da LJE.

(7) V. art. 53 e notas.

Art. 585 do CPC – São títulos executivos extrajudiciais:

I – a letra de câmbio, a nota promissória, a duplicata, a debênture e o cheque;

II – a escritura pública ou outro documento público assinado pelo devedor; o documento particular assinado pelo devedor e duas testemunhas; o instrumento de transação referendado pelo Ministério Público (v. art. 57, parágrafo único), pela Defensoria Pública ou pelos advogados dos transatores;

III – os contratos de hipoteca, de penhor, de anticrese e de caução, bem como de seguro de vida e de acidentes pessoais de que resulte morte ou incapacidade;

IV – o crédito decorrente de foro, laudêmio, aluguel ou renda de imóvel, bem como encargo de condomínio desde que comprovado por contrato escrito;

V – o crédito de serventuário de justiça, de perito, de intérprete, ou de tradutor, quando as custas, emolumentos ou honorários forem aprovados por decisão judicial;

VI – a certidão de dívida ativa da Fazenda Pública da União, Estado, Distrito Federal, Território e Município, correspondente aos créditos inscritos na forma da lei;

VII – todos os demais títulos, a que, por disposição expressa, a lei atribuir força executiva.

(7a) V. arts. 8°, § 1°, e 39.

"Para efeito de alçada, em sede de Juizados Especiais, tomar-se-á como base o salário mínimo nacional" (Enunciado Cível 50 do FONAJE).

Isto é, a execução só pode ser promovida por pessoa física capaz, excluídos até os cessionários de direito de pessoas jurídicas.

Assim, por exemplo, "a competência dos JEs é dada pelo art. 3º da LJE, com a limitação do disposto no art. 8°, § 1°, da mesma lei. Evidente, assim, que o Juizado será competente para apreciar as matérias elencadas no art. 3º da lei especial, desde que com valor de até 40 salários mínimos e propostas por pessoas físicas. Não sendo o condomínio pessoa física, estará fora dos JEs" (RJE 21/40).

Contra: "Pode o condomínio intentar cobrança de despesas que couberam, por rateio, aos proprietários de unidades condominiais, conforme se extrai do disposto no art. 3º, II, da LJE, que se tipifica como exceção à regra do § 1º do art. 8º do mesmo diploma legal, pois expressamente prevista no mesmo texto legal" (RJE 22/61).

Ainda: "A execução por título extrajudicial de valor não excedente de 40 (quarenta) vezes o salário mínimo deve ser proposta no JECiv, cuja competência é absoluta, em face da regra contida no art. 3º, I e § 1º, II, da LJE. O credor somente poderá optar entre o JE e a Justiça Comum se seu crédito exceder a 40 salários mínimos, importando a opção renúncia ao crédito que ultrapassar o referido limite, nos termos do art. 3º, § 3º, da LJE. É absoluta a competência *ratione materiae*, prevista no art. 3º da Lei Instituidora dos JEs, que, diversamente da Lei 7244/84, não faculta ao autor optar pela justiça comum" (CCo nº 2211434, TAMG, 7ª Câm. Cív., Rel. Antônio Carlos Cruvinel, 17-10-96).

(8) V. Lei 5.478/68 (Lei de Alimentos).

Por isso "as causas de investigação de paternidade, cumuladas ou não com alimentos, estão excluídas da competência dos JEs de causas cíveis e de pequenas causas, por se tratar de natureza alimentar de estado e reclamar prova pericial complexa para seu deslinde" (CCo nº 579, TJSC, 4ª Câm. Cív., Rel. Des. Anselmo Cerello). Também: "O acordo de alimentos realizado perante JE não impede a propositura de ação de alimentos, em razão da incompetência de tal órgão jurisdicional para ações de natureza alimentar" (Apel. Cív. nº 1351/2002, TJMT, 3ª Câm. Cív., Rel. Des. Ernani Vieira de Souza, 15-05-02).

Mas "o pedido de alimentos, em ação de reparação de danos causados em acidente de automóvel, tem caráter exclusivamente indenizatório, estando, assim, excluído do rol previsto no art. 3º, § 2º, da LJE, que se refere às ações de alimentos decorrentes de relações de parentesco, previstas no CC (arts. 396 e seguintes) e na Lei de Alimentos (nº 5.478/68)" (CCo nº 96.003088-3, TJSC, 2ª Câm. Cív., Rel. Des. Gaspar Rubik). "A postulação de alimentos, em sede de indenizatória, na hipótese definida no art. 1.537, II, do CC,[8] por versar sobre obrigação fundada em ato ilícito, não é causa de natureza alimentar, cuja exclusão de competência é prevista no art. 3º, § 2º, da LJE" (CCo nº 96.003907-4, TJSC, 4ª Câm.

---

[8] Art. 1.537, CC – A indenização, no caso de homicídio, consiste: II – na prestação de alimentos às pessoas a quem o defunto os devia.

Cív., Rel. Des. Pedro Manoel Abreu). "A ação de responsabilidade civil decorrente de acidente de circulação é da competência dos JEs de causas cíveis, a teor do disposto no art. 3º, II, da LJE, c/c o art. 275, II, e, do CPC, mesmo que o pedido de pensão mensal esteja compreendido, uma vez que não se trata de ação fundada nos arts. 396 e 399 do CC,[9] mas sim insere-se no âmbito da responsabilidade civil abalizada nos arts. 159, 1.518 a 1.532 e 1.537 a 1.553 do mesmo Estatuto" (CCo nº 96.005277-1, TJSC, 2ª Câm. Cív., Rel. Des. Anselmo Cerello, 14-02-97).

(8a) "A ação previdenciária fundada na Lei 10.259/01, onde não houver Juízo Federal, poderá ser proposta no Juizado Especial Estadual, nos termos do art. 109, § 3º, da Constituição Federal"[10] (Enunciado Cível 65 do FONAJE).

(8b) V. Dec.-lei 7.661/45 (Lei de Falências).

Assim: "Ação de cobrança. Compras efetuadas por estabelecimento comercial consistente em sociedade por quotas de responsabilidade ltda. Falência judicialmente decretada. Ação movida diretamente contra a pessoa física dos sócios. Ilegitimidade. As notas fiscais de compra foram emitidas em nome da sociedade por quotas, cujo capital é distinto do patrimônio dos sócios. Portanto, flagrante é a ilegitimidade da pessoa física dos sócios para responderem pessoalmente pela dívida da sociedade, a qual não se dissolveu irregularmente, mas, sim, teve a falência decretada. Portanto, nem mesmo em tese se vislumbra a possibilidade de demandar diretamente os sócios. A ação deveria ser movida contra a sociedade comercial e jamais perante o JEC, que é sabidamente incompetente para as causas em que figurar como parte a massa falida" (RJE 30-31/30).

Também descabe ao credor acionar o concordatário perante o JECiv ou pretender o prosseguimento de seu pedido até a sentença condenatória: "O crédito de devedor em concordata preventiva deve ser habilitado na lista nominativa a que se refere o art. 159, VI, do Decreto-Lei nº 7.661/45" (RJE 38/59).

---

[9] Art. 396, CC – De acordo com o prescrito neste Capítulo podem os parentes exigir uns dos outros os alimentos de que necessitem para subsistir.
Art. 399, CC – São devidos os alimentos quando o parente, que os pretende, não tem bens, nem pode prover, pelo seu trabalho, à própria mantença, e o de quem se reclamam, pode fornecê-los, sem desfalque do necessário ao seu sustento. Parágrafo único. No caso de pais que, na velhice, carência ou enfermidade, ficaram sem condições de prover o próprio sustento, principalmente quando se despojaram de bens em favor da prole, cabe, sem perda de tempo e até em caráter provisional, aos filhos maiores e capazes, o dever de ajudá-los e ampará-los, com a obrigação irrenunciável de assisti-los e alimentá-los até o final de suas vidas.

[10] Art. 109, CF – § 3º Serão processadas e julgadas na justiça estadual, no foro do domicílio dos segurados ou beneficiários, as causas em que forem parte instituição de previdência social e segurado, sempre que a comarca não seja sede de vara do juízo federal, e, se verificada essa condição, a lei poderá permitir que outras causas sejam também processadas e julgadas pela justiça estadual.

(8c) V. Lei 6.830/80 (Lei de Execuções Fiscais).

(8d) "As ações contra a Fazenda Pública não se inserem na competência dos JEs de Causas Cíveis, em face da existência de varas privativas para os processos em que seja parte" (Apel. Cív. nº 38.310, TJSC, 3ª Câm. Cív., Rel. Des. Eder Graf). "O acesso aos JEs sofre limitações *ratione pernonae*, não podendo figurar no pólo passivo da relação processual as pessoas jurídicas de direito público, *ex vi* do artigo 8º da LJE. Competência absoluta da Justiça Comum" (Duplo Grau de Jurisdição nº 6478-9/195, TJGO, 2ª Câm. Cív., Rel. Des. Fenelon Teodoro Reis, 03-08-00). Assim, "em ação anulatória de multa de trânsito há evidente interesse da Fazenda Pública, excluindo a competência do JE, conforme § 2º do art. 3º da LJE. Processo extinto sem julgamento do mérito" (RJE 34-35/43). Porém, "trata-se de questão pacífica que as estatais ligadas ao Estado do Rio Grande do Sul podem ser acionadas perante o JE" (RJE 19/87). A Súmula nº 4 das Turmas Recursais do JECiv do RS: "A CEEE e a CRT, empresas de economia mista, têm legitimidade para responder ação no Juizado Especial, nos limites da competência deste."

Também: "A competência para processar e julgar os feitos propostos contra concessionária de serviço público federal por danos ocasionados no exercício ou no âmbito de suas atividades é da Justiça Federal, e assim do JEC, obedecidas às limitações da LJE, pois se trata de ente privado e, como tal, não goza de quaisquer prerrogativas processuais, mormente não se fazendo presente interesse do poder concedente" (RJE 28-29/60).

Ainda: "Ação de indenização por ofensas, alegadamente, infligidas ao professor, por aluno, em sala de aula de instituição federal de ensino. Competência do JECiv para o processamento e julgamento das ações, à vista de que a instituição federal de ensino não tem interesses a defender nas demandas" (CCo nº 31728/PE, SJT, 2ª Seção, Rel. Min. Ari Pargendler, 25-04-01).

(9) V. art. 129, II, Lei 8.213/91 (Lei de Benefícios da Previdência Social).

"Regra o art. 3º, § 2º, da LJE, que ficam excluídas da competência dos JEs causas relativas a acidentes de trabalho, ainda que de cunho patrimonial" (CCo nº 96.005279-8, TJSC, 3ª Câm. Cív., Rel. Des. Eder Graf).

Diversa, no entanto, é a seguinte questão: "Honorários médicos. Lesão decorrente de acidente de trabalho. Internação particular. O JECiv é competente para apreciar pedidos de cobrança de honorários médicos. A incompetência do JE, prevista no § 2º do art. 3º, nas causas relativas a acidente de trabalho, diz respeito apenas à demanda do empregado contra a empresa" (RJE 18/54).

(9a) Em face da competência da Justiça Especializada do Trabalho, também estão excluídas as ações de natureza trabalhista. Por isso: "Ação desconstitutiva de dívida. Nota promissória. Relação empregatícia como causa subjacente. Incompetência da Justiça Comum Estadual. Nota promissória supostamente emitida 'sob coação', como condição imposta pela empregadora ao pagamento das verbas rescisórias e liberação das Guias do Fundo de Garantia, necessárias para a obtenção do seguro-desemprego. A ação que visa à desconstituição da dívida e nulidade da cambial foi ajuizada contra o próprio empregador e credor originário e se fundamenta na relação de trabalho, bem como no vício de vontade por ocasião da rescisão do vínculo empregatício. Desta forma, não há como excluir a jurisdição trabalhista para o exame da causa que embasa a apontada nulidade do título, não obstante a cambiariedade. Exegese do art. 114, *caput*, da CF" (RJE 30-31/29-30). "Empreitada. Prova indicativa de que a avença entre as partes decorre de relação eminentemente trabalhista. Remissão expressa no contrato a acerto rescisório daquela relação. Incompetência absoluta dos JECiv para conhecer da causa. Inteligência do art. 114 da CF.[11] Competência da Justiça do Trabalho. Extinção do processo sem julgamento de mérito" (RJE 34-35/62).

Diversa, porém, é a seguinte situação: "Autor acusado de furto de cheques em seu ambiente de trabalho. Não havendo nos autos elementos que revelem a concreta existência de dissídio de natureza trabalhista, o fato merece apreciação como dano moral puro, e não trabalhista, o que deslocaria a competência àquela Egrégia Corte especializada. Sentença desconstituída para que outra seja prolatada em atenção à matéria de mérito" (RJE 30-31/35-36).

(9b) Os resíduos, de acordo com Ricardo Cunha Chimenti, citando Pedro Nunes, são os "remanescentes de bens legados que, por morte do beneficiário, em virtude de cláusula expressa, são restituídos à pessoa designada pelo testador" ("Teoria e Prática dos Juizados Especiais Cíveis", Saraiva, 1999, p. 35).

(9c) "A prerrogativa de foro na esfera penal não afasta a competência dos Juizados Especiais Cíveis" (Enunciado Cível 74 do FONAJE).

(10) V. notas 2a e 2b ao art. 1º.

"Reiterada jurisprudência reconhecendo a opcionalidade. Prevalece, assim, a escolha, pois no Juízo comum distribuído o feito" (Apel. Cív. nº

---

[11] Art. 114, CF – Compete à Justiça do Trabalho conciliar e julgar os dissídios individuais e coletivos entre trabalhadores e empregadores, abrangidos os entes de direito público externo e da administração pública direta e indireta dos Municípios, do Distrito Federal, dos Estados e da União, e, na forma da lei, outras controvérsias decorrentes da relação de trabalho, bem como os litígios que tenham origem no cumprimento de suas próprias sentenças, inclusive coletivas.

70002540607, TJRS, 18ª Câm. Cív., Relª. Desª. Rosa Terezinha Silva Rodrigues, 23-08-01).

(10a) V. arts. 21 e 39.

"É lícito ao autor optar pela justiça comum ou pelo procedimento do JE, e em optando pelo procedimento previsto na LJE, estará renunciando o crédito excedente, limitando-o ao estabelecido de 40 (quarenta) salários mínimos, de modo que é inegável o caráter relativo e não absoluto da competência dos JECiv" (Apel. s/ Revisão nº 671.924-00/0, 2º TA-Civ/SP, 8ª Câm., Rel. Juiz Renzo Leonardi, 29-01-01). "A renúncia prevista no art. 3º, § 3º, da LJE, diz respeito ao caso de se tratar de matéria que, a princípio, possa ser apreciada tanto no JE quanto no Juízo Comum Cível, sendo que o crédito reclamado é superior ao limite de 40 vezes o salário-mínimo vigente, quando o reclamante pode optar pela celeridade e agilidade do procedimento naquele Juízo, desde que abra mão do excedente aos 40 salários-mínimos" (Apel. Cív. nº 0180539-2, TAPR, 6ª Câm. Cív., Rel. Anny Mary Kuss, 29-04-02). "Ultrapassando o valor da causa, o limite estabelecido no art. 3º, inc. I, da LJE, e que incide também para as hipóteses enumeradas no art. 275, II, do CPC, decreta-se a extinção do processo sem julgamento do mérito" (RJE 26-27/39). "Proposta ação de rescisão de contrato cujo valor excede a alçada delimitativa da competência do órgão jurisdicional, não há acolher a pretensão da parte de jungi-lo à devolução de parcela despendida. Aplicação subsidiária à LJE, das normas do CPC. Inteligência do art. 259, V, do referido Código,[12] que estabelece irrenunciabilidade quanto ao valor da causa, não passível de modificação por vontade da parte. Incompetência absoluta do Juízo. Extinção do processo sem julgamento de mérito" (RJE 36-37/68).

"Tratando-se de pedido de valor superior a 40 (quarenta) vezes o salário mínimo, a ação respectiva somente poderá seguir tramitando nos JECiv, após a entrada em vigor da LJE, acaso a parte credora renunciar ao que exceder àquele valor máximo (art. 3º, § 3º, LJE). Inexistente essa renúncia expressa, a ação passa a tramitar na Justiça comum" (CCo nº 96.005564-9, TJSC, 1ª Câm. Cív., Rel. Des. Trindade dos Santos). Por isso, "optando o autor da ação de reparação de danos pelo JECiv, sua renúncia à quantia excedente a quarenta vezes o salário mínimo é automática, ficando sem efeito apenas no caso de conciliação ou transação em que as partes estipulem valor maior ao previsto em lei" (CCo n. 00960017125, TJ/ES, Rel. José Eduardo Grandi Ribeiro, 25-03-97).

Também: "A sentença condenatória proferida no JE é ineficaz na parte

---

[12] Art. 259, CPC – O valor da causa constará sempre da petição inicial e será: V – quando o litígio tiver por objeto a existência, validade, cumprimento, modificação ou rescisão de negócio jurídico, o valor do contrato.

em que exceder o limite de alçada, mesmo transitada em julgado. A coisa julgada não impede que a sentença que condenou em valor superior tenha o *quantum* da obrigação reduzido por embargos na execução respectiva" (Apel. n° 597191105, TJRS, 2ª Câm. Cív., Rel. Des. Ari Darci Wachholz, 29-10-97).

Logo, não se justifica a extinção do processo (RJE 19/102), apenas a redução, inclusive *ex officio*, do valor da condenação (RJE 17/78). Aliás, é essa a tendência mais recente nas Turmas Recursais Cíveis do RS, evitando-se a extinção do processo quando o valor do contrato ultrapassa a alçada do JE (RJE 23/42).

Importante observar, porém, que: "Ao propor ação de repetição de indébito, perante o JE, por excesso de cobrança do valor mensal de aluguel, a renúncia a que se refere o § 3º do art. 3º da LJE atinge apenas os valores dos meses objeto dessa ação, podendo o autor propor nova ação, inclusive perante a justiça comum, pelo excesso de cobrança nos meses posteriores à data da propositura da ação no JE" (Apel. Cív. n° 0207562-7, TAPR, 1ª Câm. Cív., Rel. Marcos de Luca Fanchin, 13-05-03).

(10b) A conciliação, portanto, pode abranger demandas de valor superior a 40 salários mínimos, bem assim causas de procedimento diverso do previsto na LJE, como se conclui da disposição desse parágrafo em combinação com o art. 51, II.

COMPETÊNCIA DE FORO

Art. 4º. É competente, para as causas previstas nesta Lei, o Juizado do foro (1, 1a, 1b)**:**
I – do domicílio do réu (2) **ou, a critério do autor, do local onde aquele exerça atividades profissionais ou econômicas** (3) **ou mantenha estabelecimento, filial, agência, sucursal ou escritório** (4, 4a)**;**
II – do lugar onde a obrigação deve ser satisfeita (5, 5a)**;**
III – do domicílio do autor ou do local do ato ou fato, nas ações para reparação de dano de qualquer natureza (6)**.**
Parágrafo único. Em qualquer hipótese (7)**, poderá a ação ser proposta no foro previsto no inciso I deste artigo.**

V. arts. 30 e 51, III, LJE, e arts. 87, 88, parág. único, e 95, CPC.

(1) Mas "a incompetência relativa não pode ser declarada de ofício" (Súmula 33, STJ). Por isso, "sendo competência territorial, portanto relativa, deve ser suscitada até o momento da audiência de conciliação, inclusive. Comparecendo as partes e optando pela instrução do feito, prorrogada a competência, pois aceito o juízo" (RJE 19/95). Veja-se mais: "se o executado, antes da audiência de tentativa de conciliação, apresentou requerimento argüindo a incompetência do juízo, que deveria ter sido apreciado pelo Juiz imediatamente, é correto o decreto de extinção do processo, sem o julgamento do mérito, pela incompetência do juízo" (RJE 17/50).

Contra, entendendo que a argüição deve ser apresentada no prazo e junto com a contestação, ou seja, na audiência de instrução (art. 30): "Incompetência territorial. O réu deve argüi-la na resposta, cujo momento processual adequado é o início da audiência de instrução; tendo comparecido e nada alegado nesse momento processual, participando da produção da prova oral, alegando-a somente no final da audiência, impende desacolhê-la; não tendo havido prejuízo, não se acolhe essa matéria argüida como preliminar no recurso" (RJE 17/52).

(1a) "A competência para cumprir carta precatória oriunda de Juizado de Direito de Pequenas Causas, onde houver duas ou mais Varas, será sempre do Juiz que preside o JE" (RJE 15/48).

(1b) "Compete ao STJ decidir conflito de competência entre JEs vinculados a Tribunais diversos (CF, art. 105, I, *d*)" (CCo nº 30692/RS, STJ, 2ª Seção, Rel. Min. Antônio de Pádua Ribeiro, 27-11-02).

(2) "A competência prevista no art. 4º da LJE segue a regra geral, qual seja, a do foro do domicílio do réu, seguindo os moldes tradicionais do CPC, prorrogando-se, todavia, quando não argüida incompetência pela parte contrária (CCo nº 30692/RS, SJT, 2ª Seção, Rel. Min. Antônio de Pádua Ribeiro, 27-11-02).

v. também parágrafo único.

(3) Inclusive na hipótese em que "a empresa vendedora, para atrair clientes, se desloca, lá exercendo inequivocamente atividade econômica" (RJE 22/78-79).

(4) "Ao optar pelo JECiv, na forma do que dispõe o art. 3º, § 3º, da LJE, o autor se sujeita à totalidade de seus preceitos, inclusive no que respeita às regras de competência. É competente para a ação o foro do domicílio do réu ou, a critério do autor, do local onde aquele exerça atividades profissionais ou econômicas ou mantenha estabelecimento, filial, agência, sucursal ou escritório. Inteligência do art. 4º, inc. I, do mencionado diploma legal" (RJE 36-37/52).

Por isso, "para o processamento de ação de cobrança, contra pessoa jurídica, é competente o foro onde a demandada tem filial" (RJE 18/72). "Incompetência em razão do lugar acertadamente não-acolhida, eis que a prova demonstrou que a empresa-ré mantinha atividade econômica através de representante comercial na comarca onde a demanda foi ajuizada" (RJE 19/62).

(4a) Súmula n° 6 das Turmas Recursais do RS: "As empresas públicas ou de economia mista do Estado e dos Municípios, quando demandadas em comarca do interior, não gozam de foro privilegiado na Capital do Estado (Leis Estaduais n°s 7.607/81 e 8.638/88, que deram nova redação ao inciso V do art. 84 do COJE), nem gozam, no Foro da Capital, de foro privilegiado nas Varas da Fazenda Pública, quando o pedido for deduzido no JE."

(5) V. art. 100, IV, "d", CPC.

"Foro competente. Ação de execução de título de crédito. Local onde a obrigação deve ser satisfeita. A regra geral, que estabelece o foro de domicílio do réu, cede ante a estipulação expressa do lugar onde a obrigação deva ser satisfeita. Aplicação do disposto no art. 4°, inc. II, da LJE" (RJE 34-35/59). "É opção do autor a propositura da ação no foro de seu domicílio, em se tratando do local onde deve ser cumprida a obrigação. Ademais, tratando-se de relação de consumo, o CDC autoriza o ajuizamento na mesma sede. Inteligência dos arts. 4°, inc. II, da LJE, e 101, inc. I, do CDC"[13] (RJE 34-35/71). "É competente o juízo do domicílio do réu ou do lugar onde a obrigação deve ser satisfeita, para a ação de cobrança. O juízo do domicílio do autor só será competente para as ações de reparação" (RJE 18/58).

Assim, na cobrança de cheque, "a competência é do foro da situação do banco-sacado, onde a obrigação deveria ser satisfeita" (RJE 18/57).

Já "se na nota promissória constou, expressamente, a praça de pagamento, este será o juízo competente para a ação de cobrança" (RJE 18/57-58).

Ainda: o "fato de o endereço do réu ser o Rio de Janeiro não impede, segundo o art. 4°, incs. II e III, da LJE, que a demanda seja proposta no domicílio do autor, que é o mesmo onde a obrigação do réu deveria ser satisfeita, eis que até mesmo a impressão da obra ocorreu naquele local, tudo levando a crer que o autor foi contratado e executou a maior parte do trabalho do seu domicílio" (RJE 20/59).

(5a) No entanto, "o foro de eleição não prevalece no contrato de adesão" (RJE 15/50), podendo ser desconsiderado (RJE 16/35). "Não pode prevalecer cláusula de eleição de foro que dificulte o acesso à Justiça do cidadão comum" (RJJERJ 1/44). "É competente o foro da realização do negócio ou de domicílio do consumidor" (RJE 18/91). Idem: RJE 19/75. "Para a discussão dos contratos submetidos ao CDC, segundo orientação permanente da jurisprudência, é competente o foro da residência do consumidor" (RJE 22/61). Aplica-se a desconsideração do foro de eleição, por exemplo, ao contrato de consórcio (RJE 14/55).

---

[13] Art. 101, do CDC – Na ação de responsabilidade civil do fornecedor de produtos e serviços, sem prejuízo do disposto nos Capítulos I e II deste Título, serão observadas as seguintes normas: I – a ação pode ser proposta no domicílio do autor.

(6) V. arts. 100, V, *a*, parág. único, CPC.

"É competente, para as causas previstas nesta lei, o Juizado do foro, do domicílio do autor ou do local do ato ou fato, nas ações para reparação de dano de qualquer natureza. Opção do autor para ajuizar o feito no seu domicílio" (RJE 17/51). "Aplica-se o inciso III do art. 4º da Lei 9099/95 a todas as ações de cobrança de indenização de danos decorrentes de acidente de trânsito" (Enunciado Jurídico 11 do I EJTR-RJ).

V. art. 101, I, CDC.

(7) Então, mesmo no caso de foro de eleição, a ação poderá ser proposta no foro do domicílio do réu ou onde ele exerce suas atividades.

SEÇÃO II
DO JUIZ, DOS CONCILIADORES E DOS JUÍZES LEIGOS

PODERES DO JUIZ

Art. 5º. O Juiz dirigirá o processo com liberdade (1) **para determinar as provas** (2) **a serem produzidas** (3), **para apreciá-las** (4) **e para dar especial valor às regras de experiência comum ou técnica** (5).

V. arts. 6º, LJE, 130, 131 e 335, CPC.

(1) Assim, por exemplo, "é cabível a determinação, de ofício, de medidas cautelares no processo de conhecimento, em curso nos Juizados Especiais Cíveis" (Enunciado Cível 11 do II EJJEs-RJ).
(2) v. art. 32 e seguintes.
(3) Sobre ônus da prova e inversão do ônus, v. notas 2 e 3 ao art. 32.
(4) Assim, "o Juiz, para o arbitramento dos danos produzidos em acidente de veículo, pode levar em conta não só os orçamentos, mas, também, os depoimentos das testemunhas" (RJE 17/79). "Transporte rodoviário. Perda da bagagem. (...) Na ausência de prova absoluta que indique quais os bens que foram extraviados, bem como dos respectivos valores, o Juiz deve arbitrar o *quantum* que entender razoável para o caso concreto" (RJE 19/72-73).
(5) Exemplos:

"A compra de mercadoria, no pequeno comércio, pelo sistema de caderneta, é comum e tradicional. Havendo início de prova escrita, que é o caderno, e ausentes comprovantes dos pagamentos, é de ser considerado existente o débito" (RJE 17/48).

"Locação de fitas de videocassete. Se o consumidor devolveu as fitas locadas com atraso superior a 40 dias, à evidência, deverá pagar a locação correspondente. É justo, porém, o arbitramento judicial do valor do débito do consumidor para com a locadora. Para a fixação do *quantum*, o Juiz deve considerar as circunstâncias que envolveram o fato e, ainda, a certeza de que as fitas não seriam locadas o tempo todo" (RJE 18/66).

"Incumbe à fornecedora dos serviços, que recebeu o produto para reparos, demonstrar que devolveu o equipamento, consertado, ou não, para o consumidor. (...) Tratando-se de equipamento usado, o Juiz deve arbitrar o quantum da indenização, dentro dos princípios dos arts. 5º e 6º da LJE" (RJE 18/66).

"Os danos materiais sempre deverão ser demonstrados através de prova consistente. Os danos morais, pela própria natureza (dor, sofrimento, etc.), independem de prova tradicional, devendo ser mensurados e arbitrados pelo julgador mediante a observação do caso concreto" (RJE 18/105).

"Na ausência de elementos definitivos sobre o abalo de crédito e do prejuízo, cabe ao julgador arbitrar o *quantum*. Ainda, na fixação do *quantum* indenizável, a título de dano moral, devem ser observados alguns itens, como a culpa do causador, o prejuízo da vítima e as condições socioeconômicas das partes" (RJE 18/107).

"Sendo razoável a prova de que o réu produziu danos no telhado da casa do autor, mesmo sem provas definitivas do *quantum*, o Juiz deve arbitrar o valor da indenização" (RJE 19/93-94).

"Título de capitalização. Desistência do consumidor. Pedido de restituição dos valores pagos. (...) Nessas situações, cabe ao Juiz arbitrar o *quantum* que deve ser devolvido pela empresa administradora" (RJE 20/112).

"As regras de experiência comum indicam a segurança na identificação da proveniência de ligação telefônica por equipamento eletrônico, e apenas a prova ou indício de fato contrário é capaz de elidi-la" (RJJERJ 1/28).

"Prevalência das regras de experiência comum, em cotejo com as provas orais e documentais, na fixação da verba indenizatória" (RJJERJ 1/63).

"Dano moral – 40 dias sem a bagagem, e com a única roupa do corpo, não é simples desconforto ou incômodo, mas sim o próprio dano moral porque a experiência comum conduz à certeza de que tal fato agride a personalidade e a dignidade do ser humano" (RJJERJ 1/84).

"Na ausência de provas a desconstituir as despesas do autor, tem-se o valor postulado na inicial como idôneo e consentâneo com a realidade dos gastos com a saúde, sabidamente caros em média" (RJE 30-31/44).

Lei 9.099/95 - art. 6º

CRITÉRIOS DE DECISÃO
Art. 6º. O Juiz adotará em cada caso a decisão que reputar mais justa e equânime (1), atendendo aos fins sociais da lei e às exigências do bem comum.

V. arts. 5°, 25 e 38, LJE, e 127, CPC.

(1) A propósito, "é lícito ao Juiz, apesar da inexistência de prova desconstitutiva dos orçamentos, arbitrar valor que entender justo e adequado para a reparação dos danos" (RJE 15/45).

"Na ausência de elementos definitivos sobre o abalo de crédito e do prejuízo, cabe ao julgador arbitrar o *quantum*" (RJE 16/41).

"Na ausência de valor certo, cabe ao julgador proceder ao arbitramento" (RJE 17/48).

"Na ausência de pacto formal, ou prova inequívoca, no tocante ao valor dos honorários, cabe ao Juiz arbitrar o valor da remuneração, levando em conta o trabalho desenvolvido pelo profissional e o ganho obtido pelo constituinte" (RJE 18/52-53).

"O arbitramento da reparação pelo dano moral é feito em juízo de eqüidade por contingência inelutável, dadas a crescente complexidade do comércio jurídico e a impossibilidade de prever o legislador todos os casos que surgem daquele" (RJJERJ 1/35).

"O extravio da bagagem importa em defeito na prestação de serviços de transportes, obrigando o fornecedor a ressarcir os efetivos prejuízos sofridos pelo devedor, em obediência ao direito básico do consumidor, definido no inc. VI do art. 6º do CDC,[14] prejuízos que podem ser arbitrados utilizando o intérprete do recurso da eqüidade, conforme lhe faculta o art. 6º da LJE" (RJE-BA 2/61).

"Relacionamento informal entre comerciante e freguês, com compras e vendas recíprocas, anotações em 'caderno fiado', recibos passados por analfabeto etc. Decisão equânime. Situação de nebulosidade em que prevalece a acuidade do julgador que teve imediatidade com a prova" (Exp. nº 91.729, 1ª TR/RS, Rel. Wilson Carlos Rodycz, 16-11-93).

"Cláusulas contratuais que estabelecem obrigações abusivas, que coloquem o consumidor em desvantagem exagerada, são consideradas nulas de pleno direito, e nas rescisões de contratos com tais vícios cabe ao juiz adotar a decisão que reputar mais justa e equânime, atendendo aos fins sociais da lei" (Rec. nº 96-121, 1ª TR/PR, Rel. Roberto de Vicente).

"Quando deficiente a prova, para a fixação do valor da indenização, o Juiz deve adotar os critérios traçados pelos arts. 5º e 6º da LJE" (Rec. nº 01597521333, 1ª TR/RS, Rel. Claudir Fidélis Faccenda, 02-07-97).

---

[14] Art. 6º, CDC – São direitos básicos do consumidor: VI – a efetiva prevenção e reparação de danos patrimoniais e morais, individuais, coletivos e difusos.

Lei 9.099/95 - art. 7º

"Não se confunde a legitimidade da pessoa física com a da pessoa jurídica, mesmo que se trate de microempresa, onde os únicos dois sócios são irmãos. Créditos provenientes de trabalhos efetuados em nome da empresa e utilizando a estrutura da pessoa jurídica são devidos a esta, e não à pessoa física de um dos sócios. Processo que pode ser aproveitado, consoante princípios dispostos nos arts. 2º e 6º da LJE, uma vez que o sócio, que efetuou o pedido, diretamente no balcão do juizado, tem poderes para representar a empresa, e não há prejuízo às partes" (RJE 30-31/30).

"Cobrança. Benfeitorias em imóvel locado, não de obrigação do locatário. Procedência da cobrança. Fundamento em vedação de enriquecimento ilícito. Inteligência dos arts. 5º e 6º da LJE" (RJE 36-37/48).

"Irresignação do consumidor que se vê impossibilitado de provar que não efetuou as ligações, que sequer conhece. Inadmissibilidade, frente ao sistema utilizado pela ré, de produzir melhores provas. Aplicação do art. 6º da LJE" (RJE 32-33/42).

AUXILIARES DA JUSTIÇA
Art. 7º. Os conciliadores e Juízes leigos (1) são auxiliares da Justiça, recrutados, os primeiros, preferentemente, entre os bacharéis em Direito, e os segundos, entre advogados (2) com mais de cinco anos de experiência (3).
IMPEDIMENTOS
Parágrafo único. Os Juízes leigos (4) ficarão impedidos de exercer a advocacia perante os Juizados Especiais, enquanto no desempenho de suas funções (5).

(1) V. arts. 22, 24, § 2º, 37, 40 e 53, § 2º.
Sugestão 4ª do I ECJEs: "Substituir a expressão 'Juiz leigo' por 'Juiz não-togado'".
Lembre-se que "a função dos conciliadores e Juízes leigos é considerada de relevante caráter público, vedada a sua remuneração" (7ª Conclusão da CNI-ENM).

(2) Art. 28 do EA: "A advocacia é incompatível, mesmo em causa própria, com as seguintes atividades: (...) II – membros de órgãos do Poder Judiciário, do Ministério Público, dos tribunais e conselhos de contas, dos juizados especiais, da justiça de paz, juízes classistas, bem como de todos os que exerçam função de julgamento em órgãos de deliberação coletiva da administração pública direta ou indireta." No julgamento da liminar da ADIN nº 1.127-8-DF, o STF considerou que estão excluídos da abrangência do dispositivo os membros da Justiça Eleitoral e os

Juízes Suplentes não-remunerados. Assim, "não se exige a assistência de advogado nas causas de competência dos JES, senão nas hipóteses expressamente previstas na LJE, uma vez que se acha suspensa, por força de ADIn, a eficácia do inc. I, *in fine*, do art. 1º da Lei nº 8.906-94" (Rec. nº 96-97, TR/DF, Rel. Sérgio Bittencourt, 29-04-97).

Em face disso, a CGJ-RS, no propósito de disciplinar o recrutamento de conciliadores e juízes leigos para atuarem nos JECivs, através do Ofício-Circular nº 023/99, de 20-02-1999, orientou: 1) os conciliadores e juízes leigos, regularmente investidos de mandato por prazo certo, têm direito adquirido à permanência nas funções, até eventual dispensa por decisão do Presidente do Tribunal de Justiça: 2) a função de conciliador pode ser exercida por qualquer cidadão, independente de sua formação escolar, sendo imprescindível, entretanto, a reconhecida idoneidade; 3) para o exercício da função de juiz leigo, o indicado deverá ter formação jurídica, podendo, excepcionalmente, na carência de recursos humanos disponíveis, ser designados os servidores da justiça que estejam habilitados.

(3) Mas, "quanto à alegada nulidade que decorreria do fato de o Juiz Leigo não ser advogado com mais de cinco anos de experiência, porque sequer inscrito na OAB, trata-se de questão macro, que atingiria todos os feitos em que atuou o aludido auxiliar da Justiça. Este, pelo simples fato de estar no exercício de função, foi regularmente nomeado pela Presidência do TJE. Deste modo, não há nulidade a ser declarada" (RJE 21/29). Tanto que a sugestão 3ª do I ECJEs foi de "suprimir a parte final do art. 7º da Lei nº 9.099/95, retirando a exigência de cinco anos de experiência para ser Juiz leigo".

(4) A incompatibilidade também compreende os conciliadores: "Nulidade do processo em que atuou como advogada uma das Conciliadoras do próprio JE em que foi ajuizada a ação. Extinção sem julgamento do mérito" (RJE 26-27/36). Contra: "Sendo o conciliador de JE apenas um mero auxiliar da justiça, não há como se estender a ele a proibição constante no art. 28, II, do Estatuto da OAB. Há de ser estendida aos conciliadores a concessão feita aos juízes leigos pelo art. 7º, parágrafo único, da LJE, sob pena de ofensa ao princípio da igualdade" (Remessa *Ex-Officio* nº 2000.84.00.001080-9/RN, TRF/5ª Reg., 4ª Turma, Rel. Des. Fed. Napoleão Maia Filho, 11-09-01). "Através de um comando dirigido ao caso mais complexo, do juiz leigo, impedindo sua militância advocatícia apenas no âmbito dos juizados, procurou, a lei, abranger também a hipótese mais simples, do conciliador. A interpretação da lei obedece a princípios de construção lógica, aliados ao preceito constitucional da isonomia, não sendo razoável admitir que o conciliador, desenvolvendo um trabalho menos complexo, sofra maiores restrições que o juiz leigo, competente este, até mesmo, para instruir processos no âmbito dos juizados" (Apel. em MS nº 75024/RN, TRF/5ª Reg., 4ª Turma, Rel. Des. Federal Carlos Rebêlo Júnior, 20-08-02).

(5) Em contrário: "Inexiste incompatibilidade entre o exercício da advocacia e as funções de Juiz leigo e Conciliador, tendo em vista que o art. 7º da LJE revogou o art. 28, II, do Estatuto da OAB" (Sugestão 3ª do II ECJEs). Ainda: "Os conciliadores, por não exercerem qualquer parcela de função jurisdicional, não estão impedidos ou incompatibilizados com o exercício da advocacia, exceto impedimento perante o próprio Juizado em que atuam" (Conclusão 7ª do III ECJEs). "O conciliador ou juiz leigo não está incompatibilizado nem impedido de exercer a advocacia, exceto perante o próprio Juizado Especial em que atue ou se pertencer aos quadros do Poder Judiciário." (Enunciado Cível 40 do FONAJE). Mas "o conciliador ficará impedido de exercer suas funções quando promover o atendimento à parte ou for nomeado advogado dativo pelo Juiz" (Enunciado Administrativo 6 do I EJJEsI-RJ). Também: "Suspeição de juiz leigo. Atuação, como advogado de terceiro, em outro órgão do Poder Judiciário, contra uma das partes do processo julgado no JEC. Causa que, embora não-prevista expressamente no art. 135 do CPC,[15] atenta contra a garantia de imparcialidade do julgador. Na orientação dos princípios supralegais que regem a atuação do juiz, impõe-se escoimar qualquer possibilidade, ainda que mínima, de que ao jurisidicionado não se possa proporcionar a cabal certeza da inexistência de motivo que sombreie a garantia de imparcialidade. Recurso acolhido, para a decretação da nulidade do feito" (RJE 30-31/45). Ainda: "Suspeição de juiz leigo. Interposição de ação semelhante contra parte deste processo submetido a julgamento. Transparência da justiça preservada. Possibilidade de prejuízo em face da imparcialidade. Processo anulado desde a instrução" (RJE 38/73).

Por outro lado, "inexiste impedimento ao Juiz Leigo figurar como parte em processo perante o JECiv, seja em causas que não dependam de representação ou por advogado constituído nas superiores" (RJE 21/40-41).

---

[15] Art. 135, CPC – Reputa-se fundada a suspeição de parcialidade do juiz, quando: I – amigo íntimo ou inimigo capital de qualquer das partes; II – alguma das partes for credora ou devedora do juiz, de seu cônjuge ou de parentes destes, em linha reta ou na colateral até o terceiro grau; III – herdeiro presuntivo, donatário ou empregador de alguma das partes; IV – receber dádivas antes ou depois de iniciado o processo; aconselhar alguma das partes acerca do objeto da causa, ou subministrar meios para atender às despesas do litígio; V – interessado no julgamento da causa em favor de uma das partes.

SEÇÃO III
DAS PARTES

EXCLUSÕES
Art. 8º. Não poderão ser partes, no processo instituído por esta Lei, o incapaz (1, 1a), o preso, as pessoas jurídicas de direito público (2), as empresas públicas da União (2a), a massa falida (2b) e o insolvente civil (2c).
LEGITIMAÇÃO ATIVA
§ 1º. Somente as pessoas físicas capazes (3, 3a, 3b, 3c) serão admitidas a propor ação perante o Juizado Especial, excluídos os cessionários de direito (4) de pessoas jurídicas (4a, 4b).
§ 2º. O maior de dezoito anos (5) **poderá ser autor** (5a), **independentemente de assistência** (6), **inclusive para fins de conciliação** (6a).

V. art. 51, IV, LJE.
(1) Art. 3º do Código Civil – São absolutamente incapazes de exercer pessoalmente os atos da vida civil:
I – os menores de 16 (dezesseis) anos;
II – os que, por enfermidade ou deficiência mental, não tiverem o necessário discernimento para a prática desses atos;
III – os que, mesmo por causa transitória, não puderem exprimir sua vontade;
Art. 4º do Código Civil – São incapazes, relativamente a certos atos, ou à maneira de os exercer:
I – os maiores de 16 (dezesseis) e os menores de 18 (dezoito) anos;
II – os ébrios habituais, os viciados em tóxicos, e os que, por deficiência mental, tenham o discernimento reduzido;
III – os excepcionais, sem desenvolvimento mental completo;
IV – os pródigos.
Parágrafo único. A capacidade dos índios será regulada por legislação especial.
V. § 2º deste artigo.
(1a) "Dentre outros, os absolutamente incapazes não podem ser partes em processo instituído pela LJE, conforme estabelece o *caput* do seu art. 8º" (CCo nº 96.002379-8, TJSC, 1ª Câm. Cív., Rel. Des. Carlos Prudêncio). A regra vale também para as situações de incapacidade (interdição) e de decretação de prisão, falência e insolvência civil supervenientes ao ajuizamento do pedido (art. 51, IV).
"Face ao disposto no art. 8º da Lei nº 7.244/84 (sucedida pela LJE), nos JEs há impossibilidade jurídica de ajuizar pedido contra réu com 15

anos de idade" (RJE 16/44). "Inadmissível o procedimento instituído pela LJE, porque incapaz o autor, se impõe a extinção do processo" (RJE 23/46). Mas "a menoridade relativa quando da prática de ato ilícito, por força do art. 156 do CC/16, resta superada. Possível a presença no pólo passivo da demanda perante os JECiv. Aplicação subsidiária do CC, quando não-conflitante ou contrário ao espírito da LJE" (RJE 21/82). Ainda: "Em se tratando de pessoa jurídica, figurante no pólo passivo da relação processual, assistida de advogado, será mera irregularidade que a preposição tivesse sido outorgada a menor com 19 anos de idade" (Rec. n° 953, 2° CR-SP, Rel. Vitorino Ângelo Filipin, 08-10-97).

(2) Isto é, a União, os Estados, os Territórios, o Distrito Federal e os Municípios, bem como as autarquias e demais entidades de caráter público criadas por lei (art. 41, e incs., do CC).

Assim, "em sede de Juizados de Pequenas Causas, é defesa a apresentação de pedidos que, caso procedentes, impliquem condenação do Estado. Alegado erro judiciário. Perdas e danos. No plano teórico, o réu é o Estado do Rio Grande do Sul. Processo extinto" (RJE 17/51). Idem: RJE 17/74.

Porém: "Competência para processamento e julgamento dos feitos em que é parte o Banco do Estado do Rio de Janeiro. Inexistência de interesse da Fazenda Pública" (RJJERJ 1/56).

Por outro lado, "a CEEE é uma empresa de economia mista e, como tal, pode ser ré perante o JE (art. 8° da LJE)" (RJE 17/51). Idem: RJE 17/59. "Trata-se de questão pacífica que as estatais ligadas ao Estado do RS podem ser acionadas perante o JE. Competência do JE para apreciar demandas ajuizadas contra a CEEE, que é empresa de economia mista, mas com personalidade jurídica de direito privado" (Recs. n° 01196560819 e 01196857823, Turmas Recursais dos JEs/RS).

Segundo a Súmula n° 4 das Turmas Recursais do JECiv do RS, "a CEEE e a CRT, empresas de economia mista, têm legitimidade para responder ação no JE, nos limites da competência deste." V., ainda, nota "a" ao art. 4°.

Também: "A CET, como sociedade de economia mista, não goza de foro privativo e não se enquadra na exceção prevista na LJE, relativa às ações de interesse da Fazenda Pública" (Rec. n° 785, 2° CR-SP, Rel. Barros Nogueira, 23-04-97).

Ainda: "Concessionária ou permissionária de serviços públicos, executa o serviço por sua conta e risco, não gozando dos privilégios reconhecidos à Administração Pública, não se enquadrando em nenhuma das hipóteses previstas no art. 8° da LJE" (Rec. n° 203-97, TR/DF, Rel. Haydevalda Sampaio, 02-09-97). "Não obstante deter concessão de serviço público, o fato não transmuda a natureza jurídica da demandada, empresa privada que é, mormente quando ausente interesse direto do Poder concedente" (RJE 36-37/57-58 e 63).

(**2a**) A competência da ação proposta contra empresa pública da União é da Justiça Federal (art. 109, I, CF).

Já as sociedades de economia mista e as empresas públicas dos Estados, Municípios e Distrito Federal podem figurar no pólo passivo das ações propostas no JECiv.

Também é da competência do JECiv as ações contra concessionárias de serviço público, ainda que federal: "A competência para processar e julgar os feitos propostos contra concessionária de serviço público federal por danos ocasionados no exercício ou no âmbito de suas atividades é da Justiça Federal, e assim do JEC, obedecidas às limitações da LJE, pois se trata de ente privado e, como tal, não goza de quaisquer prerrogativas processuais, mormente não se fazendo presente interesse do poder concedente" (RJE 28-29/60).

(**2b**) V. Dec.-lei 7.661/45 (Lei de Falências), sobretudo os arts. 7°, § 2° (O juízo da falência é indivisível e competente para todas as ações e reclamações sobre bens, interesses e negócios da massa falida, as quais serão processadas na forma determinada nesta lei), e 23 (Ao juízo da falência devem concorrer todos os credores do devedor comum, comerciais ou civis, alegando e provando os seus direitos).

A ação poderá ter prosseguimento no JECiv contra os dirigentes da falida na hipótese de desconsideração da personalidade jurídica, como autoriza o art. 50 do CC e o Enunciado Cível 60 do FONAJE: "É cabível a aplicação da desconsideração da personalidade jurídica, inclusive na fase de execução, quando a relação jurídica de direito material decorrer da relação de consumo".

Também descabe ao credor acionar o concordatário perante o JECiv ou pretender o prosseguimento de seu pedido até a sentença condenatória: "O crédito de devedor em concordata preventiva deve ser habilitado na lista nominativa a que se refere o art. 159, VI, do Decreto-Lei n° 7.661/45" (RJE 38/59).

(**2c**) V. art. 748 e seguintes, do CPC, especialmente o art. 762 (Ao juízo da insolvência concorrerão todos os credores do devedor comum. § 1° – As execuções movidas por credores individuais serão remetidas ao juízo da insolvência).

"Em razão da complexidade das causas relativas a insolvência, de tramitação semelhante a falência, o JECiv (LJE) não comporta procedimentos dessa natureza, eis que assentado em princípios de simplicidade, oralidade, informalidade e celeridade processual incompatíveis com a

Lei 9.099/95 - art. 8º

insolvência" (CCo n° 0108028200, TAPR, 2° Grupo de Câmaras Cíveis, Rel. Clayton Reis, 02-09-97).

Também: "Impossibilidade de JE conhecer da demanda reparatória em face de instituição financeira que se encontra em liquidação extrajudicial, cujo regime jurídico sujeita o liquidante, nomeado pelo Banco Central, ao princípio da intransigibilidade, inconciliável com o procedimento especial da LJE" (RJJERJ 1/71). "Banco em liquidação extrajudicial. Impossibilidade de ser parte perante o JE" (RJJERJ 1/89).

No entanto: "Os processos de conhecimento contra empresas sob liquidação extrajudicial devem prosseguir até a sentença de mérito, para constituição do título executivo judicial, possibilitando a parte habilitar o seu crédito, no momento oportuno, pela via própria" (Enunciado Cível 51 do FONAJE).

(3) "Somente as pessoas físicas capazes podem propor ação perante os Juizados Especiais Cíveis, excluídas as pessoas jurídicas e formais" (Enunciado Cível 11 do I EM-RJ). "A partir da LJE, somente as pessoas físicas capazes são admitidas a propor ação perante o Juizado Especial. Nem mesmo os cessionários de direito de pessoas jurídicas podem demandar no sistema. A limitação é legal e não pode ser desconsiderada (art. 8º, § 1º, da LJE). Decretaram a extinção do feito" (RJE 17/73). Idem: RJE 18/75-76. "Ao JECiv descabe julgar demanda em que figura no pólo ativo da relação jurídico-processual pessoa jurídica (art. 8º, § 1º, da LJE)" (CCo n° 70003056587, TJRS, 11ª Câm. Cív., Rel. Des. Voltaire de Lima Moraes, 20-02-02). Assim: "Pessoa jurídica titular do contrato. Impossibilidade de atuar no pólo ativo da relação processual. Incompetência do Juizado reconhecida" (RJE 25/56). "Pessoa jurídica de direito privado figurando no pólo ativo da relação. Inadmissibilidade, com extinção do processo" (RJE-BA 2/38. Idem: RJE-BA 2/40). "As empresas de pequeno porte não poderão ser autoras nos Juizados Especiais" (Enunciado Cível 49 do FONAJE). Por isso, "mesmo que esteja tramitando pelo JE, causa a ele afeta pela legislação estadual então em vigor, cessa a sua competência por força do disposto no artigo 8º, § 1º, da LJE, com vigência a partir de 26-11-95, impondo-se a redistribuição do feito em tais condições à justiça comum" (CCo n° 96.005012-4, TJSC, 2ª Câm. Cív., Rel. Des. Anselmo Cerello). Ainda: "A empresa individual não se equivale a pessoa física para usufruir do benefício da assistência no Juizado de Pequenas Causas" (Rec. nº 13-96, TR/MS, Rel. João Alberto Gomes e Silva, 30-05-96). Mas: "Titular de firma individual. Modesta expressão econômico-financeira. Licitude em admiti-los como autores, ao menos em litígios com os seus próprios fornecedores ou causadores de danos por atos ilícitos" (Rec. nº 1.542, CR-SP, Rel. Sá Duarte, 14-09-95).

Há, porém, "possibilidade de o espólio ajuizar ação perante os JECiv" (Cco n. 360/97, TJRJ, 1ª Câm. Cív., Rel. Des. Paulo Sérgio Fabião, 23-09-97). "Inexistindo interesses de incapazes, o espólio pode ser autor nos Juizados Especiais Cíveis" (Enunciado Cível 72 do FONAJE).

Também: "No regime da LJE, a microempresa não é admitida a propor ação perante o JEs, restando revogado, nessa parte, o disposto na Lei Estadual nº 9.446/91" (RJE 16/45). "Veda a LJE, em seu art. 8°, § 1°, o exercício da ação às microempresas, que traduz impossibilidade jurídica do pedido. Matéria que cabe ser conhecida de ofício em qualquer momento processual – art. 267, § 3°, do CPC"[16] (RJE 20/97).

Contra: art. 38 da Lei nº 9.841, de 05-10-99, que instituiu o Estatuto da Microempresa e Empresa de Pequeno Porte, e Of. Circ. nº 102/99-CGJ: "1°) o microempresário é parte legítima para propor demandas perante os Juizados Especiais Cíveis. 2°) os pedidos deverão ser recebidos imediatamente, independente de regulamentação; 3°) para recebimento e distribuição, o requerente deverá instruir o pedido com cópia do contrato social ou alvará de localização, cartão CGC ou outro documento que comprove sua condição de microempresário."

A esse respeito, "importa a condição de microempresa da credora-embargada por ocasião da propositura da ação, independentemente de o negócio subjacente ser anterior à legislação que autorizou àquela demandar perante o JEC" (RJE 38/62).

Mas: "A microempresa para propor ação no âmbito dos Juizados Especiais deverá instruir o pedido com documento de sua condição" (Enunciado Cível 47 do FONAJE). Também: "O disposto no § 1° do art. 9° da Lei 9.099/95 é aplicável às microempresas" (Enunciado Cível 48 do FONAJE).

(3a) A proibição de a pessoa jurídica ser autora no JE se estende também ao contrapedido. V. notas ao art. 31, inclusive posições em contrário.

(3b) Quanto ao condomínio, tem sido entendido que: "Não sendo o condomínio pessoa física, estará fora dos JECiv" (RJE 21/40). Idem: 18/76, 26-27/38 e 26-27/39. "O condomínio não pode demandar no JE a cobrança de cotas condominiais" (Enunciado Cível 19 do I ECJTR-RJ, ratificado no I EJJEsI-RJ).

Contra: "O condômino, cujo direito é violado, é parte legítima para figurar no pólo ativo da relação jurídica processual" (RJJERJ 1/60). "Pode o condomínio intentar cobrança de despesas que couberam, por

---

[16] Art. 267, § 3°, CPC – O juiz conhecerá de ofício, em qualquer tempo e grau de jurisdição, enquanto não proferida a sentença de mérito, da matéria constante dos nºs IV, V e VI; todavia, o réu que a não alegar, na primeira oportunidade em que lhe caiba falar nos autos, responderá pelas custas de retardamento.

rateio, aos proprietários de unidades condominiais, conforme se extrai do disposto no art. 3°, II, da LJE, que se tipifica como exceção à regra do § 1° do art. 8° do mesmo diploma legal, pois expressamente prevista no mesmo texto legal" (RJE 22/61). Nesse sentido: "O condomínio, pessoa formal, tem legitimidade ativa para litigar no JE" (RJJERJ 1/50). "O condomínio residencial poderá propor ação no JE, nas hipóteses do art. 275, II, item b, do CPC"[17] (Enunciado Cível 9 do FONAJE). Sugestão 2ª do I ECJEs: "Acrescentar dispositivo que atribua legitimidade ativa aos condomínios residenciais nos JEs."

(3c) "Loteador. Impossibilidade de atuar no pólo ativo da relação processual" (RJE 25/56).

(4) A proibição evidentemente abrange também os endossatários de títulos de crédito endossados por pessoas jurídicas.

(4a) V. art. 3°, § 1°, II.

"Não é apenas a pessoa jurídica que está inadmitida a propor ação perante o JECiv, também os respectivos cessionários" (RJE 18/76). É que "o JE foi criado para a solução de questões simples, envolvendo interesses de pessoas físicas. Incompetente, assim, o JE, para conhecer de causas complexas, decorrentes de contratos onde os valores são superiores ao de alçada ou, ainda, formulados por pessoas jurídicas ou cessionários" (RJE 20/96-97). "A competência dos JEs limita-se às causas de menor complexidade. Exclusão do cessionário de direito de pessoa jurídica" (RJE 24/60). "Crédito original pertencente à pessoa jurídica. Exigência judicial por pessoa física. Ilegitimidade ativa proclamada" (RJE 25/56).

(4b) Mas "o cessionário de pessoa física, ao contrário do cessionário de pessoa jurídica, pode demandar perante o sistema dos JEs" (RJE 19/62).

(5) A idade foi reduzida para 16 anos em face do advento do CC/02 (art. 4°, I).

(5a) "Inadmissível o procedimento instituído pela LJE, porque incapaz o autor, se impõe a extinção do processo (art. 8°, § 1°, c/c. o art. 51)" (Proc. n.o 01597552957, Rel. Guinther Spode, TR/RS, 21-01-98). "Somente no pólo ativo pode o maior de 18 e menor de 21 anos litigar, inclusive sem assistência" (Rec. n° 54-96, TR/DF, Rela. Ana Maria Duarte Amarante Brito, 25-02-97). Mas "a superveniência do limite mínimo de idade (18 anos) excepcionada pelo § 2° do art. 8° da LJE, após o julgamento de 1° grau que lhe foi totalmente favorável, não convalida o processo, diante da possibilidade de prejuízo à menor por ocasião do exame do recurso, especialmente em matéria tão controvertida como a fixação do montante indenizatório por dano moral. Extinção

---

[17] Art. 275, CPC – Observar-se-á o procedimento sumário: II – nas causas, qualquer que seja o valor: b) de cobrança ao condômino de quaisquer quantias devidas ao condomínio.

que se decreta, possibilitanto à autora-recorrida ajuizar nova ação perante o JE ou na Justiça Comum Ordinária" (RJE 26-27/41).

Em conseqüência, também "menor relativamente incapaz não pode ser parte demandada em sede de JEs" (RJE 17/84). "É de ser declarado nulo o processo, desde o início, por falta de capacidade para estar em juízo, no JECiv, de réu que conta menos de 21 anos de idade" (Rec. nº 54-96, TR/DF, Rela. Ana Maria Duarte Amarante Brito, 25-02-97).

Já a sugestão 6ª do I ECJEs é no sentido de "modificar a redação do § 2º do art. 8º da Lei nº 9.099/95: mudando a expressão 'autor' pela expressão 'parte'."

(6) Mas será obrigatória a intervenção do Ministério Público em tal caso, de acordo com o art. 11.

(6a) V. arts. 1.634, V, 1.690, *caput*, e 1.747, I, CC.

ASSISTÊNCIA POR ADVOGADO

Art. 9º. Nas causas de valor até vinte salários mínimos (1), as partes comparecerão pessoalmente (1a), podendo (1b) ser assistidas (1c) por advogado (1d); nas de valor superior, a assistência é obrigatória (1e).

§ 1º. Sendo facultativa a assistência, se uma das partes comparecer assistida por advogado (2), ou se o réu for pessoa jurídica ou firma individual (2a), terá a outra parte, se quiser, assistência judiciária (2b, 2c) prestada por órgão instituído junto ao Juizado Especial, na forma da lei local (2d, 2e).

§ 2º. O Juiz alertará as partes da conveniência do patrocínio por advogado, quando a causa o recomendar (3).

§ 3º. O mandato ao advogado poderá ser verbal (4), salvo quanto aos poderes especiais (4a).

PREPOSTO

§ 4º. O réu, sendo pessoa jurídica ou titular de firma individual (5), poderá ser representado por preposto credenciado (5a).

(1) "Para efeito de alçada, em sede de Juizados Especiais, tomar-se-á como base o salário mínimo nacional" (Enunciado Cível 50 do FONAJE).

(1a) V. art. 51, inc. I.

"O comparecimento pessoal da parte às audiências é obrigatório. A pessoa jurídica poderá ser representada por preposto" (Enunciado Cível 20 do V e VI ECJEs). "A presença pessoal, na hipótese de pessoa física, e através de preposto com vínculo empregatício, no caso de pessoa jurídica, é somente obrigatória nas audiências de conciliação e/ou julgamento (autor e réu)" (Enunciado Cível 4 do I EM-RJ).

Lei 9.099/95 - art. 9º

"O comparecimento pessoal do autor nas audiências do procedimento perante o JE é característica ínsita do sistema e consona com o seu propósito: buscar por todos os meios a conciliação das partes, que, via de regra, é frustrada com a intermedição de terceiros. A única exceção a essa regra é prevista em favor do réu pessoa jurídica ou firma individual, que poderá fazer-se representar por preposto, que não se aplica analogamente a outras situações. Tendo optado pelo processo do JE, os autores devem-se submeter a todas as suas peculiaridades. Não tendo comparecido na audiência de conciliação, o processo poderia e deveria ter sido arquivado" (RJE 18/57).

(1b) Nos recursos, a representação por advogado é obrigatória (art. 42, § 2º).

(1c) "Assistidas", e não "representadas", serão as partes em juízo, o que bem denota ser insuficiente o só comparecimento de advogado, ainda que com poderes especiais de confessar ou transigir, além de evidenciar a importância que o legislador atribui à conciliação, obrigando a presença pessoal às audiências.

(1d) Art. 133 da CF: "O advogado é indispensável à administração da justiça, sendo inviolável por seus atos e manifestações no exercício da profissão, nos limites da lei."

Art. 1º-I do EA: "São atividades privativas de advocacia a postulação a qualquer órgão do Poder Judiciário e aos juizados especiais." Na ADIN nº 1.127-8-DF, rel. Min. Paulo Brossard, o STF suspendeu a eficácia da parte final de tal dispositivo, entendendo que a necessidade de advogado não se aplica aos JEs, à Justiça do Trabalho e à Justiça de Paz.

Art. 28 do EA: "A advocacia é incompatível, mesmo em causa própria, com as seguintes atividades: (...) II – membros de órgãos do Poder Judiciário, do Ministério Público, dos tribunais e conselhos de contas, dos juizados especiais, da justiça de paz, juízes classistas, bem como de todos os que exerçam função de julgamento em órgãos de deliberação coletiva da administração pública direta ou indireta."

No julgamento da liminar da ADIN nº 1.127-8-DF, o STF considerou que estão excluídos da abrangência do dispositivo os membros da Justiça Eleitoral e os Juízes Suplentes não-remunerados.

(1e) "Nos pedidos cujo valor exceda 20 salários mínimos, as partes deverão ser assistidas por advogado, sob pena de revelia" (RJE 17/93). "A presença de advogado em causas de valor superior a 20 salários mínimos é obrigatória, evidenciado o prejuízo pela oitiva de testemunhas, em flagrante desequilíbrio" (RJE 19/94-95). "Pedido de entrega de coisa fungível (sacas de soja), cujo valor inicialmente se desconhecia, pode ser feito pela parte sem a assistência de advogado; a partir do cálculo, quando se evidenciou ser superior a 20 salários mínimos, passa a ser obrigatória a intervenção do profissional" (RJE 17/46). "Ação proposta por advogado. Valor da causa acima de 20 salários mínimos. (...) Não tendo sido o requerido assistido por advogado, que seria obrigatório, se impõe a anulação do processo a contar da audiência de conciliação, exclusive" (RJE 20/96). "Se o valor da causa impõe a assistência obrigatória por advogado, o indeferimento de oportunidade para contestação por meio do causídico, frente aceitação da resposta apresentada pela própria parte, implica nulidade por evidente prejuízo para a defesa, ainda mais se o caso exige produção de provas que determina designação de nova audiência para instrução" (Rec. n° 907, 2° CR-SP, Rel. Gilberto Pinto, 20-08-97). Assim: "Se o reclamante ajuíza causa de valor superior a 20 salários mínimos, desacompanhado de advogado, deve o juiz, no momento oportuno, adverti-lo da imposição do art. 9° da LJE e, se for o caso, nomear-lhe um assistente judiciário, sob pena de nulidade do feito" (Rec. n° 338-97, TR/AM, Rel. Manuel Glacimar Mello Damasceno, 13-08-97). Ainda: "Na ausência de advogados, fica o limite de alçada do Juizado reduzido a vinte salários mínimos (art. 9° da LJE), devendo a condenação se enquadrar no âmbito deste valor" (RJJERJ 1/36).

Mas "a assistência obrigatória, prevista no art. 9° da LJE, tem lugar a partir da fase instrutória, não se aplicando para a formulação do pedido e a sessão de julgamento" (Conclusão 3ª do III ECJEs). "A assistência obrigatória prevista no art. 9° da LJE tem lugar a partir da fase instrutória, não se aplicando para a formulação do pedido e a sessão de conciliação" (Enunciado Cível 36 do FONAJE). Também: "A nomeação de bens à penhora junto ao JE pode ser feita pelo devedor, diretamente ao Oficial de Justiça, ou por petição por ele próprio firmada, dirigida ao Juiz da causa. Desnecessidade de subscrição da petição por profissional do Direito, seja qual for o valor da causa, porquanto a nomeação constitui direito subjetivo do devedor" (RJE 28-29/62).

Entretanto, tem sido entendido que: "A ausência de advogado na audiência de instrução e julgamento, em feito de valor superior a 20 salários mínimos, permite que o Juiz dispense a instrução e julgue a lide 'no estado'" (Enunciado Jurídico 4 do EJJEsI-RJ).

Ainda: "Na hipótese de pedido de valor até 20 salários mínimos, é admitido pedido contraposto no valor superior ao da inicial, até o limite de 40 salários mínimos, sendo obrigatória a assistência de advogado às partes" (Enunciado Cível 27 do FONAJE).

(2) V. arts. 41, § 2°, e 56.

A prestação da assistência judiciária é atribuição da Defensoria Pública, no RS, segundo a Lei Estadual n° 10.675, de 02-01-96.

(2a) "O disposto no § 1° do art. 9° da Lei 9.099/95 é aplicável às microempresas" (Enunciado Cível 48 do FONAJE).
(2b) V. art. 134, CF.[18]
(2c) V. Lei 1.060/50 (Assistência Judiciária Gratuita).
(2d) V. art. 13 e notas.
(2e) "Se uma das partes comparecer assistida por advogado, ou como, no caso, a própria parte é advogado, terá a outra parte, se quiser, assistência judiciária prestada por órgão instituído junto ao JE, na forma da lei local, salvo se no caso concreto a ausência não causou prejuízo" (RJE 19/65). Idem: RJE 20/91. "Parte que comparece à audiência assistida por advogado. Necessidade de consultar a outra sobre o interesse em obter a mesma assistência. Formalidade não-observada. Incidência do art. 9°, § 1°, da LJE. Nulidade parcial do processo decretada" (RJE 24/61).
"A inexistência de prova quanto à observância do art. 9°, § 1°, da LJE, leva a nulidade do processado a partir da audiência de instrução, inclusive" (RJE 19/95). "Nulidade prejudicial à parte autora, que deve ser declarada de ofício. Comparecimento do requerido, acompanhado de procurador, não constando tenha a autora sido questionada sobre o interesse em ser também assistida por profissional. Necessidade de refazer os atos processuais, a partir da audiência conciliatória, para propiciar igual tratamento às partes" (RJE 20/97). Idem: RJJERJ 1/14 e 76. Mas, "a nulidade fundada em falta de assistência de advogado na audiência, só pode ser argüida pela própria parte que esteve desassistida" (RJJERJ 1/18).
Contra, exigindo a ocorrência de prejuízo para reconhecimento da nulidade: "(...) O réu não estava acompanhado de advogado na audiência, enquanto o autor sim. Considerando que o réu sequer alega ter havido prejuízo e no que o mesmo teria consistido, pela falta de advogado que lhe assistisse, não merece acolhimento a pretensão de anular o feito" (RJE 21/51-52)."Em que pese a nulidade, em tese, da ausência de oferecimento de defensor aos réus, na audiência em que a parte adversa se faz acompanhar de procurador, trata-se de matéria preclusa, em face da coisa julgada e sobre a qual sequer foi interposto o recurso no tempo oportuno. Além disso, a matéria não encontra previsão em sede de embargos, nos termos do art. 52, IX, alíneas *a* a *d* da LJE. Tampouco se confunde com a nulidade do título (sentença)" (RJE 30-31/37).
(3) "Em postulando a parte através de advogado constituído, necessária se faz a consulta ao *ex adverso* no sentido de que pode contar com a assis-

---

[18] Art. 134, CF – A Defensoria Pública é instituição essencial à função jurisdicional do Estado, incumbindo-lhe a orientação jurídica e a defesa, em todos os graus, dos necessitados, na forma do art. 5., LXXIV.

tência judiciária estatal. É dever do Juiz alertar as partes em tais circunstâncias, mormente quando a causa assim o recomendar. Ausência no termo de audiência da providência legal. Sentença nula" (RJE 19/94). "A qualidade de pessoa jurídica ostentada pela ré, bem como estar representada por advogado, implica a necessária oferta ao autor de igual possibilidade. Obrigatoriedade de constar no termo de audiência a oferta e eventual recusa" (RJE 21/53).

(4) V. art. 5º, Lei 8.906/94 (Estatuto da Advocacia).

"O advogado cujo o nome constar do termo de audiências estará habilitado para todos os atos do processo, inclusive para o recurso" (Enunciado Cível 77 do FONAJE). "A falta do instrumento procuratório, da autora para o advogado, é mera irregularidade. Não se decretará nulidade sem prova do prejuízo" (RJE 18/55). "A ausência de procuração, para o advogado, ou da ratificação dos atos praticados, é mera irregularidade, que pode ser suprida a qualquer tempo, uma vez que a parte pode demandar, perante o sistema, sem a assistência do profissional" (RJE 15/45). "O § 3º do art. 9º da LJE estabelece que o mandato ao advogado poderá ser verbal, salvo quanto aos poderes especiais. Não há que se falar em revelia, portanto, por estar a peça de defesa desacompanhada de instrumento de procuração" (RJE-BA 2/41). Por isso, "no Juizado, além de vigorar, sempre, o critério da simplicidade, por expressa disposição legal, o mandato do advogado pode ser verbal" (RJE 18/78). Idem: RJE 23/45, RJJERJ 1/11.

(4a) V. art. 38, *in fine*, do CPC.

(5) V. arts. 12, VI, CPC.

(5a) "O comparecimento pessoal das partes litigantes nas audiências é obrigatório, permitindo a lei especial, contudo, que o réu, sendo pessoa jurídica ou titular de firma individual, seja representado por preposto credenciado, desde que mantenha vínculo empregatício com a representada. Nos termos do § 4º do art. 9º da LJE, o que é facultativo é a representação e não o comparecimento das partes litigantes" (RJJERJ 1/17), Mas "é vedada a acumulação das condições de preposto e advogado, na mesma pessoa (arts. 35, I, e 36, II, da Lei 8.906/94, c/c art. 23 do Código de Ética e Disciplina da OAB)"[19] (Enunciado Cível 17 do FONAJE). "O advogado, constituído pela empresa para o serviço profissional, judicial e extrajudicial, não pode, simultaneamente, funcionar também como preposto da pessoa jurídica, salvo se demonstrar ser funcionário de quadro, ocupando cargo de gerente ou diretor" (RJE 19/66). Idem: RJE 17/88. Por isso "a credencial deve ser fornecida pelo representante legal da empresa, e não por advogado constituído procurador"

---

[19] Art. 23 do Código de Ética e Disciplina da OAB – É defeso ao advogado funcionar no mesmo processo, simultaneamente, como patrono e preposto do empregador ou cliente.

(RJE 26-27/43). "As condições de preposto e de advogado não podem ser acumuladas em uma só pessoa, pois na primeira condição estaria obrigada a prestar depoimento, sob pena de confissão (art. 343, § 2°, do CPC)[20] e na segunda lhe seria facultado recusar-se a depor (art. 7° XIX da Lei 8.906/94)"[21] (RJJERJ 1/21). "O comparecimento do advogado não supre a ausência de preposto, pela possibilidade de confessar" (RJJERJ 1/88). "Procuração para o foro não transforma o advogado em presposto" (RJE 15/59).

Contra: "É permitida a cumulação das condições de preposto e advogado, independentemente de vínculo empregatício" (Enunciado Cível 21 do I ECJTR-RJ). Isso porque "o sistema instituído pela LJE não impede a atuação de uma só pessoa nas qualidades de advogado e preposto, bastando apenas a apresentação da devida carta de representação e mandato procuratório, legitimando a interveniência do profissional no processo, afigurando-se irrelevante a existência de vínculo laboral entre o advogado e o preponente" (RJJERJ 1/30). "Embora eticamente possa não ser recomendável, em não havendo impedimento legal, pode o advogado ser, ao mesmo tempo, preposto e advogado de pessoa jurídica, uma vez que o 'Código de Ética' da OAB não é lei" (RJJERJ 1/51).

Ainda: "A pessoa jurídica poderá ser representada, em juízo, por outro preposto que não seja o já autorizado nos autos, bastando, para tanto, nova carta de preposição. Assim, o impedimento de um preposto, por doença, não implica transferência do ato processual" (RJE 17/92).

Também: "A ausência de carta de preposto, na forma do art. 9°, § 4°, da LJE, que deve ser exibida por ocasião da audiência de conciliação, implica revelia para a pessoa jurídica que litiga no pólo passivo" (RJJERJ 1/14). "Não havendo comprovação de que o subscritor da ata da audiência seja efetivamente o presposto da demandada, porquanto não veio aos autos a autorização escrita do réu para representá-lo, tal proceder equivale à falta de contestação, havendo de ser desconsiderada a argumentação formulada na audiência, impondo-se a decretação da revelia, reputando-se verdadeiros os fatos alegados na inicial" (RJJERJ 1/53).

Mas, "apesar de necessária a carta de preposição do representante da pessoa jurídica, a ausência do documento não é motivo para a decretação da revelia e encerramento da instrução, medida que poderá ser tomada em caso de comparecimento pessoal do representante da pessoa

---

[20] Art. 343, § 2°, CPC – Se a parte intimada não comparecer, ou comparecendo, se recusar a depor, o juiz lhe aplicará a pena de confissão.

[21] Art. 7°, XIX, Lei 8.906-94 – São direitos do advogado: XIX – recusar-se a depor como testemunha em processo no qual funcionou ou deva funcionar, ou sobre fato relacionado com pessoa de quem seja ou foi advogado, mesmo quando autorizado ou solicitado pelo constituinte, bem como sobre fato que constitua sigilo profissional.

jurídica. Tratando-se de mera irregularidade, o Juiz deve conceder um prazo de 48 horas para a juntada do documento, prosseguindo na instrução do processo. Inteligência dos arts. 2º e 9º, § 4º, da lei especial" (RJE 20/84). Por isso, "somente a carta de preposição habilita o preposto a presentar a parte na audiência: não exibida, cabível a decretação da revelia; entretanto, se o juízo concedeu prazo para a regularização, sanada está a falta" (RJE 15/49). "O preposto que compareça sem carta de preposição obriga-se a apresentá-la, no prazo que for assinado, para a validade de eventual acordo. A inexistência de acordo opera, de plano, os efeitos da revelia" (Enunciado Cível 42 do V ECJEs). Esse enunciado foi alterado no VI ECJJEs, passando a ter a seguinte redação: "O preposto que comparece sem carta de preposição obriga-se a apresentá-la, no prazo que for assinado, para a validade de eventual acordo. Não formalizado o acordo, incidem, de plano, os efeitos da revelia."

Ainda: "Se no contrato social da empresa não há designação de quem possa representá-la em juízo, válida é a presença de qualquer um dos sócios mencionados nos respectivos estatutos, bem como do preposto munido de procuração outorgada por pessoa com poderes para tanto" (RJE-BA 2/36).

Por outro lado, "em se tratando de pessoa jurídica, figurante no pólo passivo da relação processual, assistida de advogado, será mera irregularidade que a preposição tivesse sido outorgada a menor com 19 anos de idade" (Rec. nº 953, 2º CR-SP, Rel. Vitorino Ângelo Filipin, 08-10-97).

INTERVENÇÃO DE TERCEIROS E LITISCONSÓRCIO

Art. 10. Não se admitirá, no processo, qualquer forma de intervenção de terceiro (1) **nem de assistência** (1a, 1b, 1c). **Admitir-se-á o litisconsórcio** (2, 2a, 2b).

(1) Não são admitidos a oposição (art. 56/61, CPC), a nomeação à autoria (arts. 62/69, CPC), a denunciação à lide (arts. 70/76, CPC) e o chamamento ao processo (arts. 77/80, CPC).

(1a) Art. 50, CPC – Pendendo uma causa entre duas ou mais pessoas, o terceiro, que tiver interesse jurídico em que a sentença seja favorável a uma delas, poderá intervir no processo para assisti-la. Parágrafo único – A assistência tem lugar em qualquer dos tipos de procedimento e em todos os graus de jurisdição, mas o assistente recebe o processo no estado em que se encontra.

Como o terceiro não participa do processo, não será alcançado pela coisa julgada e, por isso, poderá discutir seu direito em ação autônoma.

Então, é "incabível 'habilitação de terceira interessada' no procedimento perante o JE" (RJE 17/46). No mesmo sentido: "Impossibilidade legal da intervenção de terceiros no JE que, aliás, nem seria de ser deferida, pois o débito perante o banco é do autor, e não da ré" (RJE 20/64). "Denunciação da lide, pelo réu, à sua seguradora. Equivocado deferimento de intervenção de terceiro, expressamente vedada nos JECiv. Inteligência do art. 10 da LJE" (RJE 36-37/45).

(1b) Quanto às situações de necessidade de denunciação à lide, tem sido entendido que "qualquer modalidade de intervenção de terceiro é vedada pela LJE, inclusive a denunciação da lide, que não tem tal natureza" (RJJERJ 1/9). Por isso "a denunciação da lide, mesmo em se tratando de ação de ressarcimento de danos ocasionados em acidente de trânsito, torna inadmissível o processamento do feito perante o JEs, nos termos do art. 10 da LJE, porquanto representa maior complexidade para a causa" (CCo nº 97.002717-6, TJSC, 3ª Câm. Cív., Rel. Des. Eder Graf). "A denunciação da lide, na ação de ressarcimento de danos em acidente de trânsito, por inadequação de procedimento, desloca a competência dos JEs para o Juízo Comum, com recurso ao TJ" (Apel. Cív. nº 39.136, TJSC, 3ª Câm. Cív., Rel. Des. Eder Graf).

Contra: "O empeço de denunciar à lide a seguradora, nos moldes do art. 70 do CPC,[22] não afasta a competência do JE e não inibe o ajuizamento de eventual ação de regresso, contra a seguradora pelo causador do acidente" (RJE 22/54-55).

"O causador direto dos danos é responsável pela sua indenização. Possibilidade de ressarcimento regressivo contra o verdadeiro culpado – em ação própria, já que inadmissível a denunciação da lide no JE" (RJE 18/101).

"Mesmo que obrigatória a denunciação da lide perante as regras do CPC, impossível a intervenção de terceiros no sistema dos JEs. Mesmo assim, se for o caso, a recorrente terá ação regressiva contra a causadora de demora na instalação dos telefones, ou seja, a CRT, desde que provada a culpa" (RJE 21/62).

(1c) Tem sido admitida, porém, ação de embargos de terceiro para: defesa de propriedade de telefone penhorado (RJE 19/77) e de imóvel objeto de penhora (RJE 20/79), bem como para desconstituição de penhora de bem não-pertencente à executada (RJE-BA 2/37); exclusão da meação

---

[22] Art. 70, CPC – A denunciação da lide é obrigatória: I – ao alienante, na ação em que terceiro reivindica a coisa, cujo domínio foi transferido à parte, a fim de que esta possa exercer o direito que da evicção lhe resulta; II – ao proprietário ou ao possuidor indireto quando, por força de obrigação ou direito, em casos como o do usufrutuário, do credor pignoratício, do locatário, o réu, citado em nome próprio, exerça a posse direta da coisa demandada; III – àquele que estiver obrigado, pela lei ou pelo contrato, a indenizar, em ação regressiva, o prejuízo do que perder a demanda.

da mulher (Proc. nº 01597506979, 1ª TR/RS, Rel. Guinther Spode, 26-03-97); reconhecimento da ocorrência de fraude à execução (RJE 19/79, 21/43) e dissolução irregular de sociedade comercial, com possibilidade de constrição de bens de sócio (RJE 21/42); e rejeição de alegação de impenhorabilidade e de defesa de meação (RJE 21/42).

(2) Art. 46 do CPC – Duas ou mais pessoas podem litigar, no mesmo processo, em conjunto, ativa ou passivamente, quando:

I – entre elas houver comunhão de direitos ou de obrigações relativamente à lide;

II – os direitos ou as obrigações derivarem do mesmo fundamento de fato ou de direito;

III – entre as causas houver conexão pelo objeto ou pela causa de pedir;

IV – ocorrer afinidade de questões por um ponto comum de fato ou de direito.

Parágrafo único. O juiz poderá limitar o litisconsórcio facultativo quanto ao número de litigantes, quando este comprometer a rápida solução do litígio ou dificultar a defesa. O pedido de limitação interrompe o prazo para resposta, que recomeça da intimação da decisão.

Art. 47 – Há litisconsórcio necessário, quando, por disposição de lei ou pela natureza da relação jurídica, o juiz tiver de decidir a lide de modo uniforme para todas as partes; caso em que a eficácia da sentença dependerá da citação de todos os litisconsortes no processo.

Parágrafo único. O juiz ordenará ao autor que promova a citação de todos os litisconsortes necessários, dentro do prazo que assinar, sob pena de declarar extinto o processo.

Art. 48 – Salvo disposição em contrário, os litisconsortes serão considerados, em suas relações com a parte adversa, como litigantes distintos; os atos e as omissões de um não prejudicarão nem beneficiarão os outros.

Art. 49 – Cada litisconsorte tem o direito de promover o andamento do processo e todos devem ser intimados dos respectivos atos.

(2a) "Sendo necessário o litisconsórcio, na forma prevista na Lei Adjetiva Civil, se não houver citação de todos os interessados é nulo ab initio o processo" (Rec. nº 140-97, TR/AM, Rela. Carla Maria Santos dos Reis, 20-08-97).

Todavia: "Pólo ativo conjunto com mais de cinqüenta autores. Impossibilidade. Incompatibilidade com o procedimento do JE" (RJJERJ 1/90). Também: "Embora a ação de adjudicação compulsória esteja entre as causas enumeradas no art. 275, II, do CPC, que, mesmo de valor superior a 40 salários mínimos, são de competência do JE, *ex vi* do art. 3º da LJE, como tal não se apresenta a que tem 15 autores, objetivando a adjudicação de outros tantos imóveis, com amplíssima prova documental que se espraia por 3 volumes" (CCo n° 97.005007-0, TJSC, 4ª Câm. Cív., Rel. Des. João José Schaefer, 21-08-97).

(2b) Havendo mais de um procurador representando litisconsortes diversos, cumpre ser observado o art. 191 do CPC: Quando os litisconsortes tiverem diferentes procuradores, ser-lhes-ão contados em dobro os prazos para contestar, para recorrer e, de modo geral, para falar nos autos.

INTERVENÇÃO DO MINISTÉRIO PÚBLICO
Art. 11. O Ministério Público intervirá nos casos previstos em lei (1, 1a).

V. arts. 127 a 130, CPC, e 129, II e § 1°, CF.

(1) Art. 82 do CPC – Compete ao Ministério Público intervir:

I – nas causas em que há interesses de incapazes;

II – nas causas concernentes ao estado da pessoa, pátrio poder, tutela, curatela, interdição, casamento, declaração de ausência e disposições de última vontade;

III – nas ações que envolvam litígios coletivos pela posse da terra rural e nas demais causas em que há interesse público evidenciado pela natureza da lide ou qualidade da parte.

Art. 83 – Intervindo como fiscal da lei, o Ministério Público:

I – terá vista dos autos depois das partes, sendo intimado de todos os atos do processo;

II – poderá juntar documentos e certidões, produzir prova em audiência e requerer medidas ou diligências necessárias ao descobrimento da verdade.

Art. 84 – Quando a lei considerar obrigatória a intervenção do Ministério Público, a parte promover-lhe-á a intimação sob pena de nulidade do processo.

Art. 246 – É nulo o processo, quando o Ministério Público não for intimado a acompanhar o feito em que deva intervir.

Parágrafo único. Se o processo tiver corrido, sem conhecimento do Ministério Público, o juiz o anulará a partir do momento em que o órgão devia ter sido intimado.

(1a) Em face das hipóteses legais que determinam a intervenção do MP, parece não haver dúvida que, no processo do JECiv, o *Parquet* só necessitará intervir no processo movido por menor relativamente incapaz (art. 8°, § 2°) e naquele proposto contra fundação. Assim, "nulo é o processo, mesmo no JECiv, contra fundação, que não se cuidou de intimar o MP para intervir" (TR/MG, Rel. Sebastião Pereira de Souza, 22-08-97).

SEÇÃO IV
DOS ATOS PROCESSUAIS

PUBLICIDADE E REALIZAÇÃO DOS ATOS PROCESSUAIS
Art. 12. Os atos processuais (1) serão públicos e poderão realizar-se em horário noturno (2, 3), conforme dispuserem as normas de organização judiciária.

(**1**) V. arts. 155 e 172, CPC.
(**2**) Mas "o atendimento das partes que desejam propor ação perante os Juizados deve ser feito em todos os dias da semana, durante a integralidade do expediente forense" (art. 1º, Res. nº 03/95).
(**3**) Sobre tramitação dos feitos durante as férias forenses, v. nota 1 ao art. 42.

VALIDADE
Art. 13. Os atos processuais serão válidos sempre que preencherem as finalidades para as quais forem realizados, atendidos os critérios indicados no art. 2º desta Lei (1).
NULIDADE
§ 1º. Não se pronunciará qualquer nulidade sem que tenha havido prejuízo (1a, 1b).
ATOS FORA DA COMARCA
§ 2º. A prática de atos processuais em outras comarcas poderá ser solicitada por qualquer meio idôneo de comunicação (2).
REGISTRO E CONSERVAÇÃO
§ 3º. Apenas os atos considerados essenciais serão registrados resumidamente, em notas manuscritas, datilografadas, taquigrafadas ou estenotipadas (3). Os demais atos poderão ser gravados em fita magnética ou equivalente, que será inutilizada após o trânsito em julgado da decisão (3a, 3b, 3c).
§ 4º. As normas locais disporão sobre a conservação das peças do processo e demais documentos que o instruem (4).

(**1**) Os critérios que devem ser observados são os da oralidade, simplicidade, informalidade, economia processual e celeridade.
(**1a**) V. art. 250 e parágrafo único, CPC.
   Aplicando a regra deste parágrafo, tem sido entendido que não ocorre nulidade nos seguintes exemplos:
   a) a dispensa de testemunha, salvo prova de prejuízo (RJE 17/62), sobretudo se impedida, ressalvada a hipótese do § 4º do art. 405 do CPC[23] (Rec. nº 999, 2º CR-SP, Rel. Fernando Redondo, 22-10-97);

---

[23] Art. 405, CPC – Podem depor como testemunhas todas as pessoas, exceto as incapazes, impedidas ou suspeitas. § 4º – Sendo estritamente necessário, o juiz ouvirá testemunhas impedidas ou suspeitas;

b) a falta de assinatura na petição de recurso, já que pode ser suprida a qualquer tempo e nada indica que o documento não tenha sido produzido pelo advogado do recorrente (RJE 14/61). Contra, entendendo que o recurso não pode ser conhecido: RJE 18/82;

c) a ausência de procuração ou da ratificação dos atos praticados pelo advogado, pois constitui irregularidade suprível a qualquer tempo (RJE 15/45, 18/55);

d) a falta de oportuna vista de documento a uma das partes (RJE 17/96);

e) a intervenção, na audiência de instrução, de filho da autora, para auxiliar o juiz a captar o depoimento da mãe idosa (RJE 18/55) e a atuação do filho do réu em audiência, em função da impossibilidade de comparecimento desse, de acordo com atestado médico apresentado (RJJERJ 1/56);

f) a sentença que, apesar de breve, decide a questão trazida a juízo (RJE 18/88) e a que excede o valor postulado pelo autor, podendo ser reduzida (RJJERJ 1/72 e 92);

g) a juntada intempestiva de documento, salvo quando este, por si só, determina o julgamento do feito, com prejuízo à parte contrária (RJE 18/89);

h) a sentença que acolhe pedido obscuro, que não relacionou os documentos demonstrativos das despesas resultantes de acidente (RJE 18/95);

i) a juntada de declaração escrita, para servir como prova (RJE 18/96);

j) o aditamento do pedido antes da audiência (RJE 18/99);

k) o indeferimento de perguntas impertinentes (RJE 19/101-102) e de diligência requerida pela parte ré na audiência de instrução e julgamento (RJJERJ 1/20);

l) a não-ouvida do autor (RJE 20/59) e a falta de coleta dos depoimentos pessoais (RJE 20/60);

m) o feito em que o réu comparece à audiência desacompanhado de advogado, quando aquele sequer alega ter havido prejuízo e no que este teria consistido (RJE 21/51-52;

n) o indeferimento de pedido de adiamento de audiência, por não comprovar o requerente que a intimação para comparecimento à audiência, designada no outro processo, foi anterior (RJJERJ 1/14);

o) a realização da audiência de instrução e julgamento no mesmo dia designado para a tentativa de conciliação, desde que não houve protesto

---

mas os seus depoimentos serão prestados independentemente de compromisso (art. 415) e o juiz lhes atribuirá o valor que possam merecer.

da defesa alegando prejuízo durante a solenidade (RJJERJ 1/16, RJE-BA 2/29);

p) indeferimento de pedido de intimação de testemunha não arrolada tempestivamente (RJE-BA 2/29).

q) o aproveitamento do pedido, feito em nome próprio no Juizado por um dos sócios, em favor da microempresa, já que tem poderes para representá-la (RJE 30-31/30).

(1b) Exemplos de caracterização de prejuízo à parte, com o conseqüente reconhecimento de nulidade:

a) cerceamento de defesa, nas hipóteses de não-inquirição de testemunha por não portar documento de identidade (RJE 15/47, 20/101); indeferimento de inquirição de testemunhas menores de 16 anos (RJE 19/102-103); julgamento antecipado dos embargos quando discutida a *causa debendi* e requerida atempadamente a produção de provas (RJE 20/98); indeferimento de expedição de precatória (RJE 20/101); a falta de ouvida de testemunha acerca de preliminar de ilegitimidade passiva (RJE 20/102); o indeferimento de oitiva de testemunhas de defesa, regularmente arroladas (RJE 21/53, 38/73); a oitiva de testemunha arrolada por ambas as partes (Rec. nº 01196871493, 2ª TR/RS, Rel. Túlio de Oliveira Martins, 20-08-96) e daquela trazida pela parte sem intimação (RJJERJ 1/10); a negação à faculdade de reperguntas durante a audiência (Rec. nº 857, 2º CR-SP, Rel. Vitorino Ângelo Filipin, 06-08-97); o julgamento de improcedência, não obstante a decretação da revelia, sem permitir produção de provas pelo autor em audiência (RJE 34-35/59).

b) falta de citação (RJE 18/72);

c) a ausência de questionamento sobre o interesse em também ser assistida por profissional, quando a outra parte comparece acompanhada por advogado, ou quando a própria parte é advogado, salvo se a ausência não causou prejuízo (RJE 19/65, 20/91, 20/96, 20/97, 24/61, 38/73) ou, ainda, quando não se permite ao autor carente de recursos a assistência de defensor público estando a parte-ré assistida de advogado (RJJERJ 1/76);

d) o incorreto decreto de revelia (RJE 20/84-85) – v. art. 20 e notas;

e) a falta do valor da causa (RJE 21/53);

f) a sentença imotivada, que afasta a validez da prova mediante a simples afirmação de que a testemunha não merece fé (RJJERJ 1/21); a divorciada do pedido inicial (RJE 21/57-58); a que, concluindo pela culpa concorrente, não fixa o percentual da culpa de cada motorista (RJE 19/58) e que não aprecia o contrapedido (RJE 21/58, 25/49, 25/55); a que não exaure a prestação jurisdicional, se não analisa preliminar argüida na contestação, antes de apreciar o mérito (RJE-BA 2/45); a que decidiu pleito não formulado pela parte (RJJERJ 1/72); ou a que decide sobre pretensão surgida no feito e não deduzida na inicial (RJJERJ 1/76);

g) a deficiência de atos processuais com prejuízo para as duas partes (RJE 22/78);

h) a falta de citação de todos os interessados, sendo necessário o litisconsórcio (Rec. n° 140-97,TR/AM, Rela. Carla Maria Santos dos Reis, 20-08-97).

v. notas ao art. 3°.

(2) V. arts. 19, LJE; 202 e seguintes, e 230, CPC.

Por conseguinte, "deve ser evitada, ao máximo possível, a expedição de cartas precatórias inquiritórias nos JECivs, em razão dos objetivos basilares de criação e princípios norteadores dessa Justiça Especializada" (Proposição 2ª do I EJECiv-RS). "Evitar, tanto quanto possível, a expedição de cartas precatórias por ser um fator de retardamento da prestação jurisdicional rápida (art. 2°, LJE)" (Sugestão 9ª do III ECJEs). "É dispensável a expedição de carta precatória nos Juizados Especiais Cíveis, cumprindo-se os atos nas demais comarcas, mediante via postal, por ofício do Juiz, fax, telefone ou qualquer outro meio idôneo de comunicação" (Enunciado Cível 33 do FONAJE).

Malgrado isso, "a LJE não veda expedição de precatória, caracterizando cerceamento de defesa seu indeferimento. Aplicação subsidiária do CPC, quando não-colidente" (RJE 20/101). "Depoimento pessoal da parte – Pessoa domiciliada em local diverso daquele onde tramita a demanda. Inquirição que deve ser feita por carta precatória. Impossibilidade de se aplicar a pena de confesso em razão do não-comparecimento to no juízo processante após a intimação. Inteligência e aplicação dos arts. 344 e 410, II, do CPC"[24] (AI n° 447.593-8, 1° TACSP, 13ª Câm., Rel. Paulo Bonito, 12-09-90).

Mas, "no âmbito dos Juizados Especiais, não são devidas despesas para efeito de cumprimento de diligências, inclusive quando da expedição de cartas precatórias" (Enunciado Cível 44 do FONAJE).

De observar, também, a recomendação do Enunciado Administrativo 7 do I EJJEsI-RJ, de acordo com o qual: "Nas hipóteses de expedição de precatória, caso não devolvida a carta até a véspera da realização da audiência, as Serventias entrarão em contato telefônico ou por outra

---

[24] Art. 344, CPC – A parte será interrogada na forma prescrita para a inquirição de testemunhas.
Art. 410, II, CPC – As testemunhas depõem, na audiência de instrução, perante o juiz da causa, exceto:
II – as que são inquiridas por carta.

forma, para conhecimento da efetivação do ato processual, certificando-se a respeito."

(3) V. arts. 36, LJE, e 170, CPC.

Em face disso, inexistindo "autos" no sentido em que são conhecidos na Justiça Comum (autuação, juntada de peças, numeração de folhas etc), através do Of. Circ. 06/95, foi recomendado seja facilitada aos advogados a retirada breve do expediente, para devolução no mesmo dia, caso o procurador deseje extrair cópias, ficando vedada a retirada em carga.

(3a) "No processo dos JEs, a prova oral não precisa ser reduzida a escrito, como permite o art. 35 da LJE, mesmo não estando disponível ainda o sistema de gravação em fita magnética a que alude o § 3° do art. 13 daquela lei. Nesse caso, deve a sentença referir às partes essenciais dos depoimentos das testemunhas" (Exp. n° 2.347, Rel. Wilson Carlos Rodycz, 1ª TR/RS, 08-02-95).

(3b) "Cerceamento de defesa inexistente: o procedimento nos JEs prescinde do registro dos depoimentos em ata, fazendo-se-o apenas dos considerados essenciais e em resumo" (RJE 15/48). Porém, "o Juiz deve evitar assentadas e depoimentos tão concisos que prejudiquem a compreensão pela Turma Recursal, quando os atos forem produzidos em forma escrita" (Enunciado Administrativo 12 do I EJJEsI-RJ).

(3c) "É recomendável, em busca da celeridade e simplicidade (art. 2° da Lei 9099/95), a adoção pelo Juiz de meios eletrônicos, gravações em fitas cassete, vídeo e outros meios hábeis para a materialização da prova colhida em audiência. Para hipótese de recurso, a Turma Recursal poderá ter acesso a toda prova colhida, sem necessidade de transcrição" (Enunciado Administrativo 11 do I EJJEsI-RJ). Também por isso: "A fundamentação da sentença ou do acórdão poderá ser feita oralmente, com gravação em fita magnética, consignando-se apenas o dispositivo na ata" (Enunciado Cível 46 do FONAJE).

(4) V. art. 159, CPC.

Através do Of. Circ. 40/98-CGJ, foi determinado que: 1 – Por ocasião da distribuição do pedido já fazer constar que, após o trânsito em julgado da sentença e/ou acórdão, terão as partes o prazo de 180 dias para retirarem, no Cartório do Juizado correspondente, os documentos originais juntados ao processo. 2 – Nos processos baixados pela ausência do(a) autor(a) a(s) parte(s) terá(ão) o prazo de 30 dias para a providência do item 1. 3 – Decorridos os prazos acima estipulados sem manifestação das partes, serão os processos incinerados, incluindo-se também os processos de execução, após a extinção, permanecendo apenas aqueles em que haja restrição de veículos. Nos demais casos, permanecerão arquivados em Cartório apenas a sentença e o acórdão, se houver, com certidão do trânsito em julgado, citação, o título extrajudicial, quando for o caso, e no original, e todo documento público da parte que constar no original.

SEÇÃO V
DO PEDIDO

INSTAURAÇÃO DO PROCESSO
Art. 14. O processo instaurar-se-á com a apresentação do pedido, escrito ou oral, à Secretaria do Juizado.
REQUISITOS DA PETIÇÃO INICIAL
§ 1º. Do pedido constarão (1), de forma simples (1a) e em linguagem acessível:
I – o nome, a qualificação e o endereço das partes (1b);
II – os fatos e os fundamentos, de forma sucinta (1c);
III – o objeto e seu valor (2, 2a, 2b, 2c, 2d, 2e).
PEDIDO GENÉRICO
§ 2º. É lícito formular pedido genérico quando não for possível determinar, desde logo, a extensão da obrigação (3).
PEDIDO ORAL
§ 3º. O pedido oral será reduzido a escrito pela Secretaria do Juizado (4), podendo ser utilizado o sistema de fichas ou formulários impressos (5).

(1) V. arts. 282 e 283, CPC.
(1a) Então, "a petição inicial deve conter, somente, os requisitos do art. 14 da Lei 9099/95, ressalvando-se, em atenção aos princípios do art. 2º do mesmo diploma, a possibilidade de emenda por termo na própria audiência, devendo o Juiz interpretar o pedido da forma mais ampla, respeitando o contraditório" (Enunciado Cível 1 do I ECJTR-RJ, ratificado no I EJJEsI-RJ). "O pedido inicial feito oralmente e reduzido a termo, ainda que sucinto, mas contendo elementos suficientes ao amplo exercício da defesa, não é inepto" (RJJERJ 1/20). "A falta de uma informação no pedido reduzido a escrito na Secretaria, que não é essencial (data do acidente), não implica na inépcia ou violação do direito de ampla defesa, se simples exame dos autos supriria a omissão" (Rec. nº 1094, 2º CR-SP, Rel. Ribeiro dos Santos, 18-02-98). "(...) perante o JE, que tem sistema e filosofia próprios, porque não-realizados através de advogado, não se aplicam com a mesma rigidez as regras processuais previstas pelo art. 282 do CPC" (RJE 20/65). "No sistema dos JEs não tem lugar para formalismos processuais, bastando, para o prosseguimento do pedido, que o autor, pessoalmente, declare sua pretensão. Em

decorrência, a inicial não precisa preencher os requisitos do art. 282 do CPC"[25] (RJE 16/35). Por isso o "equivocado *nomen juris* dado à ação não fulmina o direito do autor, relevante a análise dos termos da postulação" (RJE 36-37/67).

(**1b**) "Endereço do autor. Embora o processo pudesse ter sido extinto e arquivado pelo motivo que o foi, também podia e pode ser reativado, uma vez informado o endereço faltante – ainda mais que a culpa pela sua ausência nos autos é do Cartório, que não o registrou ao reduzir a escrito o pedido do autor, como manda o inc. I do § 1º do art. 14 da LJE" (RJE 18/81).

As alterações de endereço verificadas no curso do processo, deverão ser comunicadas posteriormente ao juízo (art. 19, § 2º).

(**1c**) É de observar, porém, que: "Requisitos da petição inicial. Sendo a ação de cobrança processo de conhecimento, não prescinde, entre outros, dos postulados que informam a higidez da petição inicial. Prescrito o título executivo trazido como princípio de prova, compete ao autor declinar o fato e os fundamentos do pedido, nos termos do art. 282, inc. III, do CPC"[26] (RJE 36-37/47). Ainda: "É defeso ao juiz julgar o pedido com base em fatos não articulados na inicial, sob pena de configurar-se o julgamento *extra petita*" (RJE-BA 2/45).

V. art. 51 e notas.

(**2**) "O valor da causa é elemento obrigatório do pedido inicial, para que se possa aquilatar da incidência do art. 9º (assistência obrigatória por advogado)" (RJE 21/53). "O valor da causa deverá corresponder à pretensão econômica, objeto do pedido, podendo o juiz, de ofício, com base em elementos fáticos do processo, determinar que a parte proceda à sua retificação" (CCo nº 01000079882/GO, TRF/1ª Reg., 3ª Seção, Rel. Des. Federal Selene Maria de Almeida, 02-04-03). Também é levado em conta o montante da causa para o arbitramento dos honorários advocatícios – art. 55, *in fine*.

(**2a**) Art. 259 do CPC – O valor da causa constará sempre da petição inicial e será:

I – na ação de cobrança de dívida, a soma do principal, da pena e dos juros vencidos até a propositura da ação;

II – havendo cumulação de pedidos, a quantia correspondente à soma dos valores de todos eles;

---

[25] Art. 282 do CPC – A petição inicial indicará: I – o juiz ou tribunal, a que é dirigida; II – os nomes, prenomes, estado civil, profissão, domicílio e residência do autor e do réu; III – o fato e os fundamentos jurídicos do pedido; IV – o pedido, com as suas especificações; V – o valor da causa; VI – as provas com que o autor pretende demonstrar a verdade dos fatos alegados; VII – o requerimento para a citação do réu.

[26] Art. 282, inc. III, do CPC – A petição inicial indicará: III – o fato e os fundamentos jurídicos do pedido.

III – sendo alternativos os pedidos, o de maior valor;

IV – se houver também pedido subsidiário, o valor do pedido principal;

V – quando o litígio tiver por objeto a existência, validade, cumprimento, modificação ou rescisão de negócio jurídico, o valor do contrato;

VI – na ação de alimentos, a soma de 12 (doze) prestações mensais, pedidas pelo autor;

VII – na ação de divisão, de demarcação e de reivindicação, a estimativa oficial para lançamento do imposto.

Art. 260 do CPC – Quando se pedirem prestações vencidas e vincendas, tomar-se-á em consideração o valor de umas e outras. O valor das prestações vincendas será igual a uma prestação anual, se a obrigação for por tempo indeterminado, ou por tempo superior a um (1) ano; se, por tempo inferior, será igual à soma das prestações.

"Diante dos critérios especificados no art. 2º da LJE, o valor da causa no sistema dos Juizados deve corresponder à pretensão econômica existente no momento da propositura da ação, desconsiderando-se o valor de contrato ainda que este venha a ser rescindido. Levar-se-á em conta o objeto mediato, o bem postulado" (Conclusão 6ª do III ECJEs). "Em observância ao art. 2º da Lei 9.099/95, o valor da causa corresponderá à pretensão econômica objeto do pedido" (Enunciado Cível 39 do FONAJE).

Veja-se que "o valor da causa não é o valor do contrato, mas o das prestações pagas e que o autor pretende sejam devolvidas. Sustentar o contrário é fugir do bom-senso e pretender fazer prevalecer a forma sobre o conteúdo. A rescisão do contrato decorreu do inadimplemento das prestações. Não dependia de declaração judicial, nem era objeto do pedido" (RJE 18/90-91). "Se a ação objetiva o cumprimento do contrato de honorários celebrado por escrito, o valor da causa deverá corresponder ao valor do mesmo, independentemente da renúncia do crédtio excedente ao teto do JE pelo autor" (RJE 26/27-39).

"O valor da causa em demanda que se pede a condenação ao pagamento de quantia determinada é o próprio valor do pedido e não, obrigatoriamente, o que faz jus o acionante, considerando-se o disposto no art. 259, II, do CPC"[27] (RJE-BA 2/62).

"(...) Considerando que a autora busca unicamente a devolução da parcela paga, este é o valor da causa e que está dentro da alçada dos JEs. Mais ainda, considerando já rescindido o contrato, não se discutindo todo ele que, de qualquer modo, não é translativo de direitos reais, é reconhecida a competência do JE" (RJE, 19/76-77). Idem: 20/57.

---

[27] Art. 259, CPC – O valor da causa constará sempre da petição inicial e será: II – havendo cumulação de pedidos, a quantia correspondente à soma dos valores de todos eles.

"O valor da causa, fixador da competência do JEs, no caso de aumento abusivo, é o somatório das parcelas em discussão" (RJE-BA 2/45).

"Hipótese em que há cumulação de pedidos, devendo o valor da causa corresponder à soma de todos eles (CPC, art. 259, II)"[28] (Conflito de Competência n° 01000319801/BA, TRF/1ª Reg., 3ª Seção, Rel. Des. Fed. Daniel Paes Ribeiro, 02-10-02).

Contra: "Valor da causa. Rescisão do contrato. (...) 1. Embora o valor da entrada estivesse dentro do valor de alçada do JE, o pedido não visa apenas à sua desobrigação, mas à desconstituição do contrato como um todo, cujo valor excede 40 salários mínimos. 2. Na forma do art. 259, V, do CPC,[29] o valor da causa deve corresponder ao valor do contrato" (RJE 18/59). "Hipótese em que se discute a validade de cláusulas contratuais, devendo o valor da causa corresponder ao valor do contrato (CPC, art. 259, V)" (CCo n° 01000352970/BA, TRF/1ª Reg., 3ª Seção, Rel. Des. Federal Daniel Paes Ribeiro, 13-11-02).

(2b) A impugnação ao valor da causa é matéria de defesa (art. 30), não seguindo o procedimento do art. 261 do CPC,[30] embora o juiz possa, de ofício, determinar a sua retificação: "O valor da causa deverá corresponder à pretensão econômica, objeto do pedido, podendo o juiz, de ofício, com base em elementos fáticos do processo, determinar que a parte proceda à sua retificação" (CCo n° 01000079882/GO, TRF/1ª Reg., 3ª Seção, Rel. Des. Federal Selene Maria de Almeida, 02-04-03).

(2c) Os juros legais sempre estão compreendidos no principal (CPC, art. 293)[31] e aplicam-se desde a citação (RJE 34-35/46 e 50). Também a correção monetária não precisa ser expressamente pedida, pois sabido que é extensiva a todos os débitos resultantes de decisão judicial, na medida em que "não se constitui em um *plus*, senão em uma mera atualização da moeda, aviltada pela inflação, impondo-se como um imperativo de ordem jurídica, econômica e ética. Jurídica, porque o credor tem o direito tanto de ser integralmente ressarcido dos prejuízos da inadim-

---

[28] Art. 259, CPC – O valor da causa constará sempre da petição inicial e será: II – havendo cumulação de pedidos, a quantia correspondente à soma dos valores de todos eles.

[29] Art. 259, CPC – O valor da causa constará sempre da petição inicial e será: V – quando o litígio tiver por objeto a existência, validade, cumprimento, modificação ou rescisão de negócio jurídico, o valor do contrato.

[30] Art. 261, CPC – O réu poderá impugnar, no prazo da contestação, o valor atribuído à causa pelo autor. A impugnação será autuada em apenso, ouvindo-se o autor no prazo de 5 (cinco) dias. Em seguida o juiz, sem suspender o processo, servindo-se, quando necessário, do auxílio de perito, determinará, no prazo de 10 (dez) dias, o valor da causa. O réu poderá impugnar, no prazo da contestação, o valor atribuído à causa pelo autor. A impugnação será autuada em apenso, ouvindo-se o autor no prazo de 5 (cinco) dias. Em seguida o juiz, sem suspender o processo, servindo-se, quando necessário, do auxílio de perito, determinará, no prazo de 10 (dez) dias, o valor da causa.

[31] Art. 293, CPC – Os pedidos são interpretados restritivamente, compreendendo-se, entretanto, no principal os juros legais.

plência, como o de ter por satisfeito, em toda a sua inteireza, o seu crédito pago com atraso. Econômico, porque a correção nada mais significa senão um mero instrumento de preservação do valor do crédito. Ética, porque o crédito pago sem correção importa em um verdadeiro enriquecimento sem causa do devedor, e a ninguém é lícito tirar proveito de sua própria inadimplência" (RSTJ 74/387). A correção monetária incide sobre dívida por ato ilícito a partir do efetivo prejuízo (Súmula 43, STJ); nas demais, desde o vencimento (RJE 34-35/46) ou desde o ajuizamento (RJE 34-35/50).

Assim, "ausente índice específico, cabe ao Juiz, de ofício, tal nomeação, decisão que não extrapola o pedido inicial, considerando a natureza da correção monetária" (Rec. n° 01597513512, 2ª TR/RS, Rel. Jorge Alberto Pestana Schreiner, 13-05-97). "A incidência da correção monetária não depende de comando sentencial, sendo cabível, de ofício, quando não-postulada pela parte, impossibilidade apenas quando constar negativa expressa no ato sentencial" (Rec. n° 01597513884, 2ª TR/RS, Rel. Jorge Alberto Pestana Schreiner, 20-05-97).

E "a correção monetária deverá ser calculada pelo IGP-M, nos termos do Provimento n° 23/94, da CGJ, mesmo que o autor não tenha feito referência ao índice na inicial. O IGP-M, sem dúvida, é o índice que mais se aproxima da realidade inflacionária" (RJE 17/66).

(2d) Inobstante o valor atribuído, "é lícito ao Juiz, apesar da inexistência de prova desconstitutiva dos orçamentos, arbitrar valor que entender justo e adequado para a reparação dos danos" (RJE 15/45).

Também: "Os princípios e critérios orientadores do JE autorizam que a interpretação do pedido da parte, como leiga, seja adequada à sua real apresentação. Neste aspecto, não configura julgamento *extra petita* a condenação em valor igual ao dobro do que a parte pagou em excesso, conforme dispõe a lei de proteção ao consumidor para as hipóteses de repetição do indébito, mesmo se o pedido não está nestes exatos termos" (RJJERJ 1/64). Por isso também "a sentença, que excede o que foi postulado pelo autor, deve ser reduzida aos limites do pedido, em face do princípio da congruência, sem a necessidade de decretar sua nulidade, em razão do princípio da informalidade" (RJJERJ 1/72).

De igual forma, "se o demandado não impugnou o valor do pedido, como epigrafou a sentença, deve ser acolhido o *quantum* pleiteado na inicial" (RJE 20/79).

Por outro lado, "danos materiais e morais. Pedidos englobados sem explicitação individualizada. Aplicado o princípio da razoabilidade em relação ao *quantum*" (RJJERJ 1/82).

(2e) Da redação desse parágrafo conclui-se que o pedido inicial dispensa o requerimento de citação e de produção de provas, já que estas são produzidas em audiência, ainda que não requeridas previamente (art. 33), podendo a determinação partir do juízo, de ofício.

(3) V. art. 286, 2ª parte, CPC.

Nesse caso, a instrução deverá determinar a extensão da obrigação, porquanto é inadmissível sentença ilíquida, mesmo que genérico o pedido (art. 38, parág. único).

(4) Mas, "nos JEs, o processo se orienta pelo critério da 'simplicidade', que permite que o pedido, deduzido oralmente pela parte, contenha de forma sucinta os fatos e fundamentos, o objeto e seu valor, além de dados para identificação e localização das partes; além disso, pelo mesmo critério, é possível o melhor esclarecimento do pedido na audiência" (RJE 16/34-35). "Em face dos critérios que informam o procedimento do JE, quando o pedido é deduzido oralmente e registrado pela secretaria de forma deficiente, o autor pode aclará-lo na audiência, incluindo, inclusive, como no caso, solicitação de condenação em multa por inadimplemento contratual (mesma causa de pedir)" (RJE 17/46). "Pedido formulado no balcão do Juizado que se apresenta inepto. É ônus do Judiciário em relação ao consumidor que, ao abrigo da LJE, comparece pessoalmente para propor ação, colher as informações e registrar o pedido de forma suficientemente clara, para que possa ser contestado e apreciado adequadamente. Verificadas omissões que impedem o normal prosseguimento, compete ao magistrado o oportuno saneamento, evitando cerceamento de defesa e ou prejuízos à prestação jurisdicional. Complexidade, que levou à extinção, afastada. Sentença desconstituída. Processo anulado" (RJE 30-31/36).

Por isso "inexiste nulidade processual pelo aditamento do pedido três dias antes da audiência. Até na audiência de instrução o pedido pode ser aditado, desde que garantido o contraditório" (RJE 18/99).

Ainda: "No sistema dos JECivs, onde predominam os princípios da celeridade, simplicidade, oralidade e economia processual, é possível o aditamento da inicial, para a inclusão de mais um ou de outro réu, mesmo depois da audiência de tentativa de conciliação que, nesses casos, deve ser renovada" (RJE 22/66). Idem: 17/62. Também: "Ocorrência que oferece fundamento à pretendida resilição. Complementação, em réplica à contestação, elaborada por profissional do Direito, do pedido formulado pela parte diretamente no balcão do JE. Inexistência de inovação. O enfoque das postulações feitas pela própria parte, leiga em Direito, deve ser procedido sem a rigidez exigida para o exame de peças redigidas por advogado" (RJE 34-35/61). No mesmo sentido: "É cabível

aditamento à inicial até antes do oferecimento da contestação" (Conclusão 5 do V Fórum-BA).
(5) Provimento nº 31/96-CGJ: Art. 1º – Nos cartórios dos Juizados Especiais Cíveis (adjuntos ou não), será obrigatória a utilização dos seguintes livros: a) Livro Tombo Único (de pedidos, de execuções e de precatórias); b) Livro de Protocolo Geral; c) Livro Pauta de Audiências; d) Livro de Registro de Mandados; e) Livro Carga Interna (para juízes de direito, juízes leigos e contadoria). Art. 2º – Nos cartórios não informatizados deverá ser também utilizada Ficha de Controle de Andamento de pedidos, aproveitando-se para tanto o modelo PJ-418.

PEDIDOS ALTERNATIVOS OU CUMULADOS
Art. 15. Os pedidos mencionados no art. 3º desta Lei poderão ser alternativos (1) ou cumulados (2, 2a); nesta última hipótese, desde que conexos (3, 3a, 3b) e a soma não ultrapasse o limite fixado naquele dispositivo (4).

(1) Art. 288 do CPC – O pedido será alternativo, quando, pela natureza da obrigação, o devedor puder cumprir a prestação de mais de um modo.
Parágrafo único. Quando, pela lei ou pelo contrato, a escolha couber ao devedor, o juiz lhe assegurará o direito de cumprir a prestação de um ou de outro modo, ainda que o autor não tenha formulado pedido alternativo.
(2) Art. 292 do CPC – É permitida a cumulação, num único processo, contra o mesmo réu, de vários pedidos, ainda que entre eles não haja conexão.
§ 1º – São requisitos de admissibilidade da cumulação:
I – que os pedidos sejam compatíveis entre si;
II – que seja competente para conhecer deles o mesmo juízo;
III – que seja adequado para todos os pedidos o tipo de procedimento.
§ 2º – Quando, para cada pedido, corresponder tipo diverso de procedimento, admitir-se-á a cumulação, se o autor empregar o procedimento ordinário.
(2a) "Perante os JECivs, tratando-se de mesmas partes e mesmo fato, obrigatório ajuizamento de uma única ação, com cumulação de pedidos, pena de inobservância da limitação econômica pertinente. Detectada cisão indevida, com reunião dos processos, não se impõe a sua extinção, mas adequação ao limite de 40 salários mínimos" (RJE 19/97). "O JECiv tem competência para julgar causas de menor complexidade cujo valor não exceda a quarenta vezes o salário mínimo. Não é permitido que a parte, para se enquadrar na competência do Juizado, formule mais

de um pedido, em separado, tendo por base o mesmo contrato" (Rec. nº 01597521812, 1ª TR/RS, Rel. Claudir Fidélis Faccenda, 02-07-97). Depois, "não se apresenta nula a sentença que acolhe um dos pedidos cumulativamente feitos pelo autor" (RJE 20/103).

(3) Art. 103 do CPC – Reputam-se conexas duas ou mais ações, quando lhes for comum o objeto ou a causa de pedir.

Art. 105 do CPC – Havendo conexão ou continência, o juiz, de ofício ou a requerimento de qualquer das partes, pode ordenar a reunião de ações propostas em separado, a fim de que sejam decididas simultaneamente.

(3a) "Verificada a conexão, bem como a possibilidade de julgamento contraditório, e não tendo sido decidida uma das ações, que diz respeito ao mesmo fato – acidente de trânsito -, necessária se faz a reunião dos processos com decisão única" (RJE 19/96).

"A existência de processos diversos, envolvendo as mesmas partes, apenas com inversões dos pólos ativos e passivo, tratando-se do mesmo fato, implica conexão obrigatória" (RJE 20/51). Mas, "a afinidade de questões, por um ponto comum de fato ou de direito, não se confunde com a conexão, que pressupõe identidade de causa de pedir e do pedido" (RJJERJ 1/15).

(3b) "Conexão – Sendo uma das demandas, pelo valor da alçada da Justiça Comum, prevalente é esta, pelo princípio da absorção, para processar e julgar a causa. Inaplicabilidade, *in casu*, do disposto no art. 106 do CPC"[32] (CCo nº 45446800, TJPR, Rel. Angelo Zattar, 22-02-96).

(4) A soma dos pedidos cumulados, referida pelo artigo, é o de 40 salários mínimos se o autor estiver assistido de advogado, ou de 20 salários mínimos se ausente aquela assistência.

Daí que: "Pretensão que se fundamenta, originariamente, em rescisão de compromisso de compra e venda de imóvel de valor superior ao limite máximo do JE. Irrenunciabilidade do valor da causa determinado pelo art. 259, inc. V, do CPC. Extinção do processo, remetendo-se as partes à Justiça Comum Ordinária" (RJE 26-27/40).

DESIGNAÇÃO DE SESSÃO DE CONCILIAÇÃO
Art. 16. Registrado o pedido, independentemente de distribuição e autuação, a Secretaria do Juizado designará (1) a sessão de conciliação (2), a realizar-se no prazo de quinze dias (3, 4, 5).

---

[32] Art. 106, CPC – Correndo em separado ações conexas perante juízes que têm a mesma competência territorial, considera-se prevento aquele que despachou em primeiro lugar.

Lei 9.099/95 - art. 17

(1) O pedido, portanto, não será submetido a despacho inicial pelo juiz. Em conseqüência, descabe à Secretaria rejeitar a postulação do autor, até porque isso constitui ato de competência do juiz togado.
(2) Embora o dispositivo fale em designação de sessão de conciliação, nada impede seja aprazada, desde logo, audiência de instrução e julgamento.
(3) V. arts. 166 e 251, CPC.
(4) De acordo com o Of. Circ. 26/98-CGJ, o prazo para designação de audiência não deve exceder a 30 dias.
(5) Quanto à ulterior desistência do pedido, é de se ver que "se o requerimento do autor foi apresentado antes da contestação, o Juiz pode decretar a extinção do feito sem o julgamento do mérito, dispensando a cautela do art. 267, § 4º, do CPC,[33] face à especialidade do sistema" (RJE 17/65)

INSTAURAÇÃO DA SESSÃO
Art. 17. Comparecendo inicialmente ambas as partes, instaurar-se-á, desde logo, a sessão de conciliação (1), dispensados o registro prévio de pedido e a citação (1a).
PEDIDOS CONTRAPOSTOS
Parágrafo único. Havendo pedidos contrapostos (2, 2a), poderá ser dispensada a contestação formal e ambos serão apreciados na mesma sentença (3).

(1) V. arts. 21 a 23.
Até essa oportunidade, é possível a alteração do pedido: "Em face dos critérios que informam o procedimento do JE, quando o pedido é deduzido oralmente e registrado pela secretaria de forma deficiente, o autor pode aclará-lo na audiência, incluindo, inclusive, como no caso, solicitação de condenação em multa por inadimplemento contratual (mesma causa de pedir)" (RJE 17/46). "Nos JE é possível o aditamento do pedido na audiência – com a concordância do réu" (RJE 17/62).
(1a) Mas "anula-se a sentença em que o réu foi citado no dia da audiência, pois tem ele até cinco dias antes da audiência para oferecer rol de testemunhas, havendo cerceamento de defesa na citação em prazo menor do que este, com presunção de prejuízo pela não oitiva de testemunhas" (Rec. nº 186, 2º CR-SP, Rel. Soares Levada, 02-08-95).
(2) A LJE expressamente veda a reconvenção (art. 31).
(2a) Em face do art. 8º, § 1º, é inadmissível o contrapedido de pessoa jurídica – v. notas ao art. 31, inclusive posições em contrário.

---

[33] Art. 267, § 4º, CPC – Depois de decorrido o prazo para a resposta, o autor não poderá, sem o consentimento do réu, desistir da ação.

(**3**) v. art. 31 e notas.

Assim, "se o julgador concluiu pela culpa concorrente, a sentença deve fixar o percentual da culpa de cada motorista e, em conseqüência, julgar procedentes, em parte, o pedido e o contrapedido, em correspondência com a culpa de cada um" (RJE 19/58).

SEÇÃO VI
DAS CITAÇÕES E INTIMAÇÕES

CITAÇÃO
Art. 18. A citação far-se-á (1):
CITAÇÃO POR CORRESPONDÊNCIA
I – por correspondência (2, 2a), com aviso de recebimento em mão própria (3);
CITAÇÃO DE PESSOA JURÍDICA OU FIRMA INDIVIDUAL
II – tratando-se de pessoa jurídica ou firma individual, mediante entrega ao encarregado da recepção (4), que será obrigatoriamente identificado (4a);
CITAÇÃO POR OFICIAL DE JUSTIÇA
III – sendo necessário, por oficial de justiça (5, 5a), independentemente de mandado ou carta precatória.
ADVERTÊNCIA
§ 1º. A citação conterá cópia do pedido inicial, dia e hora para comparecimento do citando e advertência de que, não comparecendo este, considerar-se-ão verdadeiras as alegações iniciais (6), e será proferido julgamento, de plano (6a, 6b).
CITAÇÃO POR EDITAL
§ 2º. Não se fará citação por edital (7, 7a, 7b, 7c).
COMPARECIMENTO ESPONTÂNEO
§ 3º. O comparecimento espontâneo suprirá a falta ou nulidade da citação (8).

V. arts. 20, sobre revelia, e 52, IX, *a*, que trata dos embargos versando sobre falta ou nulidade da citação no processo que correu à revelia do devedor, e arts. 213 a 233, CPC.

(**1**) Sem necessidade de consumar-se com a antecedência do art. 277 do CPC,[34] porque "não se coaduna com a filosofia e os princípios do sistema" (RJE 20/89). Contra: "Necessidade de que se faça a intimação com antecedência mínima de 10 dias, para que se possibilite à parte ré comparecimento produzindo ampla defesa, inclusive com a presença de testemunha" (RJJERJ 1/46).

---

[34] Art. 277, CPC – O juiz designará a audiência de conciliação a ser realizada no prazo de 30 (trinta) dias, citando-se o réu com a antecedência mínima de 10 (dez) dias e sob a advertência prevista no § 2º deste artigo, determinando o comparecimento das partes.

Ainda: "No processo das pequenas causas a lei não estabeleceu qualquer exigência de antecedência mínima da citação, com referência à audiência de conciliação das partes. Portanto, o único prazo a ser observado é o da regra geral, de vinte e quatro horas da intimação, pois antes disso o comparecimento não é obrigatório" (Rec. n° 465, 2° CR-SP, Rel. Gilberto Pinto, 24-07-96).

Também: "Anula-se a sentença em que o réu foi citado no dia da audiência, pois tem ele até cinco dias antes da audiência para oferecer rol de testemunhas, havendo cerceamento de defesa na citação em prazo menor do que este, com presunção de prejuízo pela não oitiva de testemunhas" (Rec. n° 186, 2° CR-SP, Rel. Soares Levada, 02-08-95).

(2) V. art. 222, CPC.

"Os princípios da simplicidade, da celeridade, informalidade e da economia processual desobrigam que o recebimento da citação postal seja feito por pessoa com poderes para recebê-la" (RJE 1/51). "A correspondência entregue na residência da parte é eficaz para efeito de citação/intimação" (Conclusão 5ª do I ECJEs). "A correspondência recebida na residência da parte, é eficaz para efeito de citação, desde que identificado o seu recebedor" (Enunciado 5 do FONAJE). Esse enunciado foi alterado no VI ECJEs, passando a ter a seguinte redação: "A correspondência ou contra-fé recebida no endereço da parte é eficaz para efeito de citação, desde que identificado o seu recebedor" (Enunciado Cível 5).

(2a) "É cabível a citação postal de réus que tenham domicílio em outras comarcas ou estados" (Enunciado Jurídico 12 do I EJTR-RJ).

(3) Mas "o termo 'mão própria' não quer dizer entrega para a pessoa indicada na correspondência, mas a entrega, mediante 'recibo', no endereço, para pessoa que se identificar e 'receber a correspondência' em nome do destinatário. Indemonstrado que a correspondência não tenha sido entregue no endereço do embargante, é válida a citação e correto o decreto de revelia, com a improcedência dos embargos" (RJE 17/69). Idem: RJE 18/74. "É válida a citação da pessoa física com a entrega do 'AR' no endereço do citando, ainda que não assinado por ele próprio, cabendo-lhe demonstrar que a carta não lhe chegou às mãos" (RJE 21/56). "Não se considera inválido o chamamento judicial se o aviso de recebimento foi subscrito por parente de reclamado e as circunstâncias do processo autorizam concluir-se que a reclamação chegou ao conhecimento da parte" (Rec. n° 1001, 2° CR-SP, Rel. Luiz Ronaldo França, 22-10-97). "Considera-se válida a citação de pessoa física com a simples devolução do 'AR' com assinatura, desde que entregue no endereço do réu" (Conclusão 1 do V Fórum-BA). "A citação postal de pessoa física considera-se perfeita com a entrega de A.R. às pessoas que residam em companhia do réu ou seus empregados domésticos" (Enunciado Cível 16.2 do I ECJTR-RJ).

No mesmo sentido, a Súmula n° 7 das Turmas Recursais do RS: "É válida a citação de pessoa física com a entrega do 'AR' no endereço do citando, ainda que não assinado por ele próprio, cabendo-lhe demonstrar que a carta não lhe chegou às mãos." Tanto que a sugestão 1ª do I ECJEs é de "retirada dos termos 'em mãos próprias' do art. 18, I." Contra: "A citação por correspondência só é válida quando positivo o aviso de recebimento em mão própria" (RJJERJ 1/25).

(4) Destarte, "se a carta citatória foi encaminhada para o endereço profissional do citando, entende-se válida e perfectibilizada a citação, mesmo que o 'Aviso de Recebimento' tenha sido assinado por terceira pessoa" (RJE 17/93). "Citação postal recebida por funcionário do condomínio. Citação pessoal recebida por empregada doméstica – Validade" (RJJERJ 1/77). "A citação da pessoa jurídica deve ser reconhecida como válida, se feita a pessoa que, pela teoria da aparência, se presume habilitada a fazê-lo, desde que as circunstâncias do caso assim indiquem. Tal entendimento é o que melhor se harmoniza com os escopos da LJE, em sua busca de aprimoramento e desenvolvimento da prestação jurisdicional" (RJE-BA 2/30). "Perfeita é a citação postal se a ré não nega o endereço indicado pelo autor, ainda que apresente pequenas omissões" (RJE-BA 2/30-31). "A citação postal de pessoa jurídica considera-se perfeita com a entrega do A.R. ou sua recusa de recebimento pelo encarregado da recepção" (Enunciado Cível 16.1 do I ECJTR-RJ). Em conseqüência, "comprovada a entrega da correspondência na recepção da ré, considera-se válida a citação, e sua ausência na audiência produz os efeitos da revelia, inclusive na contagem do prazo para o recurso, que corre independente de intimação" (RJJERJ 1/50). Por isso também, "inaceitável a conduta do funcionário que, exercendo a função de gerência, nega-se ao recebimento da correspondência citatória. Atitude que não se enquadra como de boa-fé, ao contrário, importa em desrespeito ao Poder Judiciário" (RJE 30-31/36). Contra: "Nulidade da citação no processo de conhecimento que resultou na revelia. Recusa do recebimento do AR citatório pelo funcionário da recepção. Citação não perfectibilizada nos moldes previstos no art. 18, inc. II, da LJE" (RJE 38/61).

(4a) "É nulo o processo em que há prolação de sentença que reconhece a revelia, quando a citação de pessoa jurídica é feita através de pessoa não identificada, não constando do AR assinatura por extenso, número da identidade, cargo da pessoa que assinou ou qualquer outro dado que permita a identificação do recepcionista." (Rec. n° 05/97, TR/MG, Rela. Joelisa Souto Lúcio de Oliveira, 16-05-97).

(5) Mas "a recusa da parte em receber a correspondência citatória postada corretamente e com antecedência não exige que se repita o ato por Oficial de Justiça nem enseja a sua nulidade. Se assim não fosse, só receberia a citação quem o desejasse, ou seja, o ato da citação estaria sempre a depender da vontade do citando, o que é inadmissível" (Rec. n° 122/96, TR/RN, Rel. Ibanez Monteiro, 10-12-96).

Também: "É válida a citação pessoal, feita na pessoa de militar, em sua residência, nos termos do parágrafo único do art. 216 do CPC,[35] quando frustradas as outras tentativas de chamamento, ficando a critério do magistrado a designação de pauta de audiência conciliatória. Inaplicável à pessoa do réu, que é militar, os arts. 411, par. Único,[36] e 412, § 2°, do CPC"[37] (Apel. n° 598427649, TJRS, 17ª Câm. Cív., Relª. Desª. Elaine Harzheim Macedo, 09-02-99).

(5a) V. art. 224, CPC.

Sugestão 5ª do I ECJEs: "Que os Tribunais de Justiça criem cargos de Oficiais de Justiça exclusivos para os JEs." Proposição 1ª do I EJECiv-RS: "Criação de cargos de Oficial de Justiça nas varas dos JEs".

(6) "salvo se o contrário resultar da convicção do juiz" (art. 20).

(6a) V. arts. 2°, LJE, e 225, II, 285, 319, 320, CPC.

(6b) Ainda: "Deverá constar da citação a advertência, em termos claros, da possibilidade de inversão do ônus da prova" (Enunciado Cível 53 do FONAJE).

(7) V. art. 231, CPC.

"A teor do disposto no art. 18, § 2° da LJE, nos JEs não se fará citação por edital" (CCo n° 96.008907-1, TJSC, 2ª Câm. Cív., Rel. Des. Nelson Schaefer Martins, 05-11-96). "A regra, em nosso ordenamento processual positivo, é a citação real ou a *ficta* da parte passiva. Excepcional-

---

[35] Art. 216, CPC – Parágrafo único. O militar, em serviço ativo, será citado na unidade em que estiver servindo se não for conhecida a sua residência ou nela não for encontrado.

[36] Art. 411, CPC – São inquiridos em sua residência, ou onde exercem a sua função: I – o Presidente e o Vice-Presidente da República; II – o Presidente do Senado e o da Câmara dos Deputados; III – os Ministros de Estado; IV – os Ministros do Supremo Tribunal Federal, do Tribunal Federal de Recursos, do Superior Tribunal Militar, do Tribunal Superior Eleitoral, do Tribunal Superior do Trabalho e do Tribunal de Contas da União; V – o Procurador-Geral da República; VI – os Senadores e Deputados Federais; VII – os Governadores dos Estados, dos Territórios e do Distrito Federal; VIII – os Deputados Estaduais; IX – os Desembargadores dos Tribunais de Justiça, os juízes dos Tribunais de Alçada, os juízes dos Tribunais Regionais do Trabalho e dos Tribunais Regionais Eleitorais e os Conselheiros dos Tribunais de Contas dos Estados e do Distrito Federal; X – o embaixador de país que, por lei ou tratado, concede idêntica prerrogativa ao agente diplomático do Brasil. Parágrafo único. O juiz solicitará à autoridade que designe dia, hora e local a fim de ser inquirida, remetendo-lhe cópia da petição inicial ou da defesa oferecida pela parte, que a arrolou como testemunha.

[37] Art. 412, CPC – A testemunha é intimada a comparecer à audiência, constando do mandado dia, hora e local, bem como os nomes das partes e a natureza da causa. Se a testemunha deixar de comparecer, sem motivo justificado, será conduzida, respondendo pelas despesas do adiamento. § 2° – Quando figurar no rol de testemunhas funcionário público ou militar, o juiz o requisitará ao chefe da repartição ou ao comando do corpo em que servir.

mente é inadmissível a citação por edital, devendo tal restrição constar expressamente da norma legal como ocorre, *verbi gratia*, com o art. 18, § 2º, da LJE" (Apel. nº 237332-8, TAMG, 2ª Câm. Cív., Rel. Edivaldo George, 23-09-97).

Esse dispositivo não se aplica à execução. V. nota 4 ao art. 53.

Mas "é cabível a citação por hora certa em sede de Juizados Especiais Cíveis" (Conclusão 11ª do II ECJEs e Enunciado Cível 29 do V ECJEs, CANCELADO pelo Enunciado Cível 29 do FONAJE). Contra: "Não é cabível a citação por hora certa em sede de Juizados Especiais Cíveis" (Enunciado Cível 17 do I EM-RJ).

(**7a**) Sobre citação por hora certa:

Art. 227 do CPC – Quando, por três vezes, o oficial de justiça houver procurado o réu em seu domicílio ou residência, sem o encontrar, deverá, havendo suspeita de ocultação, intimar a qualquer pessoa da família, ou em sua falta a qualquer vizinho, que, no dia imediato, voltará, a fim de efetuar a citação, na hora que designar.

Art. 228 do CPC – No dia e hora designados, o oficial de justiça, independentemente de novo despacho, comparecerá ao domicílio ou residência do citando, a fim de realizar a diligência.

§ 1º – Se o citando não estiver presente, o oficial de justiça procurará informar-se das razões da ausência, dando por feita a citação, ainda que o citando se tenha ocultado em outra comarca.

§ 2º – Da certidão da ocorrência, o oficial de justiça deixará contrafé com pessoa da família ou com qualquer vizinho, conforme o caso, declarando-lhe o nome.

Art. 229 do CPC – Feita a citação com hora certa, o escrivão enviará ao réu carta, telegrama ou radiograma, dando-lhe de tudo ciência.

(**7b**) "O Juiz poderá considerar o réu regularmente citado, se verificar, ante minuciosa certidão negativa do Oficial de Justiça, que o mesmo ocultou-se para evitar o recebimento da citação" (Enunciado Cível 1 do I EJJEs-RJ).

(**7c**) Esgotadas as tentativas e não localizado o réu, o processo deve ser extinto (art. 51, II).

(**8**) V. art. 214, § 1º, CPC.

INTIMAÇÃO

Art. 19. As intimações (1) serão feitas na forma prevista para citação (1a), ou por qualquer outro meio idôneo de comunicação (1b, 1c, 1d).

§ 1º. Dos atos praticados na audiência, considerar-se-ão desde logo cientes as partes (2).

§ 2º. As partes comunicarão ao juízo as mudanças de endereço ocorridas no curso do processo, reputando-se eficazes as intimações enviadas ao local anteriormente indicado, na ausência da comunicação (3, 4).

(1) V. art. 52, III: a intimação da sentença será feita, sempre que possível, na própria audiência em que for proferida.
(1a) V. art. 18.
(1b) V. arts. 234, 238 e 239, CPC.

Assim, "a intimação do advogado, pessoalmente ou pela imprensa, dispensa a da parte, para a prática de atos processuais" (Enunciado Cível 13 do I EJJEs-RJ). Também: "Considera-se perfeita a intimação entregue no endereço do réu, em mãos de terceiros, ainda mais quando o réu demonstrou tê-la recebido, ao recorrer da sentença intimada pela mesma forma dos demais atos" (RJE-BA 2/38-39). Por outro lado, "as partes representadas por advogado devem ser intimadas da sentença e para contra-arrazoar por N.E., e não por carta com AR, que é um meio mais dispendioso, menos eficiente e mais demorado, contrariando todos os princípios e toda filosofia dos JEs" (RJE 20/98). Idem: RJE 18/84.

Também: "A comunicação dos atos processuais nos JECiv pode ser feita por qualquer meio idôneo de comunicação, entre eles a via telefônica" (Rec. nº 627/97, TR/RJ, Rela. Clara Maria Martins Jaguaribe). Por isso "é dispensável a expedição de carta precatória nos Juizados Especiais Cíveis, cumprindo-se os atos nas demais comarcas mediante via postal, ofício do juízo, fax, telefone ou qualquer outro meio idôneo de comunicação" (Conclusão 15ª do II ECJEs e Enunciado Cível 33 do FONAJE).

"A intimação efetuada por Oficial de Justiça na pessoa de secretária do advogado é válida, ainda que para o transcurso do lapso temporal para o recurso" (Conclusão 9ª do III ECJEs). "A intimação do advogado é válida na pessoa de qualquer integrante do escritório, desde que identificado" (Enunciado Cível 41 do FONAJE).

(1c) Sobre precatórias, o Of. Circ. nº 03/94 sugeriu a tomada das seguintes providências: 1 – Quando o objeto da carta for execução, remetê-la instruída com o cálculo atualizado, e com cópia da sentença, nas hipóteses de revelia. Vindo sem aquele, será devolvida sem cumprimento. 2 – Em todas as precatórias referentes ao JEs, quando a certidão do Oficial de Justiça for genericamente negativa, será devolvida à origem, sem outras diligências. No juízo deprecante poderá ser cientificada a parte interessada.

(1d) Ainda com respeito a precatórias, estabelece o Enunciado Cível 44 do FONAJE: "No âmbito dos Juizados Especiais, não são devidas despesas para efeito do cumprimento de diligências, inclusive quando da expedição de cartas precatórias."

(2) V. art. 242, CPC.

"Válida é a intimação de sentença feita na pessoa de apenas um dos advogados da parte, o qual participou da audiência de instrução e julgamento, ainda que com mandato tácito" (RJE-BA 2/38).

(3) V. art. 39, CPC.

Passando o prazo a fluir da intimação: "O prazo para recurso no JECiv conta-se do recebimento da correspondência, e não da juntada do AR ao processo" (Conclusão 13ª do I ECJEs). "O prazo para recurso, no Juizado Especial Cível, conta-se da ciência da sentença, e não da juntada do AR ou mandado aos autos" (Enunciado Cível 13 do FONAJE). Por isso também: "Intimação de sentença pelo correio. Validade. Prova inequívoca do recebimento" (RJJERJ 1/21).

Outrossim, "restando verificada nos autos a hipótese prevista no art. 19, § 2º, da LJE, correta a decretação da revelia, presumindo-se verdadeiros os fatos narrados na inicial" (RJJERJ 1/66).

(4) "Na execução do título judicial definitivo, ainda que não localizado o executado, admite-se a penhora de seus bens, dispensado o arresto. A intimação de penhora observará ao disposto no art. 19, § 2º, da Lei 9.099/95" (Enunciado Cível nº 43 do FONAJE).

SEÇÃO VII
DA REVELIA

REVELIA

Art. 20. Não comparecendo (1, 1a, 1b) **o demandado** (2) **à sessão de conciliação ou à audiência de instrução e julgamento** (3, 3a, 3b, 3c), **reputar-se-ão verdadeiros os fatos alegados** (4) **no pedido inicial** (4a, 4b, 4c, 4d), **salvo se o contrário** (5) **resultar da convicção do Juiz** (6, 7).

V. art. 23, LJE, e arts. 319 e 322, CPC.

(1) "A presença pessoal, na hipótese de pessoa física, e através de preposto com vínculo empregatício, no caso de pessoa jurídica, é obrigatória nas audiências de conciliação e/ou de instrução e julgamento (autor e réu)" (Conclusão 4ª do II ECJEs). Assim, "o oferecimento de resposta, oral ou escrita, não dispensa o comparecimento pessoal da parte, ensejando, pois, os efeitos da revelia" (Enunciado Cível 78 do FONAJE). "a procuração outorgada a advogado não exonerou o demandado da obrigação de comparecer à audiência de conciliação ou de se fazer representar por empregado na qualidade do preposto" (RJJERJ 1/57). "Irrelevância de ter a recorrida contestado a ação e a procuração do mandatário conter poderes, inclusive, para depoimento pessoal. Fatos que não satisfazem a exigência legal do comparecimento pessoal" (Proc. n° 1419, 1° CR-SP, Rel. Oscar Bittencourt, 27-06-95). A revelia não é decorrência da falta de resposta, mas da ausência às audiências de conciliação e de instrução (RJE 20/60). "No JEC, a revelia decorre da simples ausência da parte na audiência para a qual foi intimada. O oferecimento de contestação não afasta o efeito atinente à confissão ficta quanto à matéria de fato" (RJE 34-35/46).

No entanto, "nas causas de valor superior a vinte salários mínimos, a ausência de contestação, escrita ou oral, ainda que presente o réu, implica revelia" (Enunciado Cível 11 do FONAJE).

(1a) Pressupõe, como é óbvio, a regularidade da citação (RJE 19/100) e da intimação (v. notas aos arts. 18 e 19). "Ausência da ré à audiência de conciliação. Impossibilidade da decretação da revelia se não há nos autos, à época, a prova inequívoca da intimação. A juntada aos autos do A.R. comprobatório, posteriormente à audiência, que chegou, inclusive, a ser redesignada, não autoriza o julgamento de plano, com acolhimento da revelia" (RJJERJ 1/75).

(1b) Mas, "ao contrário do que ocorre na Justiça Comum, perante o JE a presença física da parte é muito valorizada, em razão da filosofia e princípios deste novo sistema jurisidicional. Quem primeiro tem o dever de mostrar interesse pela demanda, comparecendo a todas as audiências, é o autor. Por esta razão que o legislador estabeleceu o não-comparecimento do autor como causa de extinção do processo sem julgamento do mérito (art. 51, I, LJE). Tratando-se de causa extintiva do processo, a ausência do autor se sobrepõe à revelia, que trata apenas de um efeito processual em benefício da outra parte" (Rec. n° 01597524592, 1ª TR/RS, Rel. Guinther Spode, 30-07-97).

(2) Em se tratando de pessoa jurídica, a revelia decorre do não-comparecimento de preposto credenciado: "No procedimento do JECiv, onde tem privilégio especial a conciliação e a transação, é indispensável a presença pessoal da parte, sob pena de arquivamento do pedido, no caso do autor, e de revelia, no caso do demandado. Tratando-se de pessoa jurídica, a exigência é mais forte, uma vez que a representação da empresa, por preposto, pode ser feita por mais de uma pessoa" (RJE 18/80). "O comparecimento do advogado à audiência não obsta a decretação da revelia, se não tem ele poderes expressos para representar, como preposto, a empresa para a qual advoga, prestando-lhe assistência" (RJJERJ 1/68). "A ausência de carta de preposto, na forma do art. 9°, § 4°, da LJE, que deve ser exibida por ocasião da audiência de conciliação, implica revelia para a pessoa jurídica que litiga no pólo passivo"

(RJJERJ 1/14). "Apesar da LJE autorizar a representação da pessoa jurídica por preposto credenciado, a comprovação dessa deverá ocorrer na audiência de instrução, conciliação e julgamento, com a exibição da carta de preposição. Verificada tal omissão, impõe-se a decretação da revelia" (RJJERJ 1/89). "Somente a carta de preposição habilita o preposto a presentar a parte na audiência: não exibida, cabível a decretação da revelia; entretanto, se o juízo concedeu prazo para a regularização, sanada está a falta" (RJE 15/49-59).

Mas: "Audiência de conciliação, instrução e julgamento. Preposto presente, sem carta. Ânimo de defesa configurado. Advogado constituído, e com poderes especiais. Revelia decretada. Cerceamento de defesa. Nulidade que se declara" (RJJERJ 1/46). Ainda, "se o preposto da demandada compareceu na audiência de tentativa de conciliação, onde ficou intimado para a audiência de instrução, oportunidade em que não compareceu, correta está a decisão que decretou a revelia" (RJE 18/72).

Também: "O preposto que compareça sem carta de preposição obriga-se a apresentá-la, no prazo que for assinado, para a validade de eventual acordo. A inexistência de acordo opera, de plano, os efeitos da revelia" (Enunciado Cível 42 do V ECJEs). Esse enunciado foi alterado no VI ECJEs, passando a ter a seguinte redação: "O preposto que comparece sem carta de preposição obriga-se a apresentá-la, no prazo que for assinado, para a validade de eventual acordo. Não formalizado o acordo, incidem, de plano, os efeitos de revelia" (Enunciado Cível 42 do FONAJE).

Por outro lado, impõe-se o "levantamento da revelia decretada, eis que a pessoa que compareceu na audiência é empregado da empresa-ré e foi apresentado através de carta assinada pelo advogado da mesma, que também é empregado, segundo consta do mandato, tendo amplos poderes extrajudiciais. Recurso provido para desconstituir a sentença, levantando-se a revelia, e para que seja viabilizada às partes a produção de provas" (RJE 21/57).

Sobre preposto, v. nota 5a ao art. 9°.

(3) Mas, "apesar da informalidade do sistema, o Juiz deve determinar que as partes sejam apregoadas antes de decidir pela revelia ou arquivamento do processo, concedendo, dentro do possível, alguns minutos de tolerância às partes, dentro do bom senso, uma vez que o Judiciário precisa terminar com o litígio, e não simplesmente terminar com o processo" (JPC 14/51). Assim, "atraso de 10 minutos na audiência não justifica o decreto de revelia, mormente no JE em que o efeito da contumácia é relativo e quando a prolação da sentença em audiência não se encerrou por completo no momento da chegada da parte" (RJJERJ 1/10). Porém, "deve ser tida como válida a revelia decretada em audiência por motivo de ausência da parte ré após o Juiz ter aguardado 15 minutos sem êxito pela chegada do interessado" (RJJERJ 1/33).

(3a) O eventual impedimento para o não-comparecimento do réu deve ser comprovado até a abertura da audiência: "A impossibilidade de comparecimento da parte à audiência deve ser demonstrada até a abertura da solenidade, sem o que o Juiz prosseguirá na instrução do processo" (RJE 15/60). Idem: RJE 14/54, 17/92, 18/79-80. "A justificação da ausência deve ser feita no dia da audiência, até o momento da sua abertura, salvo motivo imprevisível e invencível" (Rec. nº 329, 2º CR-SP, Rel. Marciano da Fonseca, 28-02-96).

"Pedido de adiamento de audiência, sob alegação de existir outra marcada para o mesmo horário. Lícita é a exigência formulada pelo juiz, no sentido de comprovar o requerente que a intimação para comparecimento à audiência designada no outro processo foi anterior. Cerceamento de defesa inexistente" (Rec. nº 796/97, 10ª TR/RJ, Rel. Sérgio Lúcio de Oliveira e Cruz).

(3b) Hipóteses de afastamento da revelia ou consideradas como motivo justo de ausência à audiência:

a) levar filho doente ao pronto-socorro infantil no mesmo horário (RJE 15/61);

b) atraso, na primeira audiência, da ré, pessoa idosa (RJE 19/81);

c) ausência de preposto em face da ocorrência de caso fortuito (RJJERJ 1/61), como, por exemplo, em função de notório congestionamento de trânsito (RJJERJ 1/82).

E, "se a revelia foi decretada incorretamente, causando prejuízo ao demandado, uma vez que lhe foi tolhida a oportunidade de contestar e teve sentença desfavorável, o processo deve ser renovado" (RJE 20/84-85).

(3c) "Somente a prova de fato relevante pode justificar a ausência da ré na audiência e levar, eventualmente, à sua relevação" (RJE 18/79).

Assim, não servem à demonstração da justificativa:

a) atestado de odontólogo de que o réu estava na clínica, sem maiores informações (JPC 14/54);

b) atestado médico: forjado (RJE 15/61); genérico e impreciso, fazendo-se necessário laudo médico bem fundamentado (RJE 17/92); juntado ou fornecido no dia posterior à audiência (JPC 14/60, RJE 20/100); lacônico, ainda mais quando o beneficiário também é médico e pode tê-lo obtido de favor com facilidade (RJE 18/80-81); sem especificação da doença e firma reconhecida (RJE 21/57); exibido com as razões recursais (RJE 18/79-80);

c) comprovação de consulta a médico dias antes da solenidade (RJE 19/100-101);

d) doença de preposto de pessoa jurídica, uma vez que outro pode ser indicado (RJE 18/79-80);

e) alegação de que a audiência coincide com as férias do réu (RJJERJ 1/56).

Também não elidem o decreto de revelia:

a) "o fato de o procurador ter-se deslocado do Fórum, onde aguardava a audiência, para a Delegacia de Polícia, onde acompanhou lavratura de flagrante. Justificaria decisão de adiamento de audiência prévia coincidência de pauta, o que não é o caso dos autos" (RJE 17/93).

b) a falta de prova "de que o réu tenha efetivamente estado no Fórum 20 minutos após a hora prevista para a audiência, como alega. Apenas seu advogado estava presente, o que, no sistema, é insuficiente. Houvesse uma declaração do Cartório de que ele realmente esteve no local, a Turma iria examinar se o motivo alegado seria suficiente para justificar o atraso. Mas, sem qualquer prova de que se tratou apenas de um atraso, e não de não-comparecimento, não há o que acolher" (RJE 18/79). "Alegação de que estavam os RR. no Foro e não teriam sido chamados para a audiência, que não se acolhe, porque o pregão é público. Não há como confundir 'pregão' com chamada pessoal, dirigida a cada uma das pessoas presentes no Foro. Desimporta, no caso, face à revelia, estavam, ou não, os RR. acompanhados de advogado" (RJE 23/47).

c) "a 'certidão' exibida pode ter sido obtida de favor, uma vez que, como alto funcionário da Prefeitura, tinha ensejo de obtê-la, em termos favoráveis, sem qualquer dificuldade. Além disso, estava ciente da audiência, impondo-se que, na defesa do seu próprio interesse, se tivesse comunicado previamente com o juízo, avisando da eventual impossibilidade de chegar no horário, e solicitado a sua prorrogação. Não fez isso" (RJE 18/79).

"Chegada do recorrente 20 minutos após o horário designado. Engarrafamento em via pública apresentado como justificativa. Tolerância de 15 minutos concedida pelo juiz. Suposto engarrafamento em via pública não é motivo suficiente para justificar um atraso de 20 minutos, principalmente quando o próprio recorrente afirma ter conhecimento de que aqueles engarrafamentos são comuns naquele local e horário, podendo portanto aquela via ser evitada" (RJJERJ 1/42).

(4) A presunção refere-se exclusivamente aos fatos invocados, e não ao direito.

(4a) Mas, "no JECiv, a ausência do réu na audiência não induz, automaticamente, os efeitos da revelia" (RJE 18/80-81). "A revelia não tem o efeito de dar automático reconhecimento à procedência do pedido inicial. A presunção do art. 319 do CPC[38] e art. 20 da LJE é relativa e não absoluta" (RJE-BA 2/43).

Por isso, "não tendo o réu comparecido na audiência de instrução e julgamento, para que estava regularmente intimado desde a audiência de conciliação, e havendo prova documental que corroborava as alegações do autor, impunha-se a decretação da revelia com a acolhida do pedido" (RJE 15/61). "Retomada para uso próprio. Revelia decretada com base no art. 20, que traz como conseqüência reputar-se verdadeiras as afirmações do autor, no sentido de que necessita do imóvel para residir, eis que está pagando aluguel superior ao que recebe da requerida" (RJE 19/89). "A revelia, acompanhada de provas dos fatos articulados na inicial, determina o julgamento positivo da demanda proposta" (RJE 19/90). "Restando verificada nos autos a hipótese prevista no art. 19, § 2º, da LJE, correta a decretação da revelia, presumindo-se verdadeiros os fatos narrados na inicial, quais sejam, o atraso do vôo e os transtornos causados aos passageiros, os quais ensejam dever de indenizar" (RJJERJ 1/66).

(4b) Ainda: "Revelia no JE decorre da ausência da parte em audiência, induzindo os efeitos do art. 20, circunstância esta que, ao contrário do que ocorre na Justiça Comum, inviabiliza a produção de prova oral pelo revel, sob pena de tornar inócua a decretação da revelia" (RJE 20/85).

Contra: "Possibilidade de o réu revel produzir provas, ainda mais recibos de pagamento dos valores em cobrança" (RJE 21/57).

(4c) Em caso de revelia em pedido contraposto, observar que "é outra demanda, portanto indispensável que o autor tome conhecimento de seus termos. Exige-se muita cautela, nos Juizados de Pequenas Causas, para decretação de revelia, ainda mais quando se trata de revel o autor, réu no pedido contraposto" (RJE 15/65).

(4d) Quando há pluralidade de réus é incorreto o decreto de revelia se um deles comparece à audiência de conciliação, com o que, designada instrução, pode ser apresentada contestação (RJE 18/78). "Pluralidade de réus. Comparecimento de um deles. Impossibilidade de decretação da revelia. Aplicação do disposto no art. 320, I, do CPC"[39] (Rec. nº 01196889479, 1ª TR/RS, Rel. Wilson Carlos Rodycz, 04-12-96). "A decretação da revelia, em havendo pluralidade de réus, não pode ocorrer pelo não-comparecimento de um deles à audiência, se não se completaram todas as citações. Circunstância em que por não formada a relação processual, o ato não poderia ser realizado. Aplicação do disposto no

---

[38] Art. 319, CPC – Se o réu não contestar a ação, reputar-se-ão verdadeiros os fatos afirmados pelo autor.

[39] Art. 320, I, CPC – A revelia não induz, contudo, o efeito mencionado no artigo antecedente: I – se, havendo luralidade de réus, algum deles contestar a ação.

parágrafo único do art. 298 do CPC, em caso de desistência de ação em relação a réu não-citado. Revelia não-conhecida" (RJE 34-35/59).
Da mesma forma, quando um dos requeridos não é citado (RJE 19/101). "Ação proposta contra duas pessoas. Apenas uma delas é citada. A outra não é encontrada. Decisão decreta revelia e julga procedente a ação, condenando ambos os requeridos. Nulidade absoluta que se impõe seja decretada, mesmo que não alegada" (RJE 23/48, RJE 23/48).

(5) "Revelia. Mesmo em sede de JEs esta não obriga o Juiz; aplicação do princípio de persuasão racional ou livre convencimento na análise da prova" (RJE 17/94). "A admissão da confissão ficta como efeito da revelia nos JEs, *ex vi* do disposto no art. 20 da LJE, somente poderá ser afastada em casos especialíssimos, e quando entender o magistrado ser estritamente essencial e indispensável à prolação da sentença o exame da prova, quer em audiência de instrução, quer pela análise acurada de prova documental exibida" (RJE-BA 2/41). "A inexistência de contestação ou a declaração de revelia não acarretam os efeitos estampados no art. 319 do CPC, haja vista que é defeso ao magistrado julgar discrepando do conjunto probatório constante dos autos" (RJE-BA 2/43). "O não-comparecimento do demandado à audiência de conciliação ou de instrução e julgamento implica revelia, nos termos do art. 20 da LJE. Na revelia, reputar-se-ão verdadeiros os fatos alegados no pedido, salvo convicção contrária do Juiz" (RJE 22/79). Idem: RJE 17/91. "A revelia torna definitiva a confissão quanto à matéria de fato, que não comporta mais exame no apelo" (RJE-BA 2/41). Assim, "se, com o recurso, o revel junta prova consistente e definitiva demonstrando o pagamento parcial da dívida, através de documento não-impugnado nas contra-razões, pode o julgador de segundo grau considerar a prova e operar a redução do valor da condenação" (RJE 18/80). "(...) No caso dos autos, havia necessidade de comprovação do trabalho alegado e do seu valor. Não se podia simplesmente acolher o expressivo valor postulado (...).Nesse contexto, não cabia a decretação da revelia, porém não está adequada a decisão de improcedência do pedido: a melhor solução era permitir que o autor produzisse a sua prova" (RJE 18/80-81). Também: "Revelia que não conduz à veracidade de fatos cuja contestação e prova não caberiam à seguradora, e sim ao segurado" (RJE 26-27/35).

(6) Convicção do juiz togado (art. 32), e não leigo (RJE 18/84). Destarte, "efeitos da revelia não inibem o Juiz de formar livre convicção à luz da provas" (RJJERJ 1/88). "Revelia não obriga ao julgamento reconhecendo verdadeiras as alegações do autor. A convicção do magistrado pode ser em sentido contrário" (RJE 36-37/66).

(7) Como conseqüência, os prazos, inclusive o recursal, fluem independentemente de intimação: "Decretada a revelia, os prazos passam a

correr independentemente de intimação, inclusive os recursais. Intimação indevida não reabre o prazo" (RJE 19/100). "Os prazos processuais correm contra o revel independentemente de intimação, fluindo o recursal a partir da publicação da sentença em audiência ou em cartório" (RJJERJ 1/35). "Ausência do réu em ambas as audiências realizadas. Recurso alegando nulidade dos atos praticados no processo porque o advogado que comparecera na audiência de conciliação, entitulando-se procurador do réu, não fora por ele constituído. Problema que diz respeito unicamente ao réu e ao indigitado bacharel. Revelia que já ocorrera na primeira audiência e que se mantém com todos os seus efeitos, inclusive a desnecessidade de intimação para os atos seguintes" (RJE 19/100). "Citação de empresa por carta com AR. Recebimento por pessoa que, pela teoria da aparência, se presume autorizada e habilitada para fazê-lo. Não comparecimento na audiência. (...) Recurso intempestivo, eis que os prazo para o revel correm independentemente da nova intimação" (RJE 21/57). "Em sendo o réu revel, fluem os prazos independentemente de intimação. Tratando-se de execução fundada em título judicial – sentença –, a execução se processa mediante provimento do credor, independentemente de nova citação" (RJE 23/47-48).

Fluxograma do Juizado Especial Cível

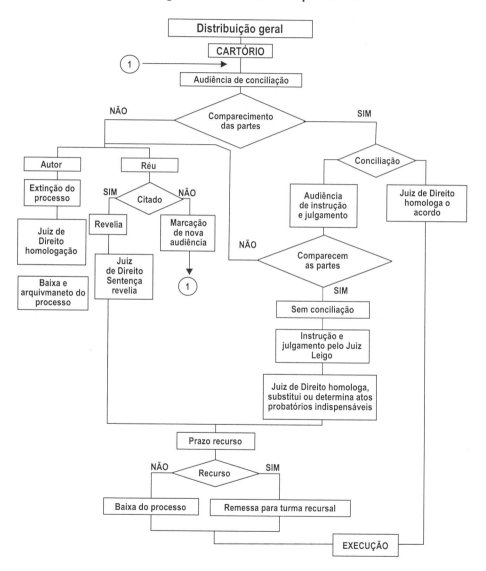

SEÇÃO VIII
DA CONCILIAÇÃO E DO JUÍZO ARBITRAL

CONCILIAÇÃO E VANTAGENS
Art. 21. Aberta a sessão, o Juiz togado ou leigo (1) esclarecerá as partes presentes sobre as vantagens da conciliação (2), mostrando-lhes os riscos e as conseqüências do litígio, especialmente quanto ao disposto no § 3º do art. 3º (3) desta Lei.

(1) E não o conciliador. Este só dirige a conciliação, desde que orientado pelo Juiz togado ou leigo (art. 22). Mas "não é necessária a presença do Juiz togado ou leigo na sessão de conciliação" (Enunciado Cível 6 do FONAJE).
Contra: Of. Circ. nº 101/97-CGJ, que lembra a necessidade da presença do Juiz Presidente do JE no local onde acontecem as audiências, a fim de exercer, de fato e de direito, as suas atribuições.

(2) Vantagens da sentença homologatória de conciliação: a) faz coisa julgada e não se sujeita ao limite de 40 salários mínimos (art. 3º, § 3º); b) não admite recurso e ação rescisória (arts. 41 e 59); e, c) constitui título executivo judicial (art. 22, parág. único).

(3) Trata da renúncia ao crédito que exceder o limite de 20 vezes o salário mínimo para a parte sem assistência de advogado e de 40 vezes o salário mínimo para o litigante assistido por advogado.
Então, "optando o autor da ação de reparação de danos pelo JECiv, sua renúncia à quantia excedente a quarenta vezes o salário mínimo é automática, ficando sem efeito apenas no caso de conciliação ou transação em que as partes estipulem valor maior ao previsto em lei" (CCo nº 00960017125, TJES, Rel. José Eduardo Grandi Ribeiro, 25-03-97).

ROTEIRO PARA AUDIÊNCIA DE CONCILIAÇÃO NO JUIZADO ESPECIAL CÍVEL

1º) Identificação do autor e do réu através de identidade ou outro documento. Quando o requerido for pessoa jurídica, deverá apresentar a carta de preposto em papel timbrado e/ou com o carimbo da empresa. Em caso de ser representada por diretor ou sócio, com poder de representação, exibir o estatuto ou contrato social, e, se for condomínio, pelo síndico, comprovando através da ata da assembléia geral que o elegeu. Se as partes vierem acompanhadas de advogado, identificá-lo mediante a apresentação da carteira fornecida pela OAB.

2º) Ausente o autor, é caso de extinção do feito, que poderá, posteriormente, ser reativado mediante o pagamento das custas respectivas. Mas, estando presente o advogado do autor, com poderes especiais para conciliar, poderá, com a concordância do réu, buscar-se acordo. Não concordando o réu em conciliar com o advogado do autor, extingue-se o feito.

3º) Ausente o réu devidamente citado, é caso de revelia, cuja decisão é da competência do Juiz de Direito Presidente do Juizado. Mas, estando presente o advogado do réu, com poderes especiais para conciliar, e havendo a concordância do autor, poder-se-á obter a conciliação.

4º) Presentes as partes, deverá o Conciliador, após inteirar-se a respeito do pedido, dedicar-se com afinco na aproximação das partes para a busca da conciliação. Para isso, não é suficiente apenas propor formalmente o acordo, mas deverá haver empenho e uma certa técnica na condução da audiência, dando-se oportunidade para as partes exporem sinteticamente suas razões, deixando-as à vontade, tratando-as com respeito e expondo-lhes, sem entrar no mérito da questão, as vantagens de um acordo. Criado um "clima" inicial favorável, deverá então o Conciliador partir para o momento das propostas das partes e, com base nelas, ir sugerindo alternativas de aproximação, como um valor intermediário, pagamento em prestações, datas de pagamentos etc. Sem empenho do Conciliador, dificilmente haverá o acordo. Entretanto, o empenho propagado não significa forçar acordo contra a vontade das partes.

5º) As partes chegando a um acordo, o Conciliador lavrará o respectivo termo em linguagem bem clara e de forma a possibilitar uma futura execução em caso de descumprimento. Havendo interesse das partes, estipula-se uma cláusula penal não superior a 10%, que incidirá sobre o valor remanescente do débito, para a hipótese de inadimplemento. Lavrado o termo e homologado pelo Juiz-Presidente, entrega-se uma cópia a cada parte.

6º) Não havendo acordo, compete então ao Conciliador orientar as partes no sentido de trazerem todas as provas que pretendem produzir na audiência de instrução e julgamento, como documentos e testemunhas (máximo três). Já ficam as partes presentes intimadas da nova data para audiência de instrução.

Observações:

Não receber, neste momento, nenhum documento, a não ser a carta de preposto, se for o caso.

A contestação deverá ser oferecida na audiência de instrução.

Poderá, entretanto, o réu alegar, neste momento, incompetência do juízo ou ilegitimidade de parte, por petição ou por termo, levando-se o caso à apreciação do Juiz-Presidente.

RECOMENDAÇÕES AOS CONCILIADORES

1) Não atue em causa em que haja algum motivo de impedimento ou suspeição. Solicitar, no caso, ao Juiz de Direito ou ao Escrivão, a sua substituição;

Lei 9.099/95 - art. 22

2) Identificar, através de um documento, as partes e os advogados. Lembre-se que a presença pessoal das partes nas audiências do juizado é obrigatória. A pessoa jurídica deverá estar representada por um sócio ou membro da diretoria ou por um preposto devidamente credenciado com a respectiva carta. Não é permitido ao advogado cumular as funções de advogado e de preposto (v. Enunciado nº 17 do IV ECJEs);
3) A audiência de conciliação deverá ser conduzida de maneira simples e informal, mas com seriedade e controle, não se permitindo ataques ofensivos das partes e advogados;
4) Dispensar às partes e aos advogados especial atenção, tratando-os com respeito e cordialidade;
5) Caso seja alegada incompetência do Juizado ou ilegitimidade de parte, tomar a termo e encaminhar, imediatamente, à apreciação do Juiz de Direito responsável pelo Juizado;
6) Utilizar o máximo de esforço no sentido de conciliar as partes, sem manifestar sua opinião sobre o mérito da causa;
7) Quando houver requerimento de inclusão ou exclusão de alguma parte, tomar a termo, com as razões apresentadas, e, se for o caso, juntar o documento necessário e encaminhar, logo em seguida, ao Juiz Presidente do Juizado;
8) Na ausência do autor, devidamente intimado, sugerir ao juiz a extinção do feito. Ausente o réu, comprovadamente citado, opinar pela revelia. Caso não haja intimação ou citação, marcar nova data para audiência de conciliação, sugerindo que a diligência seja realizada por Oficial de Justiça. Na hipótese de mais de um réu, todos citados, a presença de um não acarreta a revelia do(s) outros(s) ausente(s) – art. 320, I, do CPC;
9) Em havendo acordo, redigir o respectivo termo em linguagem simples, clara e de modo a possibilitar futura execução. Pode-se estabelecer uma cláusula penal não superior a 10%. Nas obrigações de fazer, não fazer e de entregar, é também aconselhável a estipulação de uma multa diária, fixada de acordo com a situação econômica das partes;
10) Não havendo acordo, deixar as partes intimadas para a audiência de instrução e julgamento, orientando-as a trazerem todas as provas que pretendam produzir, como documentos, testemunhas (máximo de três, que deverão comparecer independentemente de intimação).

CONDUÇÃO DA CONCILIAÇÃO
Art. 22. A conciliação será conduzida pelo Juiz togado ou leigo ou por conciliador sob sua orientação (1).
HOMOLOGAÇÃO
Parágrafo único. Obtida a conciliação, esta será reduzida a escrito e homologada (1a, 1b, 1c, 2) **pelo Juiz togado, mediante sentença** (3) **com eficácia de título executivo** (4, 4a).

(1) V. art. 7º.

"As normas de organização judiciária local poderão estender a conciliação prevista nos arts. 22 e 23 da LJE às causas não abrangidas pelos

JEs. Os conciliadores não podem, em hipótese alguma, proferir despacho nos autos, muito menos de direção do processo, invertendo a sua ordem" (AI nº 250/98, TJRJ, 14ª Câm. Cív., Rel. Des. Mauro Nogueira, 07-04-98).

(1a) V. art. 331, § 1º, CPC.

"É válido o acordo celebrado pelas partes na sessão de conciliação, prevista no procedimento dos Juizados Especiais Cíveis, independentemente de assistência de advogado, ainda nas causas de valor superior a 20 salários mínimos" (Enunciado Cível 12 do II EJJEs-RJ).

(1b) Não será homologado o acordo se manifesta a lesividade a uma das partes, já que o "controle judicial atinge os atos praticados por seus próprios membros, de ofício, sempre que se aquilatar pelo evidente prejuízo de uma das partes – autora desacompanhada de advogado, de reconhecida hipossuficiência em relação à ré (preposta de empresa multinacional) – pedido inicial ilíquido, ensejador do acordo desconstituído, deve ser reformulado, para solução devida ao desiderato" (RJE 19/94).

(1c) Para assegurar o cumprimento das obrigações assumidas na conciliação, poderá ser estabelecido, para a hipótese de inadimplemento, a cláusula penal, o vencimento antecipado das prestações e a possibilidade de encaminhamento do nome do devedor a órgãos de restrição de crédito (SPC e outros).

(2) Através do Of. Circ. nº 84/97-CGJ, os Conciliadores e Juízes Leigos foram orientados "no sentido de que os pagamentos parcelados dos acordos sejam feitos diretamente na conta bancária do beneficiado ou na sua residência ou escritório ou, ainda, do seu advogado, evitando-se, tanto quanto possível, o Cartório Judicial. Não sendo isto alcançado, então os depósitos em Cartório deverão ocorrer em conta judicial e somente levantados através de alvará judicial ao beneficiado ou ao seu advogado, desde que este tenha procuração com poderes especiais para este fim".

(3) A sentença homologatória da conciliação não se sujeita aos limites do art. 3º, § 3º, e nem admite recurso ou ação rescisória (arts. 41 e 59).

Além dessa sentença, bem como a de homologação do laudo arbitral (art. 26) e da sentença leiga (art. 40), só existe outra prolatada pelo Juiz togado, que é a substitutiva de que trata o art. 40, *in fine*.

(4) V. art. 584, III, do CPC.

(4a) "Alegação de erro e vício de consentimento. O acordo judicial, firmado em audiência, pelas partes e respectivos advogados, homologado pelo Juiz, tem força de sentença e não pode ser rescindido por juízo do mesmo nível, sob pena de perpetuação dos litígios, salvo, evidentemente, casos excepcionais, como erro material" (Rec. nº 01597552411, Rel. Claudir Fidélis Faccenda, 1ª TR/RS, 21-01-98).

JULGAMENTO ANTECIPADO. REVELIA
Art. 23. Não comparecendo o demandado (1), o Juiz togado (2) proferirá sentença (3).

V. art. 20 e notas, sobre revelia, e art. 330, II, CPC.
(1) "A presença pessoal, na hipótese de pessoa física, e através de preposto com vínculo empregatício, no caso de pessoa jurídica, é obrigatória nas audiências de conciliação e/ou de instrução e julgamento (autor e réu)" (Conclusão 4ª do II ECJEs).
(2) "A decretação da revelia é ato jurisdicional privativo do Juiz togado, falecendo competência ao Juiz Leigo para o alvitre" (RJE 18/84).
(3) Essa sentença estará sujeita ao recurso do art. 41. Em caso de decretação da revelia, porém, o demandado não mais será intimado para recorrer, porque contra o revel os prazos correm independentemente de intimação, inclusive o recursal (nota 7 ao art. 20).

ARBITRAGEM
Art. 24. Não obtida a conciliação (1), as partes poderão optar, de comum acordo, pelo juízo arbitral, na forma prevista nesta Lei.
INSTAURAÇÃO
§ 1º. O juízo arbitral considerar-se-á instaurado, independentemente de termo de compromisso, com a escolha do árbitro pelas partes. Se este não estiver presente, o Juiz convocá-lo-á e designará, de imediato, a data para a audiência de instrução.
ESCOLHA DO ÁRBITRO
§ 2º. O árbitro será escolhido dentre os juízes leigos.

V. arts. 1.072 a 1.102, CPC.
(1) "Na sessão de conciliação, em não havendo acordo, sugere-se ficar consignado a respeito das tentativas e das circunstâncias da audiência" (Conclusão 8ª do III ECJEs).

CRITÉRIOS DO ÁRBITRO E EQÜIDADE
Art. 25. O árbitro conduzirá o processo com os mesmos critérios do Juiz, na forma dos arts. 5º e 6º desta Lei, podendo decidir por eqüidade.
ENTREGA E HOMOLOGAÇÃO DO LAUDO ARBITRAL
Art. 26. Ao término da instrução, ou nos cinco dias subseqüentes, o árbitro apresentará o laudo (1) ao Juiz togado para homologação por sentença irrecorrível (2, 3).

(1) "O Juiz Leigo não deve titular a sua decisão de 'laudo arbitral', quando disto não se tratar, já que estes, a teor do art. 41, são irrecorríveis" (RJE 18/82-83).

(2) V. arts. 41, *caput*, LJE, e 1.098, CPC.
"Tendo as partes optado por laudo arbitral, ainda que ao final da audiência, a decisão produzida não comporta recurso *ut* art. 41 da Lei nº 7.244/84, disposição repetida na LJE" (RJE 16/44). No mesmo sentido: "A sentença que homologa o laudo arbitral é irrecorrível" (Enunciado Cível 7 do FONAJE).

(3) O laudo arbitral homologado no JE é título judicial que enseja execução (art. 584, III, CPC)"[40] (AI nº 144731000, TAPR, 7ª Câm. Cív., Rel. Juiz Miguel Pessoa, 07-02-00).

SEÇÃO IX
DA INSTRUÇÃO E JULGAMENTO

AUDIÊNCIA DE INSTRUÇÃO E JULGAMENTO
Art. 27. Não instituído o juízo arbitral, proceder-se-á imediatamente à audiência de instrução e julgamento, desde que não resulte prejuízo para a defesa (1, 1a).
DESIGNAÇÃO E INTIMAÇÃO
Parágrafo único. Não sendo possível a sua realização imediata, será a audiência designada para um dos quinze dias subseqüentes (2), cientes, desde logo, as partes (3) e testemunhas eventualmente presentes (4, 5).

(1) V. art. 277, CPC.
"É possível a realização de audiência de instrução e julgamento no mesmo dia da conciliação, desde que o réu seja citado e o autor intimado acerca de tal possibilidade, ou então quando ambos concordarem expressamente no ato" (Enunciado Cível 20 do I ECJTR-RJ). Em conseqüência, "preliminar de cerceamento de defesa por ter sido a audiência de instrução e julgamento realizada no mesmo dia designado para a audiência de tentativa de conciliação. Inteligência do art. 27 da LJE. Se não houve protesto da defesa alegando prejuízo durante a realização da audiência de instrução e julgamento, com correta contestação moral, preclusa está a matéria, tendo o Juízo agido em consonância com a lei" (RJJERJ 1/26). "Realização da audiência de conciliação, instrução e julgamento no dia da sua instalação e indeferimento de pedido de intimação de testemunha não arrolada tempestivamente não implicam em cerceamento de defesa" (RJE-BA 2/29).

---

[40] Art. 584, CPC – São títulos executivos judiciais: III – a sentença homologatória de conciliação ou de transação, ainda que verse matéria não posta em juízo (com redação dada pela Lei nº 10.358, de 27.12.2001, DOU de 28.12.2001, em vigor três meses após sua publicação. O inciso alterado dispunha o seguinte: "III – A sentença arbitral e a sentença homologatória de transação ou de conciliação").

Lei 9.099/95 - art. 28

(1a) Assim, convém observar o disposto no art. 34, § 1º, pois "anula-se a sentença em que o réu foi citado no dia da audiência, pois tem ele até cinco dias antes da audiência para oferecer rol de testemunhas, havendo cerceamento de defesa na citação em prazo menor do que este, com presunção de prejuízo pela não oitiva de testemunhas" (Rec. nº 186, 2º CR-SP, Rel. Soares Levada, 02-08-95).

Por outro lado, "nas ações em que for desnecessária a realização de instrução (como é o caso da maioria das ações versando sobre consórcio), cuidando a lide de questões de direito unicamente, o conciliador, em prévio ajuste com o cartório e o juiz, uma vez frustrada a tentativa de acordo, designará, desde logo, data para publicação da sentença, ficando as partes intimadas no ato. No caso de revelia, em não sendo possível o imediato julgamento, o conciliador ou o juiz, conforme o caso, designará data para publicação da sentença, no prazo de 10 dias, ou determinará a intimação da parte representada por nota de expediente (Res. nº 01/95-CGJ).

Dessa forma, "tendo o recorrente declarado na sessão de conciliação que não tinha provas a produzir, pode e deve o juiz instruir o feito e proceder ao julgamento da lide, não advindo de tal proceder qualquer prejuízo para a defesa" (Rec. nº 04/97, 4ª TR/MG, Rela. Ana Paula Caixeta Bovendrop, 18-04-97).

(2) De acordo com o Of. Circ. nº 26/98-CGJ, o prazo para designação de audiências não deve exceder a 30 dias.

(3) A ausência do autor motivará a extinção do processo (art. 51, I). E a falta de comparecimento do réu acarretará as conseqüências do art. 20.

(4) V. nota 1a acima.

(5) Também na audiência deverá ser apresentada a prova documental (arts. 28 e 33).

FASES DA AUDIÊNCIA
Art. 28. Na audiência de instrução e julgamento (1, 1a, 1b) serão ouvidas as partes (2), **colhida a prova** (3, 3a) e, em seguida (4), **proferida a sentença** (5, 5a, 5b).

ROTEIRO DA AUDIÊNCIA DE INSTRUÇÃO E JULGAMENTO

1º) Identificação das partes (pessoa física, através da carteira de identidade ou outro documento; pessoa jurídica, através de carta de preposto para um empregado, identificando-o por documento, ou, se for algum diretor ou sócio com poder de representação, deverá trazer cópia do estatuto ou contrato social, e, se for condomínio, pelo síndico, devidamente comprovado por documento). Identificar também os advogados.

2º) Registrar na parte superior da ata os nomes das pessoas (partes e advogados) que comparecerem.

3º) Tentar a conciliação entre as partes.

4º) Não havendo acordo, iniciar a instrução do feito com os seguintes atos, nesta ordem:

a) Recebimento dos documentos do autor, havendo, os quais serão examinados rapidamente pelo Juiz leigo e, em seguida, dando-se vista ao(s) réu(s) para manifestação, juntamente com a contestação.

b) O(s) réu(s) poderá(ão) contestar na hora, por escrito ou oralmente, de forma resumida, bem como, formular pedido a seu favor, nos limites do art. 3º, desde que fundado nos mesmos fatos que constituem objeto da controvérsia.

c) Havendo contrapedido, poderá o autor responder na própria audiência (o que é melhor) ou requerer prazo (até a próxima audiência).

d) Após, o Juiz leigo colherá o depoimento pessoal do autor (o réu deve sair da sala) e do réu e, por fim, ouvirá, separadamente, as testemunhas (máximo de três para cada parte), registrando-se, resumidamente, apenas o essencial (art. 13, § 3º).

Observação: Não convém dispensar testemunhas, a não ser com o consentimento expresso das partes, fazendo constar em ata. Não inverter a ordem, a não ser com o consentimento das partes.

e) Finda a instrução, sem debate oral, o Juiz leigo proferirá sua decisão na hora ou marcará nova data, dentro de 10 dias, para publicação em Cartório, ficando, desde logo, todos intimados. Esse prazo deve ser cumprido entregando-se a decisão em Cartório, com cópia, na véspera.

Observações:

Somente os incidentes que possam interferir no regular prosseguimento da audiência serão decididos de plano (art. 29), como, por exemplo, ilegitimidade das partes ou incompetência do Juizado. As demais questões serão decididas na sentença.

Das decisões incidentais não cabe agravo. Somente poderão ser atacadas em havendo recurso final.

Havendo embargos declaratórios, apreciar apenas a existência, ou não, de obscuridade, contradição, omissão ou dúvida (art. 48). Não mudar o mérito.

Os erros materiais podem ser corrigidos de ofício.

ESBOÇO DE ATA DE AUDIÊNCIA DE INSTRUÇÃO E JULGAMENTO

De conformidade com as referências e circunstâncias supraconstantes, foram apregoadas as partes, e, aberta a audiência com as formalidades de estilo, comparece o autor, acompanhado de seu procurador (nome dos procuradores e número da ordem constará no campo superior da ata), e a demandada, representada por seu preposto (ou sócio-proprietário, ou síndico, ou diretor – nomes constarão no campo superior da ata), conforme carta de preposição (ou contrato social, ou ata de assembléia) acosta-

Lei 9.099/95 - art. 28

da, assistida por procurador. Conciliação proposta e inexitosa. O autor acosta documentos. Dada vista à demandada. A demandada contesta por escrito (caso a contestação seja oferecida oralmente, deve restar consignada em ata mediante ditado do instrutor), acosta documentos e impugna os documentos acostados pela demandada ao autor nos seguintes termos: [...]. Dada vista dos documentos acostados pela demandada ao autor. O autor não oferece impugnação quanto à forma dos documentos (se não impugnar, constar no termo o silêncio). Aberta a instrução. Passo ao depoimento pessoal do autor (caso se colha – sempre primeiro, o depoimento do autor, retirando-se o réu da sala). Inquirido, respondeu: [...] (idêntico, em caso de depoimento do réu ou representante legal). Passo à colhida da prova testemunhal (serão ouvidas primeiro as testemunhas do autor). Testemunhas do autor (primeiro a oitiva das testemunhas arroladas pelo autor – sempre em número máximo de três). Maria da Silva, qualificar (deve portar documento de identidade) [...]. Advertida e compromissada (perguntar se parente, amiga, inimiga das partes ou se tem interesse no resultado da demanda e adverti-la, nestes termos: "vou adverti-la a dizer a verdade do que souber e lhe for perguntado, sob as penas da lei", ou "o dever de dizer a verdade"). Encerrada a isntrução, venham os autos conclusos para a decisão, designando o dia [...] para a publicação de sentença em Cartório. Cientes as partes e seus procuradores. Nada mais.

1) Não esquecer que a contradita se opera antes do início da inquirição.

2) Rubricar todas as folhas e assinar a última. Após as declarações das testemunhas, o instrutor e advogados rubricam e a testemunha assina.

3) Não há réplica, memoriais e debate oral.

4) Em caso de contrapedido, a audiência poderá ser suspensa (em conformidade com o art. 31, parágrafo único, da Lei nº 9.099/95), restando as partes intimadas, no ato, da nova data.

5) Em caso de inversão do ônus da prova, convém que se faça antes da colheita da prova oral, oportunizando o demandado a desincumbir-se do ônus que agora recai sobre si.

Arts. 33, LJE, 455, CPC, e 5º, LV, CF.

(1) "Processualmente convém evitar a 'ordinarização do procedimento'. Como devemos saber, no JE, a audiência não se cinde (salvo em duas hipóteses excepcionais: arts, 27, *in fine*, e 31, parágrafo único, segunda parte) para a expedição de precatória ou para ouvir outras testemunhas, ainda que referidas: são ouvidas somente as testemunhas apresentadas pelas partes na data marcada. Sobre os documentos apresentados por uma parte, a outra se manifestará imediatamente, sem interrupção da audiência (art. 29, parágrafo unico). É admissível debate oral, mas jamais memoriais escritos. Todos os operadores jurídicos do sistema precisamos tomar cuidado para não permitir a transformação do 'procedimento simples, informal e oral do JE no processo escrito e formal da Justiça Comum'" (RJE 18/82-83).

(1a) V. nota 2 ao art. 32.

(1b) Também na audiência deverá o réu apresentar a sua resposta, contendo toda matéria de defesa, inclusive incompetência territorial, exceto argüição de suspeição ou impedimento do juiz. V. art. 30 e notas.

(2) No entanto, o "Juiz que preside o feito não é obrigado a colher os depoimentos pessoais, ainda mais quando não-requeridos" (RJE 20/60). Por isso, "No JECiv, face à regra do art. 13, § 1º, da LJE, a falta de depoimento pessoal só enseja nulidade se demonstrado prejuízo" (Rec. nº 674, 2º CR-SP, Rel. Rodrigues Teixeira, 05-03-97).

Ainda: "Advogar em causa própria traduz opção da parte e impede sua presença na sala quando do depoimento pessoal da parte adversa" (RJE 21/53).

Igualmente: "Havendo contestação apresentada na audiência de conciliação, e não sendo a parte intimada para prestar depoimento pessoal na audiência de instrução e julgamento, com a advertência prevista no art. 343, § 1º, do CPC,[41] não cabe a aplicação da pena de confissão" (Rec. nº 97/005, 1ª TR/PR, Rel. Roberto de Vicente).

Também: "Não merece acolhimento a preliminar de cerceamento de defesa argüida no recurso, eis que o fato de não ter sido ouvido o autor certamente de nada serviria para produzir a favor do réu prova de que já tivesse pago o débito contratado" (RJE 20/59).

Por outro lado: "Autorização do Juízo, com aquiescência da autora, para que o filho do réu represente o pai em audiência, por se encontrar aquele impossibilitado de comparecer ao ato, de acordo com atestado médico apresentado. Audiência válida porque não prejudicado o direito de defesa do réu, o qual implicitamente concordou com a atuação do filho no ato judicial" (RJJERJ 1/56).

V., notas ao art. 9º, § 4º.

(3) V. art. 32 e seguintes, e notas.

(3a) "O JE com o procedimento enquadrado nos princípios do art. 2º da LJE, não autoriza a produção de prova pericial ou a realização de diligências durante a instrução. A prova deve, sempre, ser produzida na única audiência de instrução. Portanto, correta a decisão do Juiz Instrutor que afasta pedido de diligência, qual seja a juntada do levantamento topográfico da Polícia Federal" (RJE 18/97).

(4) "Finda a instrução, não são obrigatórios os debates orais" (Conclusão 2ª do III ECJEs e Enunciado Cível 35 do FONAJE).

Outrossim, "nas ações em que for desnecessária a realização de instrução (como é o caso da maioria das ações versando sobre consórcio), cuidando a lide de questões de direito unicamente, o conciliador, em

---

[41] Art. 343, § 1º, CPC – A parte será intimada pessoalmente, constando do mandado que se presumirão confessados os fatos contra ela alegados, caso não compareça ou, comparecendo, se recuse a depor.

prévio ajuste com o cartório e o juiz, uma vez frustrada a tentativa de acordo, designará, desde logo, data para publicação da sentença, ficando as partes intimadas no ato. No caso de revelia, em não sendo possível o imediato julgamento, o conciliador ou o juiz, conforme o caso, designará data para publicação da sentença, no prazo de 10 dias, ou determinará a intimação da parte representada por nota de expediente" (Res. nº 01/95-CGJ).

Também: "A ausência de advogado na audiência de instrução e julgamento, em feito de valor superior a 20 salários mínimos, permite que o Juiz dispense a instrução e julgue a lide 'no estado'" (Enunciado Jurídico 4 do I EJJEsI-RJ).

(5) V. arts. 38 a 40 e notas

Mas "(...) quando a sentença não é prolatada na audiência, o instrutor deve marcar a data da sua publicação em Cartório, com ciência das partes presentes, para evitar a necessidade de novas intimações, com ganhos da mesma ordem" (RJE 18/84). Por isso, "recomenda-se, em observância do princípio da celeridade, que o Juiz profira decisão logo após o encerramento da audiência. Caso isto não seja possível, recomenda-se, ainda, que se marque uma data, dentro de, no máximo, dez (10) dias, para publicar a sentença em cartório, ficando, desde já, as partes presentes intimadas" (Sugestão 10ª do III ECJEs).

No mesmo sentido: "O Juiz que realizar a audiência de instrução e julgamento e não proferir sentença de imediato, deverá fixar na assentada, a data da leitura de sentença" (Enunciado Cível 2 do II EJJEs-RJ).

(5a) "O Juiz do Juizado Especial que concluir a audiência de instrução e julgamento, mesmo que não haja colheita de prova oral, ficará vinculado ao julgamento da lide, observando-se apenas as exceções previstas no art. 132 do CPC"[42] (Enunciado Cível 14 do I ECJTR-RJ).

Assim, "Juiz que preside a audiência e deixa, injustificada e ilegalmente, de proferir sentença no mesmo ato, recebe os autos conclusos no mesmo dia daquele e 15 dias após os devolve, no início do mês subseqüente, com despacho e sem sentença, sob o argumento de que não se vinculou, por não ter colhido provas em audiência. Princípio da identidade física do Juiz em sede de JE decorrente do princípio da oralidade e que tem como consectário lógico o princípio da concentração, impondo-se que o Juiz profira a sentença em audiência (art. 28 da LJE). Somente circunstâncias excepcionais, devidamente justificadas, que o impeçam de praticar tal ato processual na audiência, autorizam o ma-

---

[42] Art. 132, CPC – O juiz, titular ou substituto, que concluir a audiência julgará a lide, salvo se estiver convocado, licenciado, afastado por qualquer motivo, promovido ou aposentado, casos em que passará os autos ao seu sucessor.

gistrado a prolatar a sentença em outro momento, o que, na hipótese, inocorreu. Nulidade da sentença decretada de ofício, a fim de que outra seja proferida pelo magistrado que presidiu a audiência" (RJJERJ 1/49).

"Nos JEs em que os princípios da oralidade e da imediatidade dos atos processuais surgem norteadores da novel legislação, o princípio da identidade física do juiz é uma conseqüência lógica, inclusive uma imposição legal, tendo em vista a obrigatoriedade da sentença ser proferida na própria audiência, consoante determinação expressa do art. 28 da LJE" (RJE-BA 2/34).

(5b) "A fundamentação da sentença ou do acórdão poderá ser feita oralmente, com gravação em fita magnética, consignando-se apenas o dispositivo na ata" (Enunciado Cível 46 do FONAJE).

INCIDENTES

Art. 29. Serão decididos de plano todos os incidentes (1, 1a) **que possam interferir no regular prosseguimento da audiência** (1b). **As demais questões serão decididas na sentença.**

JUNTADA DE DOCUMENTOS

Parágrafo único. Sobre os documentos apresentados por uma das partes (2), **manifestar-se-á imediatamente** (3) **a parte contrária, sem interrupção da audiência** (4).

(1) Entre os incidentes, inclui-se a impugnação ao valor da causa e a alegação de incompetência.

(1a) "Por não precluírem as decisões interlocutórias dos JEs, contra elas não há previsão de recurso de agravo no sistema" (RJE 15/47). "O recurso de agravo não está previsto no ordenamento jurídico dos JECivs" (RJE 17/45).

(1b) "Tanto no procedimento dos JEs como no procedimento sumário, não havendo uma fase específica de saneamento, tal atividade deve ser exercida difusamente, ao longo do itinerário processual. Cumpre ao magistrado, pois, em princípio, apreciar as questões preliminares assim que surgirem no transcorrer da atividade processual, nada impedindo que difira a solução para a sentença final, ante a necessidade da instrução probatória" (AI nº 96.004586-4, TJSC, 4ª Câm. Cív., Rel. Des. Pedro Manoel Abreu, 13-03-97).

(2) Porém, "a juntada intempestiva de documento não nulifica o processo, salvo quando o documento juntado, por si só, determina o julgamento do feito, com prejuízo para a parte contrária" (RJE 18/89). "O procedimento, no JE, é sumário. Assim, inocorre cerceamento de defesa pelo

fato de uma das partes não ter tido oportuna vista de um documento, até porque não se decretará qualquer nulidade sem prova do prejuízo" (RJE 17/96).
(3) Portanto, não incide o art. 398 do CPC: Sempre que uma das partes requerer a juntada de documento aos autos, o juiz ouvirá, a seu respeito, a outra, no prazo de 5 (cinco) dias.
(4) "Documento juntado na audiência – Posssibilidade – Inteligência do art. 33 da LJE e inaplicabilidade do art. 396 do CPC"[43] (Rec. nº 72/96, CR-SP, Rel. Cláudio Augusto Pedrassi, 20-12-96).

SEÇÃO X
DA RESPOSTA DO RÉU

CONTEÚDO DA CONTESTAÇÃO E EXCEÇÕES
Art. 30. A contestação (1, 1a)**, que será oral ou escrita** (1b)**, conterá toda matéria de defesa** (2, 2a, 2b, 2c, 2d)**, exceto argüição de suspeição ou impedimento do Juiz** (3, 3a)**, que se processará na forma da legislação em vigor** (4, 4a, 4b)**.**

(1) V. arts. 300, 304 e 312, CPC.
"Constitui ofensa aos princípios do contraditório e da ampla defesa a ausência de oportunidade ao réu para apresentar os motivos de sua resistência à pretensão do autor, embora presente ao ato da audiência" (Rec. nº 499, 2º CR-SP, Rel. Barros Nogueira, 14-08-96). Assim, "a contestação poderá ser apresentada até a audiência de instrução e julgamento" (Enunciado Cível 10 do FONAJE). "O procedimento sumaríssimo nos JECiv começa com a postulação e a citação da parte contrária para a audiência de conciliação, na qual, se não resultar acordo, será apresentada a contestação. É nesta oportunidade que a parte demandada responde ao pedido formulado, produzindo sua defesa escrita ou oral" (Rec. nº 284/97, TR/RN, Rel. Ibanez Monteiro, 17-04-97). "Se a contestação não é oferecida por ocasião da audiência de instrução e julgamento, somente vindo para os autos posteriormente, fora, portanto, do prazo legal, caracterizada se encontra a revelia, cujos efeitos devem ser reconhecidos, com a presunção de veracidade dos fatos alegados pelo reclamante, cabendo ao Julgador fixar a condenação, dentro dos parâmetros legais cabíveis" (RJJERJ 1/18). Também: "O oferecimento de resposta, oral ou escrita, não dispensa o comparecimento pessoal da

---
[43] Art. 396, CPC – Compete à parte instruir a petição inicial (art. 283), ou a resposta (art. 297), com os documentos destinados a provar-lhe as alegações.

parte, ensejando, pois, os efeitos da revelia" (Enunciado Cível 78 do FONAJE).

(1a) Especificamente sobre a contestação em ação de cobrança de cheque, já foi decidido que: "O cheque, apresentado para a cobrança perante o sistema do JE, perde a condição de título de crédito, com os atributos que lhe seriam específicos no processo de execução. A opção pelo sistema do JE, pelo autor, dá a oportunidade para que o devedor apresente contestação, questionando o negócio 'subjacente'" (RJE 18/51).

(1b) "Não decorre revelia da falta de assinatura da peça contestatória, ante a presença do patrono na audiência" (RJJERJ 1/78).

(2) Toda a matéria de defesa, de acordo com a menção desse artigo, compreende a impugnação dos fatos narrados na inicial, mais toda a matéria útil à defesa, como as preliminares (carência de ação, ausência de pressuposto de desenvolvimento válido e regular do processo, prescrição, decadência etc.) e os questionamentos sobre o valor da causa e a incompetência, além do pedido contraposto.

(2a) Destarte, "não contestando os prejuízos que o autor alega ter sofrido, e sequer os fatos que os fundam, passa a militar em favor do autor a presunção de veracidade quanto a esses fatos, decorrente do ônus da impugnação específica, extraída da exegese do art. 30 da LJE com o preceito contido no art. 302 do CPC,[44] aplicável à espécie, por ser consoante com os princípios que norteiam a dita LJE, previstos no seu art. 2º" (RJE-BA 2/59).

Por isso, "em grau de recurso não poderá ser apreciada matéria de defesa não argüida em contestação, salvo exceções e incidentes, sob pena de ferimento ao princípio da eventualidade, contemplado no art. 303 do CPC[45] e art. 30 da LJE" (Rec. 862, 2º CR-SP, Rel. Rodrigues Teixeira, 06-08-97).

(2b) "Exceção de incompetência ofertada com a contestação. Procedimento correto. Incompatibilidade, neste aspecto, com a legislação comum, que exige apresentação em peça própria" (Rec. 05/96, CR-SP, Rel. Manoel Luiz Ribeiro).

"A incompetência relativa não pode ser declarada de ofício" (Súmula 33, STJ).

---

[44] Art. 302, CPC – Cabe também ao réu manifestar-se precisamente sobre os fatos narrados na petição inicial. Presumem-se verdadeiros os fatos não impugnados, salvo: I – se não for admissível, a seu respeito, a confissão; II – se a petição inicial não estiver acompanhada do instrumento público que a lei considerar da substância do ato; III – se estiverem em contradição com a defesa, considerada em seu conjunto. Parágrafo único. Esta regra, quanto ao ônus da impugnação especificada dos fatos, não se aplica ao advogado dativo, ao curador especial e ao órgão do Ministério Público.

[45] Art. 303, CPC – Depois da contestação, só é lícito deduzir novas alegações quando: I – relativas a direito superveniente; II – competir ao juiz conhecer delas de ofício; III – por expressa autorização legal, puderem ser formuladas em qualquer tempo e juízo.

Lei 9.099/95 - art. 30

Ainda: "Tratando-se de competência relativa, que pode ser prorrogada, a alegação da incompetência do foro deve ser apresentada no prazo da contestação, isto é, na audiência de instrução" (RJE 18/58). "Incompetência territorial. O réu deve argüi-la na resposta, cujo momento processual adequado é o ínicio da audiência de instrução; tendo comparecido e nada alegado nesse momento processual, participando da produção da prova oral, alegando-a somente no final da audiência, impende desacolhê-la; não tendo havido prejuízo, não se acolhe essa matéria argüida como preliminar no recurso" (RJE 17/52). "Sendo competência territorial, portanto relativa, deve ser suscitada até o momento da audiência de conciliação, inclusive. Comparecendo as partes e optando pela instrução do feito, prorrogada competência, pois aceito o juízo" (RJE 19/95).

(2c) A impugnação ao valor da causa também deve ser oferecida na própria peça contestatória, ao contrário do estabelecido no art. 261 do CPC,[46] que prevê a apensação do incidente ao processo principal, inadmitindo a formulação no corpo da contestação.

Aliás, "se o demandado não impugnou o valor do pedido, como epigrafou a sentença, deve ser acolhido o *quantum* pleiteado na inicial" (RJE 20/79).

(2d) "O incidente, exceção de incompetência do juízo, face à complexidade da matéria, não está previsto na legislação do JE e deveria ter sido rejeitado, liminarmente, pelo Juiz" (Proc. n° 01597504222, Rel. Claudir Fidélis Faccenda, 1ª TR/RS, 12-03-97).

(3) Art. 134 do CPC – É defeso ao juiz exercer as suas funções no processo contencioso ou voluntário:

I – de que for parte;

II – em que interveio como mandatário da parte, oficiou como perito, funcionou como órgão do Ministério Público, ou prestou depoimento como testemunha;

III – que conheceu em primeiro grau de jurisdição, tendo-lhe proferido sentença ou decisão;

IV – quando nele estiver postulando, como advogado da parte, o seu cônjuge ou qualquer parente seu, consangüíneo ou afim, em linha reta; ou na linha colateral até o segundo grau;

V – quando o cônjuge, parente, consangüíneo ou afim, de alguma das partes, em linha reta ou, na colateral, até o terceiro grau;

---

[46] Art. 261, CPC – O réu poderá impugnar, no prazo da contestação, o valor atribuído à causa pelo autor. A impugnação será autuada em apenso, ouvindo-se o autor no prazo de 5 (cinco) dias. Em seguida, o juiz, sem suspender o processo, servindo-se, quando necessário, do auxílio de perito, determinará, no prazo de 10 (dez) dias, o valor da causa.

VI – quando for órgão de direção ou de administração de pessoa jurídica, parte na causa.

Parágrafo único. No caso do número IV, o impedimento só se verifica quando o advogado já estava exercendo o patrocínio da causa; é, porém, vedado ao advogado pleitear no processo, a fim de criar o impedimento do juiz.

Art. 135 do CPC – Reputa-se fundada a suspeição de parcialidade do juiz, quando:

I – amigo íntimo ou inimigo capital de qualquer das partes;

II – alguma das partes for credora ou devedora do juiz, de seu cônjuge ou de parentes destes, em linha reta ou na colateral até o terceiro grau;

III – herdeiro presuntivo, donatário ou empregador de alguma das partes;

IV – receber dádivas antes ou depois de iniciado o processo; aconselhar alguma das partes acerca do objeto da causa, ou subministrar meios para atender às despesas do litígio;

V – interessado no julgamento da causa em favor de uma das partes.

Parágrafo único. Poderá ainda o juiz declarar-se suspeito por motivo íntimo.

(3a) A exceção de suspeição ou impedimento é oposta em face do juiz togado ou do juiz leigo, e não do conciliador, que não exerce atividade jurisdicional.

(4) Art. 312 do CPC – A parte oferecerá a exceção de impedimento ou de suspeição, especificando o motivo da recusa (arts. 134 e 135). A petição, dirigida ao juiz da causa, poderá ser instruída com documentos em que o excipiente fundar a alegação e conterá o rol de testemunhas.

Art. 313 do CPC – Despachando a petição, o juiz, se reconhecer o impedimento ou a suspeição, ordenará a remessa dos autos ao seu substituto legal; em caso contrário, dentro de 10 (dez) dias, dará as suas razões, acompanhadas de documentos e de rol de testemunhas, se houver, ordenando a remessa dos autos ao tribunal.

Art. 314 do CPC- Verificando que a exceção não tem fundamento legal, o tribunal determinará o seu arquivamento; no caso contrário, condenará o juiz nas custas, mandando remeter os autos ao seu substituto legal.

(4a) "Suspeição e impedimento do Juiz Leigo. Deve ser argüida por escrito e processada formalmente, segundo o regramento previsto no CPC. Não tendo o recorrente atendido essas exigências, não pode ver atendida a sua reclamação manifestada apenas na petição recursal" (RJE 18/82). Por isso, "não enseja acatamento a preliminar de suspeição, pois, deverá ser levantada em processo próprio" (AI nº 18146-7/180, TJGO, 3ª Câm. Cív., Rel. Des. José Pereira de Souza Reis, 11-04-00). Ainda: "Reputa-

se fundada a suspeição de parcialidade do Juiz quando for credor de alguma das partes ou diretamente interessado no julgamento da demanda em favor de uma delas" (RJE 20/100).
Também: "Suspeição de juiz leigo. Atuação, como advogado de terceiro, em outro órgão do Poder Judiciário, contra uma das partes do processo julgado no JEC. Causa que, embora não-prevista expressamente no art. 135 do CPC,[47] atenta contra a garantia de imparcialidade do julgador. Na orientação dos princípios supralegais que regem a atuação do juiz, impõe-se escoimar qualquer possibilidade, ainda que mínima, de que ao jurisidicionado não se possa proporcionar a cabal certeza da inexistência de motivo que sombreie a garantia de imparcialidade. Recurso acolhido, para a decretação da nulidade do feito" (RJE 30-31/45).
Ainda: "Suspeição de juiz leigo. Interposição de ação semelhante contra parte deste processo submetido a julgamento. Transparência da justiça preservada. Possibilidade de prejuízo em face da imparcialidade. Processo anulado desde a instrução" (RJE 38/73).

(4b) Sobre órgão julgador da exceção de impedimento e da de suspeição, v. item 3e do art. 41.

RECONVENÇÃO E PEDIDOS CONTRAPOSTOS
Art. 31. Não se admitirá a reconvenção. É lícito ao réu, na contestação, formular pedido em seu favor (1, 1a, 1b), nos limites do art. 3º desta Lei (2), desde que fundado nos mesmos fatos que constituem objeto da controvérsia (3, 3a).
Parágrafo único. O autor poderá responder ao pedido do réu na própria audiência ou requerer a designação da nova data, que será desde logo fixada, cientes todos os presentes (4).

(1) V. arts. 17, parágrafo único, LJE, e 128, 315 e 922, CPC.

Importante observar que "se o requerimento do autor, para a desistência do pedido, foi apresentado antes da contestação, o Juiz pode decretar a extinção do feito sem o julgamento do mérito, dispensando a cautela do art. 267, § 4º, do CPC,[48] face à especialidade do sistema" (RJE 17/65).

---
[47] Art. 135, CPC – Reputa-se fundada a suspeição de parcialidade do juiz, quando: I – amigo íntimo ou inimigo capital de qualquer das partes; II – alguma das partes for credora ou devedora do juiz, de seu cônjuge ou de parentes destes, em linha reta ou na colateral até o terceiro grau; III – herdeiro presuntivo, donatário ou empregador de alguma das partes; IV – receber dádivas antes ou depois de iniciado o processo; aconselhar alguma das partes acerca do objeto da causa, ou subministrar meios para atender às despesas do litígio; V – interessado no julgamento da causa em favor de uma das partes.

[48] Art. 267, § 4º, CPC – Depois de decorrido o prazo para a resposta, o autor não poderá, sem o consentimento do réu, desistir da ação.

(**1a**) Mas "pessoa jurídica não pode ser autor no JE, nem mesmo para contrapor pedido" (RJE 17/69). "O contrapedido da ré não pode ser conhecido, uma vez que se trata de pessoa jurídica, que não é admitida a propor ação (de que o contrapedido é variante inversa) perante o JE" (RJE 18/99). "Declaratória de nulidade de títulos. Contrapedido formulado por portador dos cheques na condição de cessionário de pessoa jurídica. Incompetência do JE. O JE foi criado para a solução de questões simples, envolvendo interesses de pessoas físicas. Incompetente, assim, o JE, para conhecer de causas complexas, decorrentes de contratos onde os valores são superiores ao de alçada ou, ainda, formulados por pessoas jurídicas ou cessionários" (RJE 20/96-97). Idem: RJE 19/77. "Não cabe pedido contraposto no caso de ser o réu pessoa jurídica" (Enunciado Cível 31 do V ECJEs).

Contra: "Cabe pedido contraposto no caso de ser o réu pessoa jurídica" (Conclusão 13ª do II ECJEs). "É admissível pedido contraposto no caso de ser a parte ré pessoa jurídica" (Enunciado Cível 31 do FONAJE). "O parágrafo único do art. 17 da LJE, ao referir possibilidade de pedido contraposto, não faz qualquer exceção à pessoa jurídica. Observado o princípio da segurança jurídica, as normas são norteadas com o intuito de que o destinatário possa identificar a situação jurídica que lhe atinge, bem como as conseqüências da mesma. Não há vedação legal ao contrapedido formulado por pessoa jurídica que deverá ficar adstrito ao valor de alçada do JE" (RJE 19/81 e 19/92). "(...) Possibilidade de a pessoa jurídica formular contrapedido, pois tal não se equipara a reconvenção, sendo parte integrante da contestação – inaplicabilidade da vedação do art. 8º da LJE. (...) o art. 8º da LJE diz que '... somente as pessoas físicas capazes serão admitidas a propor ação ...', quando o art. 31 da mesma Lei possibilita ao réu, 'na contestação, formular pedidos em seu favor, nos limites do art. 3º desta Lei, desde que fundado nos mesmos fatos que constituem objeto da controvérsia'. Ora, possibilidade de formular contrapedido, difere de reconvenção prevista pelo CPC, pois deverá ser deduzido na contestação, não caracterizando o pedido vedado pelo art. 8º acima citado" (RJE 20/93-94).

(**1b**) Também: "Descabe formular contrapedido em medida cautelar, especialmente quando se trata daquelas de cunho preparatório" (RJE 20/93).

(**2**) Quarenta (40) vezes o salário mínimo, quando houver assistência de advogado, ou vinte (20) salários mínimos, se as partes não estiverem assistidas por advogado. Porém, "na hipótese de pedido de valor até 20 salários mínimos, é admitido pedido contraposto no valor superior ao da inicial, até o limite de 40 salários mínimos, sendo obrigatória a assistência de advogado às partes" (Enunciado Cível 27 do FONAJE).

(3) "Pedido contraposto. Fundamento em fatos que não constituem a controvérsia. Inadmissiblidade. O réu pode, na contestação, formular pedido em seu favor, nos limites do art. 3º da LJE, mas somente se estiver fundado nos mesmos fatos que constituem a controvérsia" (Rec. nº 350, 2ª TR/MG, Rel. Maurício Barros).

(3a) Pedido inicial e contrapedido devem ser analisados na mesma sentença (parág. único do art. 17), sob pena de nulidade por não esgotada a prestação jurisdicional (RJE 25/49 e 55).

(4) "Anula-se o processo no JECiv, em que ao autor não foi dada a oportunidade de responder ao pedido contraposto" (Rec. nº 320, 2ª TR/MG, Rel. Maurício Barros).

SEÇÃO XI
DAS PROVAS

MEIOS PROBATÓRIOS
Art. 32. Todos os meios de prova moralmente legítimos (1), **ainda que não especificados em lei** (1a), **são hábeis para provar a veracidade dos fatos alegados pelas partes** (2, 2a, 3).

(1) V. arts. 5º, LVI, CF, e 332, CPC.

Por exemplo:

"A juntada de declaração escrita, para servir como prova do fato, é procedimento lícito e até recomendável no sistema dos JEs" (RJE 18/96). Mas, "ausente oitiva judicial, descabe acostar declaração fornecida por testemunha ou pretenso laudo extrajudicial, ainda mais em grau de recurso. Ausência do contraditório e porque encerrada a instrução" (RJE 21/58). Também: "Registro de ocorrência policial, por si só, em razão de sua gênese unilateral e caráter receptivo, não tem o condão de atestar cabal ocorrência ou existência de determinado fato" (RJE 36-37/49).

"Reparação de danos. Acidente de trânsito. (...) Circunstância de fato, provada através de fotografias, não-impugnadas, que demonstram exatamente o contrário. Valoração da prova. Prevalência da fotografia, pela maior segurança que encerra, ainda mais que contraposta à prova unicamente testemunhal, mas, também, porque se amolda à possibilidade fática de como tenha ocorrido o evento" (RJE 19/57).

"Está adequado ao sistema dos JEs pedido de cobrança decorrente de serviço de reforma e pintura de imóvel, uma vez que a decisão depende apenas da avaliação das provas, documental, testemunhal e vistoria, se for o caso. Não há, assim, qualquer complexidade da matéria. Apesar de rara, face ao volume de pedidos, é possível, no JE, a vistoria judicial, como ocorreu no processo, presente que o CPC tem aplicação subsidiária" (RJE 21/33).

"Nota fiscal paga pelo autor e não impugnada quanto à idoneidade do emitente, nem havendo comprovação de que os danos extrapolam a realidade do episódio, são circunstâncias que autorizam o acolhimento do valor pedido, dispensando-se orçamentos" (Rec. nº 968, 2º CR-SP, Rel. Luiz Ronaldo França, 08-10-97).

"Estando a ação instruída com três orçamentos, fornecidos por empresas devidamente identificadas, e tendo o pedido sido formulado pelo menor dos três valores, somente com prova escorreita a respeito de não corresponderem ao valor de mercado e ao necessário para a reposição do veículo ao estado anterior, poderia ser aceita a imputação" (RJE 26-27/35).

(1a) O art. 5º estabelece o princípio da ampla liberdade do juiz na produção e na apreciação da prova, dando ênfase à adoção das regras de experiência comum ou técnica. Já o art. 35 autoriza a inquirição de técnicos e a realização de inspeções pelo juiz.

(2) Ao início da audiência deve ser determinada, se for o caso, a inversão do ônus da prova (CDC, art. 6º, VIII) (RJE 15/50). "A inversão do ônus da prova, mesmo no rito especial da LEJ, depende de decisão ao início da audiência de instrução e julgamento, sob pena de cerceamento de defesa, pois em casos que tais poderá a parte-ré requerer, e faz-se justo o deferimento se respeitados os princípios de simplicidade e celeridade que vigem no JEC, a produção de prova outra que, a princípio, estaria a cargo da parte-autora" (RJE 28-29/59). "É cabível a inversão do ônus da prova, com base no princípio da eqüidade e nas regras de experiência comum, a critério do Magistrado, convencido este a respeito da verossimilhança da alegação ou dificuldade da produção da prova pelo reclamante" (Enunciado Cível 17 do I ECJTR-RJ). "Para que se aplique a inversão do ônus da prova, deve ser a parte expressamente cientificada da adoção do procedimento, sob pena de não poder a mesma ser fundamentada na decisão" (RJE 20/71). Idem: RJE 21/36). Aliás, "deverá constar da citação a advertência, em termos claros, da possibilidade de inversão do ônus da prova" (Enunciado Cível 53 do FONAJE).

Importante observar, porém, que: "A inversão do ônus da prova no mais das vezes não alcança a prova do prejuízo alegado pelo consumidor, pois conquanto a regra benéfica, não se vê de todo desvinculado da necessidade de provar os fatos constitutivos de seu direito" (RJE 28-29/50). "A inversão do ônus da prova não é dispositivo automático que dispense a parte-autora em todo e qualquer caso de ofertar as provas, que razoavelmente estejam ao seu alcance" (RJE 30-31/41). Também: "A inversão do ônus probatório é instituto cujo enfoque merece abordagem cuidadosa, esbarrando sua aplicação na eventual iniquidade da exigência de prova negativa, de impossível produção" (RJE 36-37/50).

(2a) Casos de inversão do ônus, encontrados na jurisprudência: consumo exacerbado de energia elétrica sem causa aparente (RJE 17/51); danos em eletrodomésticos de usuário de serviço público (RJJERJ 1/85); alegação de excesso no preço e serviço de retífica de motores realizado de forma insatisfatória (RJE 17/53-54); devolução pela administradora de rendimentos do fundo de reserva do grupo ao consorciado desistente (RJE 17/58); idem, 17/66; limitação de uso do bem (RJE 20/71); cancelamento e atraso na chegada de vôo de companhia aérea, na ação de reparação de danos proposta pelo consumidor (RJE 20/82); hipossuficiência do autor (RJE 20/105, RJJERJ 1/34); prova mais ao alcance da parte-ré, porque detentora dos documentos e/ou dos meios e/ou da técnica indispensáveis à completa cognicação (RJE 30-31/41); serviços públicos (RJE 24/53); demonstração de que os fios de rede de tensão na via pública estavam na altura mínima exigida quando arrancados pela passagem de caminhão (RJE 30-31/27); devolução de importância lançada em conta telefônica (Rec. nº 272, 2º CR-SP, Rel. Barros Nogueira, 22-11-95); devolução de preço pago a serviço com vícios apontados por consumidor (Rec.1007, 2º CR-SP, Rel. Luiz Ronaldo França, 22-10-97); saques em caderneta de poupança, cabendo ao estabelecimento bancário a comprovação de que aqueles foram efetivados pelo poupador (Rec. nº 642/97, 9ª TR/RJ, Rel. Ademir Paulo Pimentel).

Mas, "tratando-se de partes do mesmo poderio econômico, ambas pequenas empresas, descabe impor presunções ou a inversão do ônus probatório" (Rec. nº 1.289.4, Rel. Wilson Carlos Rodycz, 1ª TR/RS, 17-04-96).

(3) Quanto ao ônus da prova, ficou decidido que:

- cabe ao autor a demonstração do que alega e a produção da prova constitutiva do seu direito, segundo a regra legal do art. 333, I, do CPC[49] (RJE 18/103-111, 19/57). Logo, cabe-lhe provar: a construção de benfeitorias e o compromisso de que as mesmas seriam indenizadas ao final da locação (RJE 18/103); a contratação de serviço na ação de cobrança ou indenização dos prejuízos (RJE 18/104); a violação do direito e o prejuízo, na ação de reparação de danos morais (RJE 18/106, 21/45); a inexistência de falta da empresa, ou de que o cadastramento foi legítimo,

---

[49] Art. 333, CPC – O ônus da prova incumbe: I – ao autor, quanto ao fato constitutivo do seu direito.

decorrente de outros débitos (RJE 18/110); o abalo, transtornos e prejuízos, na ação indenizatória (RJE 18/110-111); a contratação e o preço acertado da mão-de-obra em construção civil (RJE 19/62-63); nos embargos, o erro do valor da conta da execução (RJE 19/78-79); os componentes da indenização (RJE 19/88-89); a desvalorização do carro sinistrado, os danos morais e as despesas de locomoção (RJE 20/53); a preexistência da doença no contrato de seguro (RJE 20/72); a gestão administrativa para obtenção do seguro, a fim de demonstrar a suspensão do prazo prescricional (RJE 20/107); a compra e venda de ramais telefônicos antes da desvinculação das respectivas ações (RJE 20/109); a existência da relação *ex locato* na ação de cobrança de aluguéis (RJE 24/52) e os efetivos valores cobrados e não-pagos pelo inquilino (RJE 38/47); os elementos para procedência da indenizatória de dano material, sendo insuficientes o boletim de ocorrência policial e orçamentos dos bens em face de sua gênese unilateral (RJE 34-35/57); o excesso de cobrança de ligações telefônicas na ação declaratória negativa de débito (RJE 34-35/54) em função da presunção de veracidade e autenticidade dos registros que milita em favor da concessionária dos serviços telefônicos (RJE 38/55).

- incumbe ao réu a prova: da existência do débito do autor, junto ao banco, quando da negativação (RJE 18/110-111); da desconstituição dos orçamentos juntados pelo autor, na ação de reparação de danos (RJE 19/58 e 26-27/35); da alegação de ilegitimidade passiva (RJE 19/88-89); do vício de preenchimento na ação de cobrança do título (RJE 20/60); da preexistência de patologia na ação movida contra a seguradora (RJE 20/94); do pagamento, quando demonstrada a realização do serviço contratado (Rec. nº 1.674, 1ª TR/RS, Rel. Claudir Fidélis Faccenda, 09-11-95).

- cabe a quem alega comprovar: o pagamento (RJE 19/62); o fato (RJE-BA 2/40); a ocorrência do sinistro e o *quantum* da indenização (RJE 19/66); o teor e a vigência de lei não-federal (Portaria do BACEN) (RJE 19/69); o reajustamento do valor do aluguel nas condições da legislação (RJE 20/90).

- incumbe ao locatário a prova da quitação dos aluguéis e da realização de obras na casa locada (RJE 20/89);

- cabe ao devedor provar a quitação quando reconhecida a dívida (RJE 16/33) e a alegação de agiotagem (RJE 22/63);

- cabe ao vendedor a prova da responsabilidade do adquirente de veículo pelas dívidas anteriores à tradição (RJE 34-35/54).

PRODUÇÃO DE PROVAS

Art. 33. Todas as provas serão produzidas na audiência de instrução e julgamento (1), ainda que não requeridas previamente, podendo o Juiz limitar (2) ou excluir as que considerar excessivas, impertinentes ou protelatórias (3).

V. arts. 5º e 51, II, LJE, e 130 e 336, CPC.

(1) "A instrução do processo, no JE, deverá ser procedida em momento único. Para tanto, as partes deverão trazer as testemunhas ou, na impossibilidade, requerer a notificação prévia. Em decorrência, inexiste nulidade, por cerceamento de defesa, no ato do Juiz que não defere inquirição de testemunha para outra data" (RJE 17/49).

"O momento processual adequado para a produção de provas no sistema dos JECiv é a audiência de instrução e julgamento, nos exatos termos do disposto no art. 33 da LJE. O fato de o juiz ser o destinatário das provas e deter, inclusive, o poder-dever de determinar a realização daquelas necessárias à instrução do processo, na forma do art. 130 do CPC[50]– cuja aplicação ao microssistema dos JEs é supletiva – não pode substituir-se à parte de modo integral. Antes desse dever, que visa à obtenção da verdade real, está o ônus das partes de comprovarem os fatos argüidos, constitutivos do direito postulado, no caso do autor (art. 333, inc. I, CPC),[51] e impeditivos, extintivos ou modificativos dele, no caso do réu (art. 333, inc. II, CPC)"[52] (RJE 36-37/65).

"Havendo necessidade de interrupção da audiência para a realização de perícia formal, com quesitos das partes, há complexidade para a instrução da causa, o que torna o JE incompetente e determina a extinção do processo sem julgamento do mérito" (RJE 17/73).

"No JE, onde o procedimento é sumário, todas as provas deverão ser produzidas em uma única audiência. Assim, o fato de uma testemunha não ter comparecido, por doente (o que não restou provado), não impede o encerramento da instrução. A parte deve, se for o caso, substituir a testemunha impedida" (RJE 17/89).

"No JE, como regra, a prova deve ser colhida em única audiência. Apesar da falta de previsão legal, excepcionalmente, admite-se a inquirição de testemunha por precatória. Porém, o requerimento deve estar acompanhado de prova da impossibilidade do comparecimento da testemunha e, ainda, da afirmação da imprescindibilidade do depoimento para

---

[50] Art. 130, CPC – Art. 130. Caberá ao juiz, de ofício ou a requerimento da parte, determinar as provas necessárias à instrução do processo, indeferindo as diligências inúteis ou meramente protelatórias.

[51] Art. 333, CPC – O ônus da prova incumbe: I – ao autor, quanto ao fato constitutivo do seu direito.

[52] Art. 333, II, CPC – O ônus da prova incumbe: II – ao réu, quanto à existência de fato impeditivo, modificativo ou extintivo do direito do autor.

Lei 9.099/95 - art. 33

a prova das alegações. Em caso de qualquer dificuldade, para o comparecimento da testemunha, a parte deve juntar declarações, inclusive firmadas por instrumento público" (RJE 22/63).

"Somente se admite a juntada de documento, por ocasião da interposição do recurso, se obtido após a realização da audiência de instrução e julgamento. Se existente anteriormente e não foi juntado aos autos na fase instrutória do processo, somente vindo a fazê-lo a parte na fase recursal, dele a TR não conhece" (Rec. nº 11/96, TR/DF, Rel. Édson Alfredo Smaniotto, 1º-10-96).

"A documentação essencial a cargo do réu deve vir com a resposta, ou quando muito, num abrandamento das regras dos arts. 197 e 396, do CPC,[53] [54] durante a fase de instrução. Só questões novas autorizam a juntada de documentos na fase recursal, a não ser que a parte prove o impedimento para a apresentação tempestiva. Por essas razões não se admite a juntada, depois da contestação, de documentos que não sejam novos. O juiz deve decidir segundo o alegado e provado pelas partes. Em outras palavras, não pode a prova ser posterior à solução do conflito, salvo as exceções cabíveis" (Rec. nº 672, 2º CR-SP, Rel. Marciano da Fonseca, 05-03-97).

Em contrário: "Provas juntadas com as razões recursais. Possibilidade de conhecimento em hipótese como a presente, em que deveria ter sido fornecido à recorrente assistência judiciária por litigar no outro pólo pessoa jurídica e face à natureza informal dos JEPCCs" (RJE 15/51).

"A LJE não veda expedição de precatória, caracterizando cerceamento de defesa seu indeferimento" (RJE 20/101).

"Depoimento pessoal da parte – Pessoa domiciliada em local diverso daquele onde tramita a demanda. Inquirição que deve ser feita por carta precatória. Impossibilidade de se aplicar a pena de confesso em razão do não-comparecimento no juízo processante após a intimação. Inteligência e aplicação dos arts. 344 e 410, II, do CPC"[55] (AI nº 447.593-8, 1º TACSP, 13ª Câm., Rel. Paulo Bonito, 12-09-90).

(2) V. art. 34, *caput*, sobre limite do número de testemunhas.

(3) "Cerceamento de defesa. O procedimento do JE é sumário e segue regras especiais, privilegiando a informalidade. Assim, a dispensa de testemunha, pelo Juiz instrutor, em tese, não gera qualquer nulidade, salvo pro-

---

[53] Art. 197, CPC – Aplicam-se ao órgão do Ministério Público e ao representante da Fazenda Pública as disposições constantes dos arts. 195 e 196.

[54] Art. 396, CPC – Compete à parte instruir a petição inicial (art. 283), ou a resposta (art. 297), com os documentos destinados a provar-lhe as alegações.

[55] Art. 344, CPC – A parte será interrogada na forma prescrita para a inquirição de testemunhas.
Art. 410, II, CPC – As testemunhas depõem, na audiência de instrução, perante o juiz da causa, exceto:
II – as que são inquiridas por carta.

va substancial de que a dispensa resultou em prejuízo para a parte" (RJE 17/62).

"O procedimento do JE privilegia a oralidade e objetividade, tanto que as provas deverão ser produzidas em única audiência de instrução e julgamento. Desta forma, a parte deve-se precaver e trazer a prova que entender necessária, inclusive a pericial, denominada de 'laudo técnico' no sistema dos JEs. Inocorre, assim, cerceamento de defesa quando o Juiz afasta pedido de outras provas, particularmente pericial" (RJE 17/87). Contra: "A perícia técnica, se breve e singela, é permitida no sistema da LJE, recordando-se que, no sistema jurídico pátrio, vige o princípio da livre convicção motivada do Juiz, bem ainda o fato de que, como qualquer julgado, o sediado no JECív goza igualmente de eficácia vinculativa plena" (RJE 28-29/49).

"O JE com o procedimento enquadrado nos princípios do art. 2º da LJE, não autoriza a produção de prova pericial ou a realização de diligências durante a instrução. A prova deve, sempre, ser produzida na única audiência de instrução. Portanto, correta a decisão do Juiz Instrutor que afasta pedido de diligência, qual seja a juntada do levantamento topográfico da Polícia Federal" (RJE 18/97).

"O indeferimento de perguntas impertinentes não caracteriza cerceamento de defesa" (RJE 19/101-102).

"Não merece acolhimento a preliminar de cerceamento de defesa argüida no recurso, eis que o fato de não ter sido ouvido o autor certamente de nada serviria para produzir a favor do réu prova de que já tivesse pago o débito contratado" (RJE 20/59).

"Juiz que preside o feito não é obrigado a colher os depoimentos pessoais, ainda mais quando não-requeridos" (RJE 20/60).

"Preliminar de cerceamento de defesa que se rejeita, eis que, de regra, os depoimentos pessoais muito pouco auxiliam na solução dos litígios, e não há registro de qualquer pedido ou protesto do réu pela não-ouvida das partes" (RJE 20/63).

No entanto, "mesmo em sede de JEs, é de contemplar-se o elastério da prova, se necessário ao elucidamento dos fatos. Testemunha arrolada por ambas as partes e não ouvida em juízo; depoimento teoricamente importante ao deslinde da causa. Sentença cassada" (RJE 17/45). "Testemunha não ouvida porque não portava carteira de identidade: ilegalidade do procedimento" (RJE 15/47).

Ainda: "se indispensável ao deslinde da causa e expressamente requerida, deve ser produzida; inocorrência de desistência expressa. Processo anulado a partir da audiência de instrução e julgamento, inclusive" (RJE 17/45). "O Juiz não está jungido à desistência do depoimento pessoal, pela parte contrária, uma vez que é o destinatário da prova. Se o representante legal da parte-ré foi o único funcionário que assistiu aos fatos – daí a insistência por sua oitiva – cabia ao presidente do processo colher seu depoimento pessoal, não obstante a desistência manifestada pela parte-autora, especialmente quando determinou, ainda que equivocadamente, a inversão do ônus probatório. A providência significou impor à parte o ônus da prova dos fatos, mas, ao mesmo tempo, sonegar-lhe o direito de realizá-la. Cerceamento da defesa caracterizado" (RJE 36-37/65).

Também:

"Cabe o conhecimento direto do pedido, nos termos do art. 740, parágrafo único, do CPC,[56] quando não se fizer necessária a produção de provas em audiência. Em sendo discutida a *causa debendi*, na incidental de embargos, ante a execução de título extrajudicial, e requerendo atempadamente a parte a produção de provas, vislumbrando-se esta necessária, constitui cerceamento de defesa o julgamento antecipado" (RJE 20/98).

"Testemunhas intimadas que não comparecem. Outra testemunha presente que não é ouvida por não portar documentos. Instrução encerrada, mesmo diante do protesto da parte. Alegação de cerceamento que se reconhece, dando provimento ao recurso para desconstituir a sentença e reabrir a instrução" (RJE 20/101).

"Menores podem ser ouvidos como informantes, sem compromisso, eis que eram as únicas testemunhas do réu, o que, em tese, significa prejuízo à parte por cerceamento de defesa" (RJE 19/102-103).

"Preliminar de ilegitimidade passiva de um dos réus. Indeferimento da ouvida de duas testemunhas que prestariam depoimento acerca da preliminar, cuja inacolhida evidencia o prejuízo da parte pelo cerceamento da prova. Decisão desconstituída para reabrir a instrução" (RJE 20/102).

"O indeferimento de oitiva de testemunhas de defesa, regularmente arroladas, carece de motivação suficiente do ato. Ausente tal condição, caracterizado o cerceamento de defesa" (RJE 21/53).

LIMITE DO NÚMERO DE TESTEMUNHAS
Art. 34. As testemunhas, até o máximo de três para cada parte, comparecerão à audiência de instrução e julgamento levadas pela parte que as tenha arrolado (1), **independentemente de intimação, ou mediante esta, se assim for requerido** (1a).

---

[56] Art. 740, CPC – Parágrafo único. Não se realizará a audiência, se os embargos versarem sobre matéria de direito ou, sendo de direito e de fato, a prova for exclusivamente documental; caso em que o juiz proferirá sentença no prazo de 10 (dez) dias.

Lei 9.099/95 - art. 34

INTIMAÇÃO DE TESTEMUNHAS – PRAZO
§ 1º. O requerimento (2) para intimação das testemunhas será apresentado à Secretaria no mínimo cinco dias antes (3, 3a) da audiência de instrução e julgamento (4, 5).
CONDUÇÃO
§ 2º. Não comparecendo a testemunha intimada (6), o Juiz poderá determinar sua imediata condução (6a), valendo-se, se necessário, do concurso da força pública.

(1) "O Juiz não pode deixar de ouvir testemunha da parte dentro do rol legal, sob pena de cerceamento de defesa. Evidente o prejuízo, o reconhecimento da nulidade é medida impositiva" (RJE 38/73).
(1a) V. art. 405, CPC.
"Deve ser evitada, ao máximo possível, a expedição de cartas precatórias inquiritórias nos JECivs, em razão dos objetivos basilares de criação e princípios norteadores dessa Justiça Especializada" (Proposição 2ª do I EJECiv-RS).
"No JECiv é desnecessário o arrolamento de testemunhas, e somente se deferirá a intimação das mesmas quando justificada a impossibilidade de trazê-las para a audiência" (Proposição 3ª do I EJECiv-RS). "Na sistemática do JECIv não é indispensável o arrolamento prévio de testemunha" (RJJERJ 1/10).
"Testemunhas – Não-comparecimento na data designada para a audiência. Recorrente que ao requerer a prova afirmou expressamente que elas compareceriam independentemente de intimação. Preliminar de cerceamento de defesa rejeitada" (Proc. nº 1.517, 1º CR-SP, Rel. Oscar Bittencourt, 24-08-95).
"A instrução do processo, no JE, deverá ser procedida em momento único. Para tanto, as partes deverão trazer as testemunhas ou, na impossibilidade, requerer a notificação prévia. Em decorrência, inexiste nulidade, por cerceamento de defesa, no ato do Juiz que não defere inquirição de testemunha para outra data" (RJE 17/49).
Contra: "A declaração não é meio de prova idôneo, pois ausente o crivo do contraditório. Testemunha residente em comarca próxima. Possibilidade de oitiva por precatória" (RJE 21/58). "Apesar da devida celeridade imposta pela LJE, possível a inquirição de testemunha por precatória, flagrante o cerceamento de defesa" (RJE 21/58).
(2) "No JECiv, a regra é a apresentação espontânea das testemunhas. Excepcionalmente, havendo motivo justificado, o Juiz pode determinar a sua intimação. No caso, o autor simplesmente requereu a intimação das suas testemunhas, sem justificar o pleito, como se se tratasse de processo na Justiça Comum. Embora o requerimento tenha sido deferido, e

tenham sido expedidas cartas intimatórias, uma das testemunhas não compareceu. Decide, a Turma, que o encerramento da instrução sem essa oitiva não se constitui em nulidade, porque a obrigação da apresentação da testemunha continuava sendo do autor" (RJE 18/82). "No JE, como regra, a prova deve ser colhida em única audiência. Apesar da falta de previsão legal, excepcionalmente, admite-se a inquirição de testemunha por precatória. Porém, o requerimento deve estar acompanhado de prova da impossibilidade do comparecimento da testemunha e, ainda, da afirmação da imprescindibilidade do depoimento para a prova das alegações. Em caso de qualquer dificuldade, para o comparecimento da testemunha, a parte deve juntar declarações, inclusive firmadas por instrumento público" (RJE 22/63).

(3) Por isso, "anula-se a sentença em que o réu foi citado no dia da audiência, pois tem ele até cinco dias antes da audiência para oferecer rol de testemunhas, havendo cerceamento de defesa na citação em prazo menor do que este, com presunção de prejuízo pela não oitiva de testemunhas" (Rec. nº 186, 2º CR-SP, Rel. Soares Levada, 02-08-95).

(3a) V. art. 407, CPC.

"A contagem regressiva exclui o dia do início e inicia no primeiro dia útil posterior, com término também em dia útil. Diante do prazo exíguo, devem ser computados cinco dias úteis. Eventual preparo de diligência pertinente ao ato observará o mesmo prazo, pena de indeferimento da prova. A contagem regressiva exclui o dia do começo e inicia no primeiro dia útil posterior: 'O prazo para depósito do rol de testemunhas, contado regressivamente, não pode ter início em dia em que não houve expediente forense, mas sim no primeiro dia útil anterior à audiência' (JTA, 110/277). 'A contagem do prazo começa a fluir regressivamente do primeiro dia útil anterior ao da audiência e não terminará em dia feriado' (RSTJ, 24/404)" (RJE 20/101-102).

"Requerimento para intimação de testemunha deve ser apresentado em cartório no prazo mínimo de cinco dias, anteriores à audiência. Cerceamento de defesa inexistente, quando formulado na audiência de instrução" (RJE 21/59). "Realização da audiência de conciliação, instrução e julgamento no dia da sua instalação e indeferimento de pedido de intimação de testemunha não arrolada tempestivamente não implicam em cerceamento de defesa" (RJE-BA 2/29).

(4) Sobre a ordem de ouvida das testemunhas, tem sido decidido que: "A desobediência à ordem indicada no art. 413 do CPC,[57] para a inquirição das testemunhas, se causar prejuízo, pode ensejar nulidade (nota ao art. 413, in 'CPC Comentado', Nelson Nery Júnior, RT, 2ª ed., 1996). Como

---

[57] Art. 413, CPC – O juiz inquirirá as testemunhas separada e sucessivamente; primeiro as do autor e depois as do réu, providenciando de modo que uma não ouça o depoimento das outras.

o recorrente limitou-se a genericamente alegar prejuízo, sem especificar no que teria o mesmo consistido, não há que se declarar a nulidade. A permanência, por determinação do Juiz, das testemunhas já inquiridas na sala de audiências tem sido um expediente utilizado ante a falta de sala apropriada, exatamente para que não haja contato destas com aquelas ainda não-inquiridas. Isto, sim, resultaria em evidente prejuízo, eis que a testemunha já ouvida repassaria às demais sua versão e quais as indagações a que fora submetida, podendo todas preparar-se e oferecer declarações absolutamente sintonizadas, mas que poderiam não corresponder à verdade. Nenhuma nulidade emerge do fato de as demais testemunhas do autor terem sido dispensadas. 'Não é lícito à parte contrária impugnar a desistência, se quem arrolou a testemunha desiste de ouvi-la' ('RT', 627/205)" (RJE 21/29-30). "Desnecessidade de obediência à ordem estabelecida no CPC. É evidentemente incompatível com o princípio do sistema deixar de ouvir partes e testemunhas presentes, com determinação de deverem retornar ao fórum em outra data para oferecerem informações que, desde logo, podem prestar" (Rec. nº 01196881419, 1ª TR/RS, Rel. Wilson Carlos Rodycz, 23-10-96).

(5) Quanto à tomada de compromisso das testemunhas, "a ausência de compromisso não impossibilita as partes de ofertarem suas perguntas às testemunhas" (RJE 21/27). Também: "Testemunha tida como suspeita. Reclamação quanto ao compromisso. Incidente de pouco relevo, haja vista que o depoimento vale muito mais por sua coerência, verossimilhança, firmeza e concordância com os demais elementos de prova do que, propriamente, pela qualificação de quem depõe" (RJE 21/28).

Ainda: "Descabe oitiva do condutor de um dos veículos sob compromisso, pois evidente o seu interesse no feito" (RJE 21/58).

Por outro lado, "não configura cerceamento de defesa a recusa quanto à oitiva de testemunha impedida, ressalvada a hipótese prevista no § 4º do art. 405 do CPC"[58] (Rec. nº 999, 2º CR-SP, Rel. Fernando Redondo, 22-10-97).

(6) "Tendo em vista o caráter informal com que se desenvolve o processo perante o JECiv, é ônus do advogado comunicar ao juiz a presença de testemunha no átrio do foro para ser inquirida, pena de, não o fazendo, incidir a preclusão, ante o princípio da eventualidade" (Rec. nº 941, 2º CR-SP, Rel. Vitorino Ângelo Filipin, 08-10-97).

(6a) V. art. 412, CPC.

Ou sua substituição por outra, se estiver presente: "Testemunhas intimadas que não comparecem. Outra testemunha presente que não é ou-

---

[58] Art. 405, § 4º, CPC – Sendo estritamente necessário, o juiz ouvirá testemunhas impedidas ou suspeitas; mas os seus depoimentos serão prestados independentemente de compromisso (art. 415) e o juiz lhes atribuirá o valor que possam merecer.

vida por não portar documentos. Instrução encerrada, mesmo diante do protesto da parte. Alegação de cerceamento que se reconhece, dando provimento ao recurso para desconstituir a sentença e reabrir a instrução" (RJE 20/101).

PROVA TÉCNICA
Art. 35. Quando a prova do fato exigir, o Juiz poderá inquirir técnicos de sua confiança, permitida às partes a apresentação de parecer técnico (1, 1a).
INSPEÇÃO JUDICIAL
Parágrafo único. No curso da audiência, poderá o Juiz, de ofício ou a requerimento das partes, realizar inspeção em pessoas ou coisas (2, 2a), **ou determinar que o faça pessoa de sua confiança, que lhe relatará informalmente o verificado** (3).

(1) V. notas ao inc. II do art. 51, e art. 434, CPC.

"O art. 35, *caput*, e seu parágrafo único, da LJE, em consonância com o princípio geral da oralidade do art. 2º do mesmo estatuto, conduzem à conclusão de que, no sistema dos JEs, a prova técnica poderá ser produzida, desde que o seja apenas oralmente" (CCo nº 96.008907-1, TJSC, 2ª Câm. Cív., Rel. Des. Nelson Schaefer Martins, 05-11-96). "A avaliação técnica facultada ao Juiz pelo art. 35 da LJE não segue a sistemática da expertise ordinária prevista nos arts. 145 a 147 do CPC.[59] O técnico a que se refere o aludido art. 35 é designado livremente pelo Juiz, podendo as partes contraditar as conclusões do especialista, mediante pareceres de outros expertos. À falta de contra-argumentação técnica, prevalece a opinativa do especialista eleito pelo magistrado, se este, ao avaliar a prova, prestigia a opinião daquele" (RJJERJ 1/26). "O JE não prevê a nomeação de perito. A parte poderá apresentar parecer técnico de pessoa habilitada" (RJE 17/76).

---

[59] Art. 145, CPC – Quando a prova do fato depender de conhecimento técnico ou científico, o juiz será assistido por perito, segundo o disposto no art. 421. § 1º. Os peritos serão escolhidos entre profissionais de nível universitário, devidamente inscritos no órgão de classe competente, respeitado o disposto no Capítulo VI, seção VII, deste Código. § 2º. Os peritos comprovarão sua especialidade na matéria sobre que deverão opinar, mediante certidão do órgão profissional em que estiverem inscritos. § 3º. Nas localidades onde não houver profissionais qualificados que preencham os requisitos dos parágrafos anteriores, a indicação dos peritos será de livre escolha do juiz.
Art. 146, CPC – O perito tem o dever de cumprir o ofício, no prazo que lhe assina a lei, empregando toda a sua diligência; pode, todavia, escusar-se do encargo alegando motivo legítimo. Parágrafo único. A escusa será apresentada dentro de 5 (cinco) dias, contados da intimação ou do impedimento superveniente, sob pena de se reputar renunciado o direito a alegá-la (art. 423).
Art. 147, CPC – O perito que, por dolo ou culpa, prestar informações inverídicas, responderá pelos prejuízos que causar à parte, ficará inabilitado, por 2 (dois) anos, a funcionar em outras perícias e incorrerá na sanção que a lei penal estabelecer.

"O procedimento do JE privilegia a oralidade e objetividade, tanto que as provas deverão ser produzidas em única audiência de instrução e julgamento. Desta forma, a parte deve-se precaver e trazer a prova que entender necessária, inclusive a pericial, denominada de 'laudo técnico' no sistema dos JEs. Inocorre, assim, cerceamento de defesa quando o Juiz afasta pedido de outras provas, particularmente pericial" (RJE 17/87). Contra: "A perícia técnica, se breve e singela, é permitida no sistema da LJE, recordando-se que, no sistema jurídico pátrio, vige o princípio da livre convicção motivada do Juiz, bem ainda o fato de que, como qualquer julgado, o sediado no JECiv goza igualmente de eficácia vinculativa plena" (RJE 28-29/49).

"Ação de reparação de danos extinta porque a parte-ré insistiu na realização de perícia técnica do veículo da autora, eis que não concorda com os orçamentos apresentados. Veículo já consertado, o que, de qualquer modo, inviabilizaria a perícia. Apresentação pelo réu de outros orçamentos que poderiam ser confrontados com aqueles trazidos pela autora. Réu chega a propor expressamente o pagamento de uma importância com base nos contra-orçamentos que apresentou. Possibilidade de aplicação do art. 35" (RJE 19/55).

"Alegação da seguradora de que suspendeu os pagamentos porque o autor foi considerado apto para o trabalho por perícia médica que realizou. Exames de ressonância magnética e raio X, que teriam embasado a decisão da seguradora, não-juntados aos autos. Preliminar de incompetência do JE, face à complexidade, repelida. Prova pericial poderia ter sido suprida pela juntada dos exames alegadamente realizados e pela possibilidade do art. 35 da LJE" (RJE 21/61).

Em face disso, "ausente contrato escrito de honorários advocatícios e divergindo as partes quanto ao seu montante, necessária perícia, impõe-se a extinção do feito, propiciando discussão nos Juizados Cíveis" (RJE 21/40). "A cobrança de honorários advocatícios, perante os JECivs, diz com a existência de contrato, com prévia definição da verba. Ausente tal instrumento, necessária prova pericial, incabível no rito da LJE. Extinto o feito pela complexidade" (RJE 21/43). "Na hipótese de o mandatário advogado promover cobrança de honorários, sem que tenha firmado com sua cliente o respectivo contrato, serve a ação ao desiderato do autor quando presente o arbitramento judicial. A necessidade da perícia colore de complexa a causa, determinando a extinção do feito" (RJE 21/44). "A realização da perícia de engenharia, que implique produção de prova fora da audiência, com a apresentação de laudo escrito, enseja o prolongamento da instrução, em dessintonia com os princípios da simplicidade, informalidade, economia processual e celeridade, todos norteadores do sistema especial" (CCo nº 96.008907, TJSC, 2ª Câm. Cív., Rel. Des. Nelson Schaefer Martins). "A necessidade de realização de perícia fora da singeleza contida no art. 35, da LJE, não se compatibiliza com os princípios da oralidade, simplicidade, informalidade, economia processual e celeridade insculpidos no art. 2º, do mesmo pergaminho legal, afastando a competência que inicialmente seria do JE e impondo o deslocamento do feito a uma das Varas Cíveis" (CCo nº 97.002717-6, TJSC, 3ª Câm. Cív., Rel. Des. Eder Graf).

(1a) No entanto, "a perícia informal é admissível na hipótese do art. 35 da Lei nº 9.099/95" (Enunciado Cível 12 do FONAJE). Por isso: "Preliminar de incompetência corretamente afastada, eis que a alegada complexidade da matéria diz respeito à prova que acabou sendo solucionada pela realização da perícia, deferida face ao pedido comum das partes" (RJE 20/87). O Enunciado acima foi alterado no VI ECJEs, passando a ter a seguinte redação: "A perícia informal é admissível na hipótese do art. 35 da Lei 9.099/95" (Enunciado Cível 12). No mesmo sentido, Enunciado 20 do I EM-RJ: "É possível a realização da perícia informal, vedada a prova técnica tradicional em sede de Juizados Especiais Cíveis". Ainda: "Não é cabível perícia judicial tradicional em sede de Juizado Especial. A avaliação técnica a que se refere o art. 35 da Lei nº 9.099/95, é feita por profissional da livre escolha do Juiz, facultado às partes inquiri-lo em audiência" (Enunciado Cível 11 do I ECJTR-RJ).

(2) Art. 440 do CPC – O juiz, de ofício ou a requerimento da parte, pode, em qualquer fase do processo, inspecionar pessoas ou coisas, a fim de se esclarecer sobre fato, que interesse à decisão da causa.

Art. 441 do CPC – Ao realizar a inspeção direta, o juiz poderá ser assistido de um ou mais peritos.

Art. 442 do CPC – O juiz irá ao local, onde se encontre a pessoa ou coisa, quando:

I – julgar necessário para a melhor verificação ou interpretação dos fatos que deva observar;

II – a coisa não puder ser apresentada em juízo, sem consideráveis despesas ou graves dificuldades;

III – determinar a reconstituição dos fatos.

Parágrafo único. As partes têm sempre direito a assistir à inspeção, prestando esclarecimentos e fazendo observações que reputem de interesse para a causa.

Art. 443 do CPC – Concluída a diligência, o juiz mandará lavrar auto circunstanciado, mencionando nele tudo quanto for útil ao julgamento da causa.

Parágrafo único. O auto poderá ser instruído com desenho, gráfico ou fotografia.

Mas, "perícia para averiguar volume excessivo, no caso concreto, deve ser realizada sem aviso prévio, pena de frustrar a sua finalidade" (RJE 21/39).

(2a) Assim, por exemplo: "Aparelho de telefone celular com defeito. Comprovado o defeito em audiência. Desnecessária a realização de perícia, pois a responsabilidade do fornecedor é objetiva" (RJJERJ 1/67). "Apesar de rara, face ao volume de pedidos, é possível, no JEC, a vistoria judicial, como ocorreu no processo, presente que o CPC tem aplicação subsidiária. Demonstrado, pela prova coligida, inclusive inspeção judicial, que o autor realizou o serviço contratado, e a demandada, através de alegações infundadas, resiste em cumprir o contrato, procede o pedido de cobrança (Rec. nº 01597549135, 1ª TR/RS, Rel. Claudir Fidélis Faccenda, 17-12-97).
(3) "Admitida a culpa e ficando a discussão adstrita somente ao montante da indenização, escolhido perito judicial para avaliação dos serviços, opinião sua prevalece na inexistência de prova contrária. Meras alegações são insuficientes" (RJE 21/27).

REGISTRO DA PROVA ORAL
Art. 36. A prova oral não será reduzida a escrito (1), devendo a sentença referir, no essencial, os informes trazidos nos depoimentos (2).

(1) A prova oral será registrada apenas em fita magnética ou equivalente (art. 13, § 3º). Em caso de recurso, a parte interessada poderá requerer a reprodução da fita para apresentação das razões ou contra-razões recursais (art. 44).
(2) "Desnecessidade de reduzir a escrito o depoimento das testemunhas – possibilidade de o Juiz buscar esclarecimentos complementares do pedido no curso da instrução – referência na sentença. Embora o juízo recursal fique destituído de meios para verificar a efetiva existência dos fundamentos acolhidos na decisão, posto que não reduzidos a termo, tal procedimento é legal e desejável, pois implica agilização da prestação jurisdicional e deixa a cargo de quem tem imediatidade com a produção da prova o exame das questões fáticas do litígio" (RJE 16/48). "A prova oral sequer será reduzida a escrito. Dela se extrai que a instrução é informal e a inquirição das testemunhas não precisa obedecer à ordem estabelecida no CPC, de duvidosa utilidade, aliás. É evidentemente incompatível com os princípios do sistema, deixar de ouvir partes e testemunhas presentes, com determinação de deverem retornar ao Fórum em outra data para oferecer informações que, desde logo, podem prestar. Afastando esse formalismo inútil, o procedimento é celerizado sem que se vislumbre qualquer prejuízo para o argüente, motivos para não se reconhecer causa de nulificação do processo" (RJE 18/83).

"Critérios do sistema do JECiv. Instrução demorada e confusa: decorrentemente dos critérios da simplicidade e da informalidade que vigoram no JECiv, se se optar por redução da prova a escrito (ao contrário do disposto no art. 36), que o seja apenas resumidamente, na forma do § 3º do art. 13; é desnecessário registrar aspectos secundários ou redundantes dos depoimentos; é absolutamente dispensável repetir a expressão 'diz o depoente...' no início de cada frase dos termos de inquirição das testemunhas" (RJE 18/84). Idem: RJE 16/44.

JUIZ LEIGO
Art. 37. A instrução poderá ser dirigida por juiz leigo (1), **sob a supervisão de juiz togado** (2).

(1) V. arts. 7º, *caput*, e 40, LJE, e 125, CPC.
(2) Há necessidade da presença do Juiz Presidente do JE no local onde acontecem as audiências, a fim de exercer, de fato e de direito, as suas atribuições (Of. Circ. nº 101/97-CGJ).

RECOMENDAÇÕES AOS JUÍZES LEIGOS

1) Não atuar em causa em que haja algum motivo de impedimento ou suspeição, solicitando ao Juiz de Direito ou ao Escrivão sua substituição, pois o Juiz deve estar acima de qualquer suspeita.
2) identificar, através de documento, as partes e os advogados. Lembre-se de que a presença pessoal das partes nas audiências do juizado é obrigatória. A pessoa jurídica deverá estar representada por um sócio ou membro da diretoria ou por um preposto, devidamente credenciado com a respectiva carta de preposto. Não é permitido ao advogado cumular as funções de advogado e de preposto.
3) Tratar as partes, advogados e testemunhas, com atenção e respeito. Exigir, em caso de necessidade, o mesmo tratamento, para que a audiência desenvolva-se de modo regular e tranqüila. Compete ao Juiz Leigo, sob a supervisão do Juiz de Direito, presidir todos os atos da audiência com seriedade, segurança e controle, observando as formalidades legais. Não permitir ofensas contra o Juiz ou entre as partes e advogados.
4) Observar se é caso de assistência facultativa ou obrigatória de advogado para as partes, de acordo com o previsto no art. 9º, §§ 1º e 2º.
5) Na hipótese de alegação de incompetência do juizado ou ilegitimidade de parte, reduzir a termo e encaminhar, imediatamente, ao Juiz de Direito para apreciação, com sugestão de decisão.
6) Empenhar-se, com habilidade e boa técnica, no sentido de buscar o acordo entre as partes, dentro do objetivo do Juizado (art. 2º, parte final), que é a conciliação. Nesse

momento, deve ser proporcionada uma maior informalidade, de modo a possibilitar o entendimento. Não manifestar sua opinião pessoal sobre o mérito da causa.
7) Na ausência injustificada do autor, devidamente intimado, sugerir ao Juiz de Direito a extinção do feito. Ausente o réu intimado, e não justificando a ausência até a abertura da audiência (art. 453, § 1º, do CPC), opinar pela revelia. Caso a ausência ocorra justificadamente ou por falta de intimação, designar nova data para sua realização, sugerindo que a intimação seja efetuada por Oficial de Justiça. Na hipótese de mais de um réu, todos intimados, a ausência de um não lhe acarreta revelia, se o(s) outro(s) comparecer(em) – art. 320, I, do CPC.
8) Na instrução do feito, observar o procedimento previsto nos arts. 27 a 35 (ver roteiro da audiência de instrução e julgamento). No depoimento pessoal das partes e na inquirição das testemunhas, registrar no termo as declarações de forma resumida e apenas o essencial (art. 13, § 3º). Após, diante do princípio constitucional do contraditório, possibilitar às partes fazer perguntas, indeferindo somente aquelas que não tenham relação com os fatos, objeto da demanda, ou as que são repetições de declarações já registradas no termo. Em qualquer hipótese, não se conformando a parte pelo indeferimento, poderá requerer do Juiz Leigo que fique consignado em ata.
9) Todas as provas devem ser produzidas na audiência de instrução e julgamento, mesmo que não requeridas previamente (art. 33). Somente em situações excepcionais, para a busca da verdade, deve ser admitida alguma diligência posterior. De todo documento juntado deve-se possibilitar a manifestação sucinta da outra parte, na mesma hora. Apenas em havendo contrapedido concede-se o prazo (até a próxima data para o prosseguimento da audiência) para o autor responder (parágrafo único do art. 31).
10) Concluída a instrução, sem debate oral, compete ao Juiz Leigo proferir uma sugestão de decisão ao Juiz de Direito, que poderá homologar, no todo ou em parte, ou prolatar outra em substituição. Aconselha-se ao Juiz Leigo marcar uma data dentro de 10 dias úteis, como previsto na Resolução nº 01/95 da Corregedoria-Geral da Justiça, para publicar a sentença em cartório, deixando as partes presentes desde logo intimadas. A decisão deverá ser suficientemente fundamentada, analisando-se as provas especificamente produzidas e sustentando o direito a ser aplicado ao caso concreto. O dispositivo deve ser bem claro. Não se admite sentença ilíquida. Observar os limites do pedido. Em caso de condenação a uma indenização ou pagamento, estabelecer correção monetária pelo IGP-M, a partir de determinada data, conforme o caso (de regra, do ajuizamento), bem como juros legais de 6% a. a., a contar de uma data (de regra, da citação). Havendo embargos declaratórios, apreciar apenas a tempestividade e a existência, ou não, de obscuridade, contradição, omissão ou dúvida (art. 48). Não mudar o mérito.

SEÇÃO XII
DA SENTENÇA

CONTEÚDO DA SENTENÇA
   Art. 38. A sentença mencionará (1) **os elementos de convicção do Juiz** (2, 2a)**, com breve resumo dos fatos relevantes ocorridos em audiência** (3)**, dispensado o relatório** (3a)**.**

LIQUIDEZ DA SENTENÇA
Parágrafo único. Não se admitirá sentença condenatória por quantia ilíquida, ainda que genérico o pedido (4, 4a, 4b).

V. arts. 5°, 6°, 13 e 36, e suas notas, LJE, e 131, 162, § 1°, e 458, CPC.
(1) "É garantia constitucional que todos os atos judiciais – com exceção dos meramente ordinatórios – devem ser fundamentados (art. 93, IX, da CF).[60] A decisão não justificada, que não demonstra os motivos do convencimento do julgador, é inequivocadamente nula" (RJE-BA 2/44). Por isso "a expressão 'mencionará', constante do art. 38 da Lei 9099/95, significa que o Juiz deverá motivar sua decisão enfrentando, ainda que de maneira concisa, todas as questões de fato e de direito levantadas pelas partes" (Enunciado Cível 22 da I ECJTR-RJ). Assim, "nula é a sentença que carece de fundamentação adequada, limitando-se, apenas, a fazer remissão a uma decisão jurídica anterior" (RJE-BA 2/45). "Mostra-se nula a sentença que, decidindo pleito de ressarcimento de danos materiais decorrentes de acidente de veículos automotores, se ressente da ausência de análise da culpabilidade e das teses argüidas em contestação, limitando-se a concluir pela parcial procedência da ação, vulnerando o princípio da ampla defesa" (RJE 36-37/66). "Embargos à execução de título executivo judicial. Alegações de pagamento parcial e impenhorabilidade de bens. Decisão que se reporta a esta última tese, acolhendo-a em parte. Omissão quanto à primeira alegação, não obstante a juntada de recibos de depósitos bancários na conta-corrente da embargada. Afirmação da ocorrência de excesso de execução, causa modificativa do *quantum* da obrigação, não-apreciada. Inteligência do art. 52, inc. IX, alíneas *b* e *d*, da LJE. Decisão *citra petita*. Nulidade do julgamento" (RJE 36-37/66).

Também, "a inexistência de contestação ou a declaração de revelia não acarretam os efeitos estampados no art. 319 do CPC,[61] haja vista que é defeso ao magistrado julgar, discrepando do conjunto probatório constante dos autos" (RJE-BA 2/43).

(2) "O procedimento no JE é sumário, prevalecendo os princípios estampados no art. 2° da LJE. Assim, não se vê nulidade na sentença que, apesar de breve, decide a questão trazida a juízo" (RJE 18/88). "A sentença,

---

[60] Art. 93, CF – Lei complementar, de iniciativa do Supremo Tribunal Federal, disporá sobre o Estatuto da Magistratura, observados os seguintes princípios: IX – todos os julgamentos dos órgãos do Poder Judiciário serão públicos, e fundamentadas todas as decisões, sob pena de nulidade, podendo a lei, se o interesse público o exigir, limitar a presença, em determinados atos, às próprias partes e a seus advogados, ou somente a estes.

[61] Art. 319 do CPC – Se o réu não contestar a ação, reputar-se-ão verdadeiros os fatos afirmados pelo autor.

no JE, pode e deve ser objetiva, nos termos dos arts. 2º e 38 da LJE" (RJE 19/59). "Sentença concisa não se confunde com sentença não fundamentada" (RJJERJ 1/52).

No entanto, "a concisão devida aos processos afetos aos JEs não diz da omissão de fundamentação. Recurso provido para cassar a sentença" (RJE 20/100-101). "Critérios de oralidade, simplicidade, informalidade, economia processual e celeridade não implicam fundamentação inexistente. Possibilidade de decisão sucinta e concisa, mas que descreva linhas mínimas do processo dedutivo" (RJE 18/102). "A decisão no âmbito dos Juizados, apesar da informalidade e concisão, não afasta o exame devido da prova coletada, possibilitando o reexame em grau recursal. Contradição entre a sentença e prova constante dos autos. Ausentes tais fundamentos, impõe-se seja cassada a decisão, de ofício, prejudicado o recurso" (RJE 21/57). "Embora de forma sucinta, como recomendam os princípios que regem o procedimento no JEC, há necessidade de expressar as razões que levam ao convencimento. No caso, o Juiz Leigo apenas afirmou que, analisando os autos, bem como a documentação e a prova testemunhal, declinava pela procedência da ação e também pela procedência do contrapedido. Nada registrou a respeito da culpabilidade, e porque chegou à conclusão que pelos termos lançados diz com concorrência de culpas. A nulidade é flagrante, não podendo ser suprida nesta fase, sob pena de supressão de instância" (RJE 30-31/45).

Mas: "A fundamentação da sentença ou do acórdão poderá ser feita oralmente, com gravação em fita magnética, consignando-se apenas o dispositivo na ata" (Enunciado Cível 46 do FONAJE).

Também: "Sentença imotivada. Nulidade, por vulneração da norma decorrente do disposto no art. 93, IX, da CF, da sentença que afasta a validez da prova mediante a simples afirmação de que a testemunha não merece fé" (RJJERJ 1/21). "A fundamentação deve levar em conta todos ao argumentos de fato e de direito trazidos pelas partes, acolhendo-os ou rechaçando-os através de análise das provas e dos princípios legais inerentes à controvérsia. A desconsideração dos requisitos do art. 458, II, do CPC,[62] enseja a declaração de nulidade da sentença e retorno dos autos ao Juízo monocrático para que decida a lide como lhe aprouver" (RJJERJ 1/60). "O julgamento da ação não pode dar-se com base em dedução ou ilação. O juiz deve atentar para apreciação acurada das provas dos autos, inclusive, exigindo as que forem necessárias à formação de sua convicção" (RJE-BA 2/45).

---

[62] Art. 458, CPC – São requisitos essenciais da sentença: II – os fundamentos, em que o juiz analisará as questões de fato e de direito.

(2a) Deve igualmente apreciar o pedido do réu, sob pena de nulidade do *decisum* (RJE 25/49 e 55).
Assim, por exemplo: "Decadência alegada e não apreciada. Vício insanável. Recurso provido para anular a decisão" (Rec. nº 10/95, CR-SP, Rel. Aciones Diniz, 29-09-95). "Sentença. Preliminar não apreciada. Impossibilidade de supressão de um grau de jurisdição. Nulidade" (Rec. nº 31/96, CR-SP, Rel. Gilberto Luiz Carvalho Franceschini, 08-10-96).
(3) É valorizado o princípio da imediatidade da prova: "Na interpretação da prova testemunhal, particularmente quando conflitante e antagônica, cresce a importância do princípio da imediatidade, pelo qual o Juiz Instrutor 'sente' e avalia os depoimentos, atribuindo maior credibilidade aos mais verossímeis" (RJE 18/97). Idem: RJE 21/33. "(...) pelo princípio da imediatidade da prova, importante valorizar a sensibilidade de quem teve contato direto com as partes" (RJE 20/61). "Princípio da imediatidade da prova. Instrução presidida pela magistrada, que sentenciou em seguida, registrando sua impressão de que os fatos ocorreram segundo a versão do autor' (RJE 20/85-86).
(3a) "O sistema dos JECiv dispensa o julgador de apresentar relatório do processo, o que não implica exonerá-lo de fundamentar sua decisão" (RJJERJ 1/60).
(4) V., também, art. 52, I.
"A decisão condenatória deve necessariamente ser líquida; aplicação e inteligência do art. 38, parágrafo único, da LJE. Poder genérico de cautela e diligência a amparar o princípio do livre convencimento, ou persuasão racional. Art. 130 do CPC.[63] Aplicação. Sentença ilíquida cassada" (RJE 17/94).
"No JE, é inadmissível sentença ilíquida: os dispositivos do processo comum, no particular, são inaplicáveis no JE, porque há disposição legal expressa – art. 38, parágrafo único. Assim, a sentença não podia ter remetido a quantificação da condenação para liquidação de sentença" (RJE 18/60).
"No JE, não se admitirá condenação por valor ilíquido. Inteligência do art. 38, parágrafo único, da LJE. Sendo razoável a prova de que o réu produziu danos no telhado da casa do autor, mesmo sem provas definitivas do *quantum*, o Juiz deve arbitrar o valor da indenização, nos termos dos arts. 5º e 6º'" (RJE 19/93-94).
"Finalidade teleológica do processo no JE. Princípio da celeridade e da economia. Conquanto permita a lei o pedido genérico (art. 14, § 2º, da LJE), só o admite quando, por ocasião do aforamento, for este indeter-

---
[63] Art. 130, CPC – Caberá ao juiz, de ofício ou a requerimento da parte, determinar as provas necessárias à instrução do processo, indeferindo as diligências inúteis ou meramente protelatórias.

minado quanto à sua extensão. A sentença condenatória, por sua vez, não pode ser ilíquida, ainda que genérico o pedido. Sem embargo, sendo o pedido relativo a prestações periódicas, considerar-se-ão elas incluídas no pedido, independentemente de declaração expressa do autor (art. 290 do CPC),[64] cabendo a liquidação, no caso, ante mera informação das parcelas vencidas" (RJE 20/65).

(4a) Importante registrar, com relação à sentença *ultra petita*, que: "Não é *ultra petita* a decisão que manda incluir juros compensatórios à importância pleiteada pelo autor, mesmo que a inicial teria sido omissa a respeito. Os juros e a correção monetária não representam qualquer acréscimo ao valor. Ao contrário, são expedientes que apenas possibilitam o real poder aquisitivo da moeda desembolsada pelo consorciado" (RJE 17/58).

Ainda: "A sentença, que excede o que foi postulado pelo autor, deve ser reduzida aos limites do pedido, em face do princípio da congruência, sem a necessidade de decretar sua nulidade, em razão do princípio da informalidade" (RJJERJ 1/72). "A sentença *ultra petita* não é nula, mas apenas passível de adequação aos limites do pedido" (RJJERJ 1/92).

Outrossim, "se o demandado não impugnou o valor do pedido, como epigrafou a sentença, deve ser acolhido o *quantum* pleiteado na inicial" (RJE 20/79).

(4b) V. art. 14, § 2°.

INEFICÁCIA DA SENTENÇA
Art. 39. É ineficaz (1, 1a) **a sentença condenatória** (1b) **na parte que exceder a alçada estabelecida nesta Lei** (2, 3, 4).

V. arts. 3°, I, § 1°, II, e § 3°, e 51, II, e respectivas notas.

(1) Em tal hipótese, a sentença não poderá ser executada na parte que ultrapassar a alçada legal, dando ensejo, portanto, à acolhida de embargos à execução (art. 52, IX, *b*).

(1a) O excesso, portanto, não acarreta a extinção do processo: "Verificando-se que o seguro obrigatório não estava pago, restou unicamente o pedido alternativo de indenização que, na hipótese de ultrapassar o limite legal, importa em renúncia ao crédito excedente (art. 3°, § 3°, da LJE), não se justificando a extinção do processo" (RJE 19/102). "A

---

[64] Art. 290, CPC – Quando a obrigação consistir em prestações periódicas, considerar-se-ão elas incluídas no pedido, independentemente de declaração expressa do autor; se o devedor, no curso do processo, deixar de pagá-las ou de consigná-las, a sentença as incluirá na condenação, enquanto durar a obrigação.

multa cominatória aplicada não pode ser superior ao limite de 40 salários mínimos estabelecido para competência dos JEs, redução que se faz com fundamento no art. 924 da lei civil[65] c/c os arts. 3º, inc. I, e 39 da LJE" (RJJERJ 1/88).

(1b) A sentença homologatória de conciliação pode referir-se a pedido superior ao valor de alçada (40 salários mínimos), por força do § 3º, *in fine*, do art. 3º.

(2) Observado o valor na data da propositura da ação.

(3) "Aplicação e inteligência do art. 3º da LJE, inc. I, cuja limitação do valor de 40 salários mínimos abrange e estende-se às ações elencadas no art. 275, inc. II, do CPC.[66] No mesmo sentido, as limitações constantes das disposições do § 3º do art. 3º e art. 39 da citada Lei, que importa em renúncia e ineficácia da sentença ao valor excedente a 40 salários mínimos" (RJE 17/50). "Valor da indenização: os pedidos com base no inc. II do art. 3º da LJE também estão sujeitos à alçada do JEC face ao disposto nos seus arts. 39 e 3º, § 3º – redução *ex officio* do valor da condenação para R$ 4.000,00" (RJE 17/78). Idem: RJE 17/80. "Na ausência de advogados, fica o limite de alçada do Juizado reduzido a vinte salários mínimos (art. 9º da LJE), devendo a condenação se enquadrar no âmbito deste valor" (RJJERJ 1/36).

Certo, ainda, que "a limitação do art. 39 da LJE opera *ex vi legis*, prescindindo-se de qualquer declaração na sentença" (Rec. nº 08/97, CR-SP, Rel. Manoel Justino Bezerra, 24-04-97).

(4) Entretanto, os acréscimos posteriores à sentença (correção monetária, juros, multa, litigância de ma-fé) podem superar o teto legal. "O acréscimo do valor da condenação, a título de correção monetária, não está limitado ao valor de alçada do JE. Só o pedido e a condenação ficam limitados aos 40 salários mínimos. A partir daí, com juros e correção monetária, o valor poderá exceder o limite de alçada" (RJE 17/47). "Embargos à execução. Alegado excesso: inocorrência, eis que o limite do valor de alçada diz exatamente com aquele postulado na apresentação do pedido. Eventuais consectários do descumprimento voluntário da obrigação podem suplantar o teto no somatório geral, no caso não-impugnado" (RJE 17/69).

---

[65] Art. 924, CC – Quando se cumprir em parte a obrigação, poderá o juiz reduzir proporcionalmente a pena estipulada para o caso de mora, ou de inadimplemento.

[66] Art. 275, CPC – Observar-se-á o procedimento sumário: II – nas causas, qualquer que seja o valor: a) de arrendamento rural e de parceria agrícola; b) de cobrança ao condômino de quaisquer quantias devidas ao condomínio; c) de ressarcimento por danos em prédio urbano ou rústico; d) de ressarcimento por danos causados em acidente de veículo de via terrestre; e) de cobrança de seguro, relativamente aos danos causados em acidente de veículo, ressalvados os casos de processo de execução; f) de cobrança de honorários dos profissionais liberais, ressalvado o disposto em legislação especial; g) nos demais casos previstos em lei.

Lei 9.099/95 - arts. 40 e 41

DECISÃO DO JUIZ LEIGO

Art. 40. O Juiz leigo (1) **que tiver dirigido a instrução** (2, 2a, 2b) **proferirá sua decisão** (2c) **e imediatamente a submeterá ao Juiz togado, que poderá homologá-la, proferir outra em substituição** (3) **ou, antes de se manifestar, determinar a realização de atos probatórios indispensáveis.**

V. art. 7º e notas.
(1) Porém, "o Juiz Leigo não deve titular a sua decisão de 'laudo arbitral', quando disto não se tratar, já que este, a teor do art. 41, é irrecorrível" (RJE 18/81-82).
(2) Em verdade, "a vinculação do Juiz não vigora no sistema dos JEs, até porque o procedimento é informal e a participação dos Juízes leigos é eventual, na maioria das vezes. Exigir-se vinculação do magistrado processante, que deveria julgar, resultaria em prejuízo para toda a estrutura dos JEs" (RJE 22/54-55). Contra: "O Juiz do Juizado Especial que concluir a audiência de instrução e julgamento, mesmo que não haja colheita de prova oral, ficará vinculado ao julgamento da lide, observando-se apenas as exceções previstas no art. 132 do CPC"[67] (Enunciado Cível 14 do I ECJTR-RJ).
(2a) Há "impossibilidade de delegar a direção da audiência de instrução e julgamento ao conciliador" (Enunciado Jurídico 3 do I EJJEsI-RJ).
(2b) "Os embargos à execução poderão ser decididos pelo Juiz Leigo, observando o art. 40 da Lei n. 9.099/95" (Enunciado Cível 52 do FONAJE).
(2c) A decisão do juiz leigo não comporta recurso, pois é submetida à apreciação do juiz togado, que poderá deixar de homologá-la.
(3) Há, aí, um "poder-dever do Juiz de Direito de não homologar a proposta de decisão do Juiz Leigo e de proferir outra em substituição" (RJE 16/39). Assim, "o parecer do Juiz leigo, pelo decreto de revelia, exarado na audiência de tentativa de conciliação, sem a apreciação da argüição de incompetência, não gera efeitos, até porque não acolhido pelo magistrado titular do Juizado" (RJE 17/50).

CABIMENTO DO RECURSO

Art. 41. Da sentença (1, 1a, 1b), **excetuada a homologatória** (2) **de conciliação ou laudo arbitral** (2a), **caberá recurso** (3, 3a, 3b, 3c, 3d, 3e) **para o próprio Juizado.**

JULGAMENTO DO RECURSO

§ 1º. O recurso será julgado por uma turma composta por três Juízes togados (4), **em exercício no primeiro grau de jurisdição, reunidos na sede do Juizado** (4a, 4b, 4c, 4d, 4e).

---

[67] Art. 132, CPC – O juiz, titular ou substituto, que concluir a audiência julgará a lide, salvo se estiver convocado, licenciado, afastado por qualquer motivo, promovido ou aposentado, casos em que passará os autos ao seu sucessor.

CAPACIDADE POSTULATÓRIA
§ 2º. No recurso (5), as partes serão obrigatoriamente representadas por advogado (5a).

(1) A sentença compreende o ato judicial que extingue o processo, com ou sem a apreciação do mérito (arts. 38, parág. único, e 51, e incs.).
(1a) É indispensável que o recorrente tenha sucumbido: "Ausente requisito de admissibilidade do recurso (interesse em recorrer), não pode ser conhecido o recurso. 'Interesse em recorrer' consubstancia-se na necessidade de obter reforma da decisão que foi desfavorável ao recorrente. Como, neste caso, os recorrentes em nada sucumbiram, evidente a ausência do interesse em recorrer" (RJE 21/55).
(1b) Quanto às interlocutórias, é de se ver que: "Nos Juizados Especiais não é cabível o recurso de agravo" (Enunciado Cível 15 do FONAJE). "Por não precluírem as decisões interlocutórias dos Juizados Especiais, contra elas não há previsão de recurso de agravo no sistema" (RJE 15/47). "O recurso de agravo não está previsto no ordenamento jurídico dos JECivs" (RJE 17/45). "No sistema de Juizados Especiais Cíveis o recurso de agravo de instrumento não é admissível, por falta de previsão legal" (Enunciado 1 das TRCiv do RJ). "É inadmissível o agravo de instrumento no sistema dos Juizados Especiais, ainda que interposto de decisão posterior à sentença" (Enunciado Cível 6 do I ECJTR-RJ).

Contra: "Agravo de Instrumento. Seu cabimento no sistema dos JECiv, na fase de execução" (RJJERJ 1/15). "Agravo de instrumento. Possibilidade de interposição após a prolação da sentença, apesar de não previsto na LJE como forma de permitir o inconformismo pela segunda instância" (Rec. nº 2.930, 1º CR-SP, Rel. James Siano, 07-08-97).
(2) "Descabe recurso de decisão homologatória de conciliação" (RJE 23/46). "Não cabe recurso contra decisão que homologa acordo" (Exp. nº 1.498, 1ª TR/RS, Rel. Wilson Carlos Rodycz, 16-11-95).
(2a) Conclusão 7ª do I ECJEs: "A sentença que homologa o laudo arbitral é irrecorrível."
(3) V. arts. 42 e 43.

Sobre os recursos foi decidido que: "No sistema dos JECivs, estão previstos apenas dois recursos, o 'inominado', do art. 41, e os 'embargos de declaração', do art. 48. Antes de buscar aplicação subsidiária do CPC, impõe-se dar aplicação ao art. 2º da própria LJE, que orienta o processo por critérios próprios. No caso, os da informalidade e da economia, que autorizam identificar outras possibilidades de defesa para o agravante, notadamente embargos de devedor após a penhora, que, ao que consta, ainda não se perfectibilizou, abrindo-se aquelas possibilidades recursais regulares, não sendo necessário importar este recurso da Justiça Comum para a garantia do Direito Constitucional da ampla defesa" (RJE 18/86).

Por isso também: "Mostra-se insubsistente, sob o ângulo constitucional, norma local que implique criação de recurso. Esta ocorre no âmbito da competência para legislar sobre direito processual, não estando abrangida pela competência concorrente do inciso XI do art. 24 da CF"[68] (AgRg em AI nº 210068/SC, STF, 2ª T., Rel. Min. Marco Aurélio, 28-08-98, DJU 30-10-98, p. 7).

(3a) Ainda: "Reclamação correicional. Descabimento no âmbito do JEs. De índole administrativa, também tem caráter de rever os julgados. Interposição frente à decisão proferida em execução que delimitou as *astreintes* à alçada. *Mens legis* da LJE no sentido de restringir o número e a incidência dos recursos, não cabendo ao intérprete dilatar seu alcance onde a lei quis restringir" (RJJERJ 1/34). "A correição parcial é medida própria da Justiça Comum Estadual" (Proc. nº 01196887184, 1ª TR/RS, Rel. Wilson Carlos Rodycz, 20-11-96).

Entretanto, tem sido considerado viável a reclamação na seguinte situação: "Cabe reclamação, para o STF, nos casos em que o Presidente da TR, usurpando competência outorgada à Suprema Corte, nega trânsito a AI interposto contra decisão que não admitiu RE" (Reclamação nº 2132/MG, 2ª T. do STF, Rel. Min. Celso de Mello, 19-11-02).

(3b) Com relação ao mandado de segurança, tem sido estabelecido que: "O MS não deve ser desvirtuado e transformado em instrumento recursal, para aquelas situações que a lei previu recurso específico, pois isso não quer a lei e nem desejou o legislador processual. No sistema dos JEs, onde predominam os princípios da celeridade, simplicidade, oralidade e economia processual, deve haver uma restrição no número de recursos, sob pena de expor o JE aos riscos da Justiça comum, no tocante à demora dos processos" (JPC 14/59). Idem: RJE 21/52. "Não serve o MS a substituir pretensão rescisória ou de nulidade de ato ou sentença, mormente havendo previsão de recurso ordinário, ao qual se atribui efeito suspensivo" (RJE 20/92). "MS não é admitido contra decisão que possui recurso próprio suficiente para obstar a lesão ao direito líquido e certo. Isto porque pelo *writ* não se reforma a decisão judicial impugnada, mas apenas se sustam os seus efeitos nocivos" (RJJERJ 1/19). "MS contra ato judicial passível de recurso ordinário. Impossibilidade. Súmula 267 do STF"[69] (RJJERJ 1/60).

---

[68] Art. 24, CF – Compete à União, aos Estados e ao Distrito Federal legislar concorrentemente sobre: XI – procedimentos em matéria processual.

[69] Súmula nº 267, STF -Não cabe mandado de segurança contra ato judicial passível de recurso ou correição.

Também: "Não tem o TJ competência para rever as decisões desses juizados, ainda que pela via do MS" (RO-MS nº 9065/SP, STJ, 3ª T., Rel. Min. Eduardo Ribeiro, 02-04-98, DJU 22-06-98, p. 71). "MS contra ato de TR do JE. Competência. Dado o sistema processual e recursal próprio, nenhuma ingerência ou competência recursal exercem o TJ e o TA nas decisões proferidas por esses Juizados, quer em instância primeira, quer na instância recursal. As TRs desses Juizados, para efeito de competência recursal, encontram-se no mesmo nível hierárquico dos TJ e TA. Julgado o impetrante como carecedor da ação, extinguindo-se o processo (MS nº 593138522, 6ª Câm. Cív. do TJ, Rel. Des. Osvaldo Stefanello) – 'RJTJRGS', 166/189. A situação resta inalterada com o advento da LJE e Lei Estadual nº 10.675/96" (RJE 18/58). "Além de o mandado não se prestar como sucedâneo recursal, este Tribunal não é terceira instância às decisões das Turmas Recursais do JEs" (RJE 18/87). "MS impetrado contra ato judicial praticado em execução de sentença no âmbito dos JEs em que se discute a busca e apreensão de bem arrematado pelo exeqüente, a competência para apreciação dessa medida não é do TA, e sim de uma das TRs que integram o Sistema dos JEs, até porque o TA não exerce qualquer tipo de ingerência no sistema especial que é dos Juizados" (RJE 22/66). "MS impetrado contra decisão judicial proferida por Juiz singular de JECiv insere-se na competência do respectivo CR" (MS nº 731478-00/9, 2º TASP, 5ª Câm. Cív., Rel. Juiz Pereira Calças, 27-02-02).

Contra: "O TJ tem competência para examinar atos praticados na jurisdição dos JEs" (MS nº 52.513-5, TJMS, 1ª Secção Cível, Rel. Des. Nelson Mendes Fontoura, 15-09-97). "O TRF é o competente para processar e julgar MS contra ato de JEE, quando investido, o Juízo de Direito, de competência federal, nos termos do art. 109, § 3º, da CF" (MS nº 01000263899/MA, 1ª Seção do TRF da 1ª Região, Rel. Des. Federal Tourinho Neto, 09-10-02). "Embora o MS não possa ser desvirtuado e usado como um sucedâneo recursal, é plausível sua utilização para casos em que não há recurso específico, como em situações decisórias no Sistema dos JEs, em que, não cabendo agravo, o *writ* se faz necessário para evitar lesão a direito e prejuízo irreparável" (RJE 22/66). "Cabimento do *writ* contra decisão que afronta abertamente texto legal. (...) A jurisprudência dos Tribunais Superiores vem amenizando o rigor do art. 5º, inc. II, da Lei 1533,[70] a fim de aceitar o MS como via para combater as decisões judiciais proferidas sem levar em conta texto expresso de lei ou que contenham flagrante abuso de poder. A falta

---

[70] Art. 5º, II, Lei nº 1.533 – Não se dará mandado de segurança quando se tratar: II – de despacho ou decisão judicial, quando haja recurso previsto nas leis processuais ou possa ser modificado por via de correição;

de intimação do réu para a audiência, ensejando julgamento à revelia, está entre as violações que devem ser sanadas pela via mandamental" (RJJERJ 1/86-87). "MS contra decisão concessiva de liminar. Possibilidade diante da falta de recurso contra decisões interlocutórias na LJE. Interpretação a contrário senso da Súmula 267 do STF"[71] (Rec. nº 656/97, 4ª TR/RJ, Rel. Gabriel de Oliveira Zefiro). "Inexistindo previsão de recurso quanto às decisões interlocutórias proferidas nos JECív, pode a parte interpor MS, em havendo alegação de afronta a direito líquido e certo" (MS nº 0208/2001, Tribunal Pleno do TJSE, Rel. Des. Clara Leite de Rezende, 29-05-02). "É admissível mandado de segurança somente contra ato ilegal e abusivo praticado por Juiz de Juizado Especial" (Enunciado Cível 7 do I ECJTR-RJ).

Ainda: "Cabe exclusivamente às Turmas Recursais conhecer e julgar o mandado de segurança e o *habeas corpus* impetrados em face de atos judiciais oriundos dos Juizados Especiais" (Enunciado Cível 62 do FONAJE). "O prazo para informações no mandado de segurança é o do art. 7º, inc. I, da Lei 1533/51,[72] podendo o Relator solicitar urgência' (Enunciado Cível 8 do I ECJTR-RJ).

Aliás, foi considerado pertinente o *mandamus* para: reconsiderar a decisão que julgou improcedente embargos à execução (RJE 17/85); reconhecer a impenhorabilidade dos salários constritos (RJE 17/85); autorizar a liberação e substituição de veículo penhorado por dinheiro (RJE 18/86); suspender leilões e desconstituir penhora com base na Lei nº 8.009/90[73] (RJE 19/93, 20/93); suspender leilões ante a falta de designação de audiência para oferecimento de embargos (RJE 21/52); deferir AJG para não inviabilizar o duplo grau de jurisdição (RJE 22/73); considerar ilegal a continuidade de afetação de bem penhorado após provimento de recurso em embargos de devedor (RJE 24/59); atacar decisão concessiva de liminar (RJJERJ 1/20); sanar violação decorrente da falta de intimação do réu para audiência, ensejando julgamento à revelia (RJJERJ 1/87); comunicar efeito suspensivo a recurso que não o tenha (MS nº 7.488, TJSC, 2ª Câm. Cív., Rel. Des. Pedro Manoel Abreu, 17-11-94); atacar decisão teratológica (Rec. nº 009, 2º CR-SP, Rel. Barros Nogueira, 06-08-97).

Descabe, porém, quando já decorrido o prazo decadencial (RJE 18/86) e na ausência de ilegalidade ou abusividade e de lesão ou ameaça de

---

[71] Súmula 267, STF – Não cabe mandado de segurança contra ato judicial passível de recurso ou correição.

[72] Art. 7º, I, Lei nº 1.533 – Ao despachar a inicial, o juiz ordenará: I – que se notifique o coator do conteúdo da petição, entregando-lhe a segunda via apresentada pelo requerente com as cópias dos documentos, a fim de que, no prazo de 10 (dez) dias, preste as informações que achar necessárias.

[73] Lei nº 8.009, de 29-03-90, dispõe sobre a impenhorabilidade do bem de família.

lesão a direito líquido e certo a ser protegido, como, por exemplo, contra ato que indefere inquirição de testemunha por precatória, porquanto a LJE determina que toda a prova testemunhal deva ser produzida na audiência (RJE 19/92); contra decisão que indefere AJG pleiteada quando interposto recurso contra sentença que julgou improcedentes embargos de devedor opostos pelos impetrante (RJE 19/93); contra determinação de depósito do saldo de conta judicial, pois o valor que excedeu o teto do JE é decorrente do não-adimplemento imediato do débito judicialmente apurado (RJE 20/92).

(3c) Quanto ao recurso ordinário do MS, o STJ posicionou-se pelo seu descabimento, entendendo que os órgãos de segundo grau dos JEs não são considerados como tribunais estaduais (art. 105, II, *b*, CF)[74] (RMS nº 7437-RS, Rel. Min. Eduardo Ribeiro, 04-02-97, DJU 24-03-97, p. 9.009, e RMS nº 1.905-SC, Rel. Min. Sálvio de Figueiredo, 24-05-94).

(3d) "Inexiste recurso adesivo no sistema dos JEs" (RJE 17/80). Idem: RJE 19/97. "Recurso adesivo. Em não havendo previsão na seara processual, não se conhece do recurso adesivo interposto pela parte" (RJE 20/63). Idem: RJE 16/44, 34-35/45. "Não cabe recurso adesivo em sede de Juizados Especiais, por falta de expressa previsão legal" (Enunciado Jurídico 4 do I EJTR-RJ). "É incabível o recurso adesivo nos Juizados Especiais, em face da obediência aos princípios de celeridade processual e interesse recursal" (Conclusão 4 do V Fórum-BA).

Contra: "Recurso adesivo – admissibilidade. Recurso adesivo interposto com as contra-razões de recurso, na mesma peça. Conhecimento, contudo, condicionado ao preparo das custas recursais respectivas" (Rec. nº 96/149, 1ª TR/PR, Rel. Albino Jacomel Guerios).

Mas a petição correspondente pode ser conhecida como recurso, se dentro do prazo respectivo (Rec. nº 01196860744, 1ª TR/RS, Rel. Wilson Carlos Rodycz, 19-06-96).

(3e) Às Turmas Recursais do Juizado Especial cabe, também, o julgamento da exceção de impedimento e da de suspeição do juiz, por força do art. 313, *in fine*, do CPC, sem qualquer ingerência do Tribunal de Justiça: "A competência para conhecer e julgar as exceções de suspeição opostas em face dos Magistrados dos JEs é do órgão colegiado previsto no art. 41, § 1º, da LJE" (Agravo Regimental na Exceção de Suspeição nº 00.000789-7, TJSC, 3ª Câmara Cível, Rel. Des. Eder Graf, 04-04-00). O mesmo vale para a ação de anulação de sentença: "Admissível que seja, sem embargo da proibição à ação rescisória, constante no art. 59 da LJE, ação anulatória contra transação realizada no JE, e admitindo-se

---

[74] Art. 105, CF: Compete ao Superior Tribunal de Justiça: II – julgar, em recurso ordinário: b) os mandados de segurança decididos em única instância pelos Tribunais Regionais Federais ou pelos tribunais dos Estados, do Distrito Federal e Territórios, quando denegatória a decisão.

a opção do autor por semelhante procedimento, o julgamento desta ação tocará ao órgão que homologou a transação. Anulação do processo e remessa ao órgão competente (art. 113, § 2º, do CPC)" (Apel. nº 597215094, TJRS, 5ª Câm. Cív., Rel. Des. Araken de Assis, 06-11-97). "Tratando-se de execução de sentença que tramita no JECiv, incompetente a Justiça Comum para processar a ação anulatória" (AI nº 598558245, TJRS, 10ª Câm. Cív., Rel. Des. Jorge Alberto Schreiner Pestana, 10-12-98).

(4) "O TJ, assim como o TA, não tem competência originária, nem recursal, para rever as decisões proferidas pelos JEs. "O TA do Estado não possui competência originária, nem recursal, para rever as decisões proferidas pelos JECiv" (RO em MS nº 12634/MG, 4ª Turma do STJ, Rel. Min. Barros Monteiro, 26-06-01). Igualmente, "o TRF é incompetente para conhecer do recurso impetrado contra Juiz de Direito do JEE, atuando por delegação prevista no art. 109, § 3º, da CF. Competência do JEF" (Apel. Cív. nº 019902613777/MG, TRF/1ª Reg., 2ª Turma, Rel. Des. Fed. Tourinho Neto, 16-10-02). "Tendo a decisão impugnada sido proferida no JE, qualquer recurso deve ser dirigido para o próprio Juizado, nos termos do art. 41 da LJE. Ou seja, não pode o recurso sair de sua sede, mesmo porque não pode ele ser dirigido para o TJ, que não tem competência recursal" (RJTJRGS, 194/398). "A competência para julgar recursos, inclusive MS, de decisões emanadas dos JEs é do órgão Colegiado do próprio JE, previsto no art. 41, § 1º, da LJE" (RO em MS nº 10334/RJ, SJT, 6ª T., Rel. Min. Fernando Gonçalves, 10-10-00).

Por isso: "Não é o MS meio adequado a desconstituição, por esta Corte, de acórdão de TR do JECiv, com trânsito em julgado" (Agravo Regimental nº 598302032, TJRS, 9ª Câm. Cív., Rel. Des. Maria Isabel Broggini, 01-09-98).

Ainda: "Deverão ser decididas pelo colegiado das Turmas Recursais todas as questões atinentes à admissibilidade e ao mérito do recurso" (Enunciado 2 das TRCiv do RJ).

(4a) "O recurso do art. 41 da LJE não é meio idôneo para se alcançar seguimento de recurso judicial anteriormente interposto e considerado intempestivo" (RJE-BA 2/40).

(4b) "A edição de súmulas pelas TRs é procedimento legítimo, que decorre da própria constituição do JE, e bem assim dos princípios que o informam, tudo com amparo na Lei Maior" (RJE 25/49).

(4c) Cabe, também, às Turmas Recursais, o julgamento de *habeas corpus* em casos de decretação de prisão civil: "Tendo a prisão civil sido decretada num dos JEs, é competente para a ordem de HC a Câmara recursal daquela justiça" (HC nº 197102106, TARS, 3ª Câm. Cív., Rel. Gaspar Marques Batista). "Compete às TRCiv conhecer e julgar, em grau de recurso, as decisões de 1ª Instância de seus juízes. O TJ não tem competência para conhecer e julgar *habeas corpus* interposto em face de decisão proveniente de JECiv" (HC nº 70001940246, 10ª Câm. Cív. do TJRS, Rel. Des. Paulo Antônio Kretzmann, 14-12-00). "Cabe exclusivamente às Turmas Recursais conhecer e julgar o mandado de segurança e o *habeas corpus* impetrados em face de atos judiciais oriundos dos Juizados Especiais" (Enunciado Cível 62 do FONAJE).

(4d) Sobre os julgamentos das Turmas Recursais, tem sido entendido que: a) "Contra decisões das Turmas Recursais são cabíveis somente os embargos declaratórios e o Recurso Extraordinário" (Enunciado Cível 63 do FONAJE).

Em decorrência, também são descabidos embargos de divergência contra decisões não-unânimes da TR: v. notas ao art. 47.

b) "Não cabe recurso especial contra decisão proferida por órgão de segundo grau dos Juizados Especiais" (Súmula 203, STJ). E isso porque somente as causas decididas pelos Tribunais Regionais Federais, Estaduais, do DF e dos Territórios são impugnáveis através de recurso especial (art. 105, III, CF)[75] (Ag-Rg. no AI nº 396686/BA, STJ, 3ª Turma, Rel. Min. Nancy Andrighi, 26-11-01). E: "Aplica-se a mesma solução aos julgados dos órgãos de segundo grau dos JEs integrados por desembargadores" (AgRg-AI 195842, STJ, 4ª T., Rel. Min. Barros Monteiro, DJU 30-11-98, p. 178);

c) é viável o recurso extraordinário, desde que ocorrentes os pressupostos constitucionais:[76] "As decisões de TRs, proferidas em causas instauradas no âmbito dos JEs (LJE), são passíveis de impugnação mediante recurso extraordinário dirigido ao STF, desde que se evidencie, no julgamento do litígio, a existência de controvérsia de natureza constitucional. Precedentes. Cabe reclamação, para o STF, nos casos em que o Presidente da TR, usurpando competência outorgada à Suprema Corte, nega trânsito a AI interposto contra decisão que não admitiu RE" (Reclamação nº 2132/MG, STF, 2ª T., Rel. Min. Celso de Mello, 19-11-02);

d) "Os remédios constitucionais (mandado de segurança e *habeas corpus*) eventualmente impetrados em face de atos das Turmas Recursais devem ser dirigidos ao STF" (Enunciado Cível 64 do FONAJE). Tam-

---

[75] Art. 105, CF: Compete ao Superior Tribunal de Justiça: III – julgar, em recurso especial, as causas decididas, em única ou última instância, pelos Tribunais Regionais Federais ou pelos tribunais dos Estados, do Distrito Federal e Territórios, quando a decisão recorrida: a) contrariar tratado ou lei federal, ou negar-lhes vigência; b) julgar válida lei ou ato de governo local contestado em face de lei federal; c) der a lei federal interpretação divergente da que lhe haja atribuído outro tribunal.

[76] Art. 102, CF: Compete ao Supremo Tribunal Federal, precipuamente, a guarda da Constituição, cabendo-lhe: III – julgar, mediante recurso extraordinário, as causas decididas em única ou última instância, quando a decisão recorrida: a) contrariar dispositivo desta Constituição; b) declarar a inconstitucionalidade de tratado ou lei federal; c) julgar válida lei ou ato de governo local contestado em face desta Constituição.

bém: "Esta Corte já firmou jurisprudência no sentido de que os TJs não têm competência para rever as decisões dos JEs, mesmo que com intuito de anulá-las, muito menos na via mandamental" (RO em MS nº 10164/DF, STJ, 5ª T., Rel. Min. José Arnaldo da Fonseca, 07-12-00).

e) "Compete ao STJ decidir conflito de competência entre JEs vinculados a Tribunais diversos (CF, art. 105, I, *d*)" (CCo nº 30692/RS, STJ, 2ª Seção, Rel. Min. Antônio de Pádua Ribeiro, 27-11-02).

f) "O conflito de competência entre Juízes de Juizados Especiais vinculados à mesma Turma Recursal será decidido por esta" (Enunciado 67 do FONAJE).

(4e) No RS, encontram-se em funcionamento duas Turmas Recursais Cíveis e uma Turma Recursal Criminal, sendo as primeiras atendidas por magistrados exclusivos, e a última, por Juízes em regime de substituição.

(5) Independentemente do valor da causa, no recurso a parte deve ser representada por advogado.

(5a) "Recurso assinado apenas pela parte, que não é advogada, apresentado um dia após o decurso do prazo. Não-conhecido, face à intempestividade e ao fato de não estar subscrito por advogado" (RJE 23/46). "Recurso apresentado sem procuração. Tratando-se de pessoa jurídica, constando somente carta de preposto nos autos. Desconhecimento do recurso, pois o art. 41, § 2º, da LJE, determina que as partes serão obrigatoriamente representadas por advogados" (RJJERJ 1/49).

Ainda: "Vício de representação. Procuração assinada por pessoa completamente estranha aos legitimados no contrato social da empresa, para outorga de poderes na representação em juízo. Violação ao comando contido no § 2º do art. 41 da LJE" (RJE-BA 2/29). "Na instância recursal a assistência de advogado é obrigatória, sendo indispensável a juntada do competente instrumento de mandato. Não-conhecimento do recurso por ter sido interposto por advogado sem procuração nos autos" (RJE-BA 2/29). "Recurso não-conhecido. A postulação sem mandato somente será admitida nas hipóteses do art. 37 do CPC.[77] Se o advogado não junta a procuração nem protesta pela sua juntada no prazo de 15 dias, o ato será considerado inexistente, não sendo de aplicar-se o art. 13 do CPC"[78] (RJE-BA 2/30).

---

[77] Art. 37 do CPC – Sem instrumento de mandato, o advogado não será admitido a procurar em juízo. Poderá, todavia, em nome da parte, intentar ação, a fim de evitar decadência ou prescrição, bem como intervir, no processo, para praticar atos reputados urgentes. Nestes casos, o advogado se obrigará, independentemente de caução, a exibir o instrumento de mandato no prazo de 15 (quinze) dias, prorrogável até outros 15 (quinze), por despacho do juiz. Parágrafo único. Os atos, não ratificados no prazo, serão havidos por inexistentes, respondendo o advogado por despesas e perdas e danos.

[78] Art. 13 do CPC – Verificando a incapacidade processual ou a irregularidade da representação das partes, o juiz, suspendendo o processo, marcará prazo razoável para ser sanado o defeito. Não sendo cumprido o despacho dentro do prazo, se a providência couber: I – ao autor, o juiz decretará a nulidade do processo; II – ao réu, reputar-se-á revel: III – ao terceiro, será excluído do processo.

PRAZO DE INTERPOSIÇÃO
Art. 42. O recurso será interposto no prazo de dez dias (1, 1a, 1b, 1c), **contados da ciência da sentença** (2), **por petição escrita** (3), **da qual constarão as razões e o pedido do recorrente** (4, 4a).
PREPARO
§ 1º. O preparo será feito (5), **independentemente de intimação** (5a), **nas quarenta e oito horas seguintes à interposição** (5b), **sob pena de deserção** (6, 6a, 6b, 6c).
RESPOSTA
§ 2º. Após o preparo (7), **a Secretaria intimará** (8) **o recorrido para oferecer resposta escrita no prazo de dez dias** (9).

(1) "Não se conhece de apelo interposto fora do prazo de 10 dias previsto no art. 42 da LJE" (RJE-BA 2/38). "O prazo recursal conta-se da ciência da sentença, conforme art. 42 da LJE, aplicando-se os princípios da informalidade, celeridade e singeleza que norteiam o JE. Tratando-se de prazo preclusivo, não pode o prazo recursal ser prorrogado. Ciente da sentença, incumbe à parte ingressar, no prazo de dez dias, com o recurso e não requerer republicação da nota de expediente e reabertura de prazo" (RJE 36-37/66).

Esse prazo não é suspenso:

a) pela interposição de embargos declaratórios intempestivos: "Embargos de declaração interpostos fora do prazo não suspendem/interrompem o prazo para o recurso principal. O prazo recursal conta-se da entrega do AR, que dá ciência da sentença à parte ou ao seu advogado. Havendo mais de uma intimação, no JEC, o *dies a quo* conta-se da primeira" (RJE 17/82-83).

b) pela superveniência de férias forenses: "Todos os processos de competência do JECiv tramitam durante as férias, não se suspendendo pela superveniência delas" (Súmula nº 9 das Turmas Recursais do JECiv do RS). "Seria contrário ao princípio da celeridade que as causas dos JEs não tramitassem nas férias forenses, eis que praticamente todas as causas que seguiam o rito sumário hoje são da competência do JE, e eles corriam durante as 'ferias forenses'" (RJE 19/98-99). "Sendo da própria índole do procedimento especial a sumariedade de seus atos, mais a busca pela celeridade do processo, inaplicável a suspensão do processo pelas férias forenses" (RJE 19/99), mesmo porque é obrigatório o funcionamento pleno dos JEs durante o mês de janeiro, sendo vedado o cancelamento de qualquer ato processual (Of. Circ. nº 01/98-CGJ).

Contra: "O decêndio recursal começa a correr no dia seguinte à publicação da NE, que, no caso, é a data da ciência da sentença, suspendendo-se durante o mês de janeiro, de férias forenses, e continuando em fevereiro pelo tempo que faltava" (RJE 16/47).

(1a) "A Procuradoria do Estado, face ao disposto no art. 5º, § 5º, da Lei nº 1.060/50,[79] goza da prerrogativa de prazo em dobro para recorrer" (Rec. nº 914, 2º Colégio Recursal de SP, Rel. Rodrigues Teixeira, 08-10-97).

Há, porém, "impossibilidade de deferimento de prazo recursal em dobro, quando o pedido da defensoria pública somente vem aos autos após expiração do prazo recursal comum" (RJJERJ 1/13).

Contra: "Prazo em dobro – Advogado dativo. Pretensão a prazo em dobro. Inadmissibilidade. Inteligência dos arts. 5º, § 5º, da Lei nº 1.060/50, e 2º da LJE" (Rec. nº 10/96, CR-SP, Rela. Cláudia Maria Cabonari de Faria, 10-07-96).

Também esse prazo será em dobro se, havendo litisconsortes, estes tiverem diferentes procuradores (art. 191, CPC).

Havendo mais de um procurador representando litisconsortes diversos, cumpre ser observado o art. 191 do CPC: Quando os litisconsortes tiverem diferentes procuradores, ser-lhes-ão contados em dobro os prazos para contestar, para recorrer e, de modo geral, para falar nos autos.

(1b) Mas, "decretada a revelia, os prazos passam a correr independentemente de intimação, inclusive os recursais. Intimação indevida não reabre o prazo" (RJE 19/100). "Os prazos processuais correm contra o revel independentemente de intimação, fluindo o recursal a partir da publicação da sentença em audiência ou em cartório" (RJJERJ 1/35). "Comprovada a entrega da correspondência na recepção da ré, considera-se válida a citação, e sua ausência na audiência produz os efeitos da revelia, inclusive na contagem do prazo para o recurso, que corre independente de intimação" (RJJERJ 1/50).

(1c) "O advogado cujo o nome constar do termo de audiência estará habilitado para todos os atos do processo, inclusive para o recurso" (Enunciado Cível 77 do FONAJE).

(2) V. art. 52, III, que estabelece que a intimação da sentença será feita, sempre que possível, na própria audiência em que for proferida.

"No prazo, de 10 dias, o recurso deve ser recebido pelo Cartório, mesmo que por 'fax'. Não basta a postagem do pedido" (RJE 16/47).

Sobre o início da contagem do prazo recursal, a jurisprudência tem entendido o seguinte:

a) é contado o prazo a partir da data da intimação da sentença: "O decêndio legal para interposição de recurso conta-se a partir da ciência da sentença, e não da juntada aos autos do mandado ou do AR" (Súmula nº 03 das Turmas Recursais do JECiv do RS).

---

[79] Art. 5º, § 5º, Lei nº 1.060, de 05-02-50 – Nos Estados onde a assistência judiciária seja organizada e por eles mantida, o Defensor Público, ou quem exerça cargo equivalente, será intimado pessoalmente de todos os atos do processo, em ambas as instâncias, contando-se-lhes em dobro todos os prazos.

No mesmo sentido:

"O prazo para interposição do recurso contra decisão proferida no JECiv é contado da data da ciência da sentença, e não da juntada do instrumento intimatório aos autos" (RJJERJ 1/35).

"O decêndio recursal conta-se da data da intimação pessoal da parte, que, no caso, se deu pela entrega da correspondência, e não da juntada do 'AR' aos autos" (RJE 15/57).

"O prazo para recorrer é contado da ciência da parte, que no caso se deu em Cartório" (RJE 15/57).

"O decêndio recursal conta-se da data da publicação da sentença em Cartório, para o que havia intimação pessoal da parte" (RJE 15/57).

"Nos termos do art. 42 da LJE, o prazo inicia com a ciência das partes, correspondente ao recebimento da carta por AR" (RJE 19/99). Por isso também: "Intimação de sentença pelo correio. Validade. Prova inequívoca do recebimento" (RJJERJ 1/21).

b) começa a fluir da data da publicação da sentença, sem necessidade de outra intimação: "Se, na audiência de instrução, o Juiz designou dia para a publicação da decisão, como ocorreu no presente caso, a partir daí será contado o decêndio" (RJE 19/73). Idem: RJE 16/46, 16/47.

"Ao final da audiência, as partes ficaram cientes de que a sentença estaria em Cartório a partir do dia 15-08-96. Tendo a sua publicação ocorrido no dia marcado, operou-se a 'ciência da sentença' nessa data, e começou a fluir o decêndio recursal. Desnecessária e inútil a NE posteriormente publicada" (RJE 18/77).

"Em sendo as partes previamente intimadas da data da publicação da sentença, sobrevindo esta, com homologação prévia, é de entender-se intempestivo o recurso apresentado com base em data de intimação posterior, já desnecessária. Ocorrida a publicidade do ato, descabe posterior intimação" (Proc. nº 01196873838, TR/RS, Rel. Paulo Antônio Kretzmann).

"O prazo para interposição de recurso começa a ser contado a partir da ciência da sentença. Havendo desnecessária publicação de NE após a intimação pessoal do procurador, toma-se como marco para contagem de prazo a primeira intimação" (RJE 19/98).

"Prazo recursal. Inteligência do art. 42 da LJE c/c o art. 184 do CPC.[80] É decadencial o prazo para interposição de recursos nos processos com observância das normas informadoras dos JEs. Intimadas as partes, *rectius*, seus procuradores, de que a sentença seria publicada em data de-

---

[80] Art. 184, CPC – Salvo disposição em contrário, computar-se-ão os prazos, excluindo o dia do começo e incluindo o do vencimento.

terminada, a partir desta inicia-se a contagem do prazo, excluído o termo *a quo*" (RJE 24/60).

Mas "para que o prazo recursal seja contado a partir da data em que o parecer for publicado em Cartório, conforme anunciado na audiência de instrução, deverá haver a homologação pelo magistrado. Proposta de decisão sem homologação não tem força de sentença definitiva" (RJE 22/55-56).

c) quando a parte é representada por mais de um procurador: "Válida é a intimação de sentença feita na pessoa de apenas um dos advogados da parte, o qual participou da audiência de instrução e julgamento, ainda que com mandato tácito" (RJE-BA 2/38).

d) inicia o prazo da segunda intimação, em caso de erro na primeira: "Se a NE foi publicada com erro e, por isso, renovada a intimação, agora pessoal, à evidência, tem lugar nova contagem para o prazo recursal" (RJE 18/103).

e) conta-se a partir da primeira intimação, quando desnecessária a segunda: "Mesmo que haja posterior publicação de NE, a parte intimada anteriormente em Cartório tem seu prazo contado dessa data, que é a da ciência da sentença" (RJE 16/47). "Quando, na audiência de instrução, é designada a data para a publicação da sentença, conta-se, desta data, o prazo recursal, sendo dispensável nova intimação. Irrelevante, ainda, que o processo tenha tramitado no 'Posto do Juizado', que funciona em outro Município. Vale a publicação da decisão em Cartório" (RJE 19/98). "Intimadas as partes em audiência, desnecessária e indevida expedição posterior de AR, considerando que foi observado o prazo consignado. Segunda intimação não gera efeitos" (RJE 19/99).

f) "Se os embargos de declaração foram procedentes alterando a sentença, o prazo recursal deve ser contado a partir da intimação da decisão dos embargos" (RJE 20/95).

g) "Decretada a revelia, os prazos passam a correr independentemente de intimação, inclusive os recursais. Intimação indevida não reabre o prazo" (RJE 19/100). Idem: RJE 21/57. "Recurso intempestivo porque interposto muito além do decêndio legal, já que contra o revel fluem os prazos independentemente de novas intimações" (RJE 16/45). "Réu revel no processo de conhecimento. Intimação da sentença. Dispensa. Contra o revel correrão os prazos, independentemente de intimação" (RJE-BA 2/36).

h) "A dúvida, sobre a tempestividade do recurso, deve ser resolvida em favor do recorrente" (RJE 16/33).

i) "A republicação em face de incorreção constatada não induz alteração unilateral do julgado. Em tal situação, há de prevalecer, para todos os efeitos, a publicação posterior" (RJE-BA 2/39).

(3) "A falta de assinatura na petição não gera nulidade, podendo ser suprida a qualquer tempo. Nada indica que o documento não tenha sido produzido pelo advogado da recorrente. Aplica-se, assim, o princípio da não-declaração de nulidade sem que tenha havido prejuízo" (JPC 14/61).

Contra: "Petição sem assinatura. A petição não-assinada não existe como documento, não podendo ser conhecido o recurso" (RJE 18/82).

(4) Sobre a juntada de provas com o recurso: "Possibilidade de conhecimento em hipótese como a presente, em que deveria ter sido fornecido à recorrente AJG por litigar no outro pólo pessoa jurídica e face à natureza informal dos JEs" (RJE 15/51). "Observando o princípio do contraditório, documentos inseridos nos autos, em fase de recurso, ausente intuito malicioso ou procrastinatório, podem ser objeto de deliberação judicial, inclusive para reconhecer a legitimidade processual ativa do recorrente" (RJE 15/52).

Mas, "ausente oitiva judicial, descabe acostar declaração fornecida por testemunha ou pretenso laudo extrajudicial, ainda mais em grau de recurso. Ausência do contraditório e porque encerrada a instrução" (RJE 21/58). "Somente se admite a juntada de documento, por ocasião da interposição do recurso, se obtido após a realização da audiência de instrução e julgamento. Se existente anteriormente e não foi juntado aos autos na fase instrutória do processo, somente vindo a fazê-lo a parte na fase recursal, dele a TR não conhece" (Rec. n° 11/96, TR/DF, Rel. Édson Alfredo Smaniotto, 1°-10-96).

(4a) Quanto ao terceiro, é de se ver que: "Só pode ser admitido o recurso do terceiro, se este demonstrar que a decisão recorrida afetará, direta ou indiretamente, relação jurídica da qual é titular" (Rec. n° 254, 2° CR-SP, Rel. Gilberto Pinto, 08-11-95). Daí que: "Interposição pela parte que deveria atuar no feito na condição de denunciado à lide. Vedação legal expressa. Ilegitimidade da apelante reconhecida" (RJE 26-27/43).

(5) O preparo deve ser feito desde que o recorrente não seja beneficiário da assistência judiciária, pois, em sendo, ficará isento do pagamento das custas processuais (art. 3°, I, Lei 1.060/50).

(5a) "No JE, o preparo do recurso tem de ser feito, espontaneamente, em até 48 horas da interposição" (Exp. n° 2.005, 1ª TR/RS, Rel. Wilson Carlos Rodycz, 30-11-95).

(5b) V., também, párag. único do art. 54, LJE, e art. 551 e parág. único, CPC.

Forma de contagem do prazo: "Em tendo a lei estipulado o prazo em horas, a contagem dá-se de minuto a minuto, consoante dispõe o art. 125, § 4°, do CC/16" (RJE 20/97). "Sendo o prazo de preparo fixado em horas – art. 42, § 1°, da LJE -, a contagem dá-se nos termos do art. 125, § 4°, do CC/16" (RJE 21/55). "As despesas processuais devem ser recolhidas em 48 horas pelo recorrente, independentemente de intimação. Este prazo conta-se minuto a minuto (art. 125, § 4º, do CC/16), tendo como termo *a quo* a entrada da petição recursal no protocolo do Juízo. A eventual complementação das custas, mesmo que em razão de intimação judicial, não tem o condão de convalidar a deserção, que é automática, a teor do art. 42, § 1º, da LJE" (RJJERJ 1/70-71). Assim: "Apresentado o recurso na sexta-feira, o prazo de 48 horas encerrou-se no domingo, dia sem expediente forense, sendo prorrogado, por isto, para as primeiras horas da segunda-feira. Preparo efetuado na terça-feira, escoado o prazo legal" (RJE 38/73). Porém, "muito embora o prazo fixado em horas se conte minuto a minuto, a teor do disposto no art. 125, § 4º, do CC/16, mesmo no âmbito da LJE, aplica-se o princípio, segundo o qual, iniciado o prazo em dia em que não há expediente forense, a contagem se inicia no primeiro dia útil subseqüente" (RJJERJ 1/83).

"Mesmo aceitando por tempestiva a petição recursal recebida no prazo via fax no Cartório, embora os originais tivessem chegado quando o prazo já se tinha esgotado, o preparo tem que ser feito a) em 48 horas da data da chegada do fax, b) ou dentro do decêndio recursal, c) ou, no máximo, em até 48 horas além do decêndio recursal. É extemporâneo o preparo feito 11 dias após a chegada do fax e 8 dias após encerrar-se o decêndio legal para recorrer" (RJE 16/47). "Efetuado o preparo fora do prazo das 48 horas deferidas no § 1º do art. 42 da LJE, não se pode conhecer do recurso, ante a sua deserção, que, por se tratar de matéria de ordem pública, pode ser decretada de ofício pelo órgão revisor" (RJE-BA 2/33). Em verdade, "a falta de comprovação do preparo, no prazo de 48 horas seguintes à interposição do recurso, leva à deserção do recurso, embora o preparo tenha sido realizado dentro do prazo" (Rec. nº 1.882, 1º CR-SP, Rel. Sá Duarte, 02-04-96).

(6) A deserção ocorre, inclusive, quando o preparo não é integral: "O não-recolhimento integral do preparo do recurso inominado, previsto no art. 42, § 1º, da Lei 9.099/95, importa em deserção" (Enunciado 3 das TRCiv do RJ). Idem: "Preparo insuficiente do recurso, mesmo que o complemento venha a destempo, enseja a sua deserção" (Enunciado Cível 26 do I ECJTR-RJ). "O recurso Inominado será julgado deserto quando não houver o recolhimento integral do preparo e sua respectiva comprovação pela parte, no prazo de 48 horas, não admitida a complementação intempestiva (art. 42,§ 1º, da Lei 9.099/95)" (Enunciado Cível 80 do FONAJE). "O pagamento das custas devidas, pena de deserção, diz com o recolhimento da integralidade da verba. Possível a complementação, quando o valor for recolhido a menor, ausente culpa da parte. Comprovada retirada de guias e recolhida a de menor valor, deserto o recurso pela complementação a destempo" (RJE 21/56). "O preparo constitui requisito objetivo de admissibilidade do recurso. O não-recolhimento integral equipara-se à falta de preparo. Este enseja o não-conhecimento do recurso" (RJJERJ 1/35). No mesmo sentido: RJE 26-27/45, RJJERJ 1/37, RJE-BA 2/32-33.

Contra: "O preparo insuficiente, com falta de recolhimento de quantia insignificante, não acarreta a deserção do recurso, dado que a diferença pode ser exigida posteriormente em fase de execução" (Rec. n° 780, 2° CR-SP, Rel. Gilberto Pinto, 23-04-97). Também: "Possível a complementação quando o valor for recolhido a menor, ausente culpa da parte" (RJE 26-27/45).

Ainda: "É de ser mantida a decisão que decreta a deserção do recurso se a parte recorrente recolheu as custas a menor e ainda assim não pagou a Taxa Judiciária, por ela recolhida somente após a declaração de deserção do recurso" (RJJERJ 1/83).

(6a) "Aceita-se a dilatação do prazo de preparo apenas em caso de impedimento da parte por motivo de força maior, estando o episódio que a configurou devidamente comprovado" (Rec. n° 974-A, 2° CR-SP, Rel. Luiz Ronaldo França, 05-11-97).

(6b) "O benefício da gratuidade de Justiça pode ser requerido perante a Turma Recursal e, se deferido, só abrange as despesas que ocorrerem após o requerimento" (Enunciado Cível 24 do I ECJTR-RJ). "Pedido de gratuidade efetuado perante o Juizado e por ele não apreciado, pode ser examinado pela Turma Recursal e, se deferido, abrange as despesas ocorridas a partir do momento do requerimento" (Enunciado Cível 25 do I ECJTR-RJ).

Porém, "o direito à gratuidade da Justiça não é absoluto, cabendo ao magistrado sopesá-lo dentro das características de cada caso concreto. Não possuindo o recorrente o direito à gratuidade e não tendo preparado o recurso, decreta-se-lhe a deserção" (RJJERJ 1/23). "A concessão da gratuidade da justiça somente pode ser considerada direito líquido e certo quando os postulantes do benefício, que eram conhecidos como pessoas de classe média, sócios-proprietários de uma empresa, demonstram inequivocamente que sua situação econômica se alterou para pior. O simples fato de a empresa de que eram sócios falir não significa que tenham caído na miserabilidade, até porque, no Brasil, não é esta a regra. O normal é que os sócios não têm sua situação econômica abalada" (Processo n° 01597501855, 1ª TR/RS, Rel. Guinther Spode, 23-04-97). "A parte gozará dos benefícios da assistência judiciária, desde que, mediante simples afirmação de que não está em condições de pagar as custas do processo e honorários de advogado, sem prejuízo próprio ou de sua família, solicite o benefício. Não justificando o pedido, pela simples afirmação, não merece reparos a decisão que nega a justiça gratuita" (MS nº 55.008-1, TJMS, 1ª S.C., Rel. Des. José Augusto de Souza, 01-12-97).

(6c) "O art. 511 do CPC[81] não se aplica ao sistema dos JECiv, em face da norma específica contida no art. 42, § 1º, da LJE" (RJJERJ 1/21). Também: "Não se aplica o § 2º do art. 511 do CPC[82] ao sistema dos Juizados Especiais" (Enunciado Jurídico 1 do EJJEsI-RJ).

Em contrário: "Não ocorre a deserção quando o recorrente, devidamente intimado, efetua a complementação do preparo. Na linha do STJ, nem mesmo na ausência do preparo, quando este é insignificante, deve ser aplicada a pena de deserção" (RJJERJ 1/88).

(7) V. art. 54, parág. único, sobre o valor do preparo.

(8) A lei não prevê despacho de recebimento de recurso. Após a interposição, a Secretaria deve providenciar na intimação da parte recorrida para contra-arrazoar.

(9) É indispensável seja o recorrido intimado para responder ao recurso: "Recurso interposto por um dos requeridos. Ausência de intimação do procurador do outro réu para contra-arrazoar que se afigura imprescindível especialmente em face da argüição de preliminar de ilegitimidade passiva por parte do recorrente. Determinada diligência para que o procurador do réu seja intimado para contra-arrazoar, querendo" (RJE 20/98). Por isso, se o recorrido não tiver procurador constituído, o Juiz deverá nomear-lhe advogado para oferecer contra-razões, em obediência ao contraditório e para evitar prejuízo à parte.

Mas, "face à ausência de prejuízo, é de ser conhecido o recurso, independentemente das contra-razões" (RJE 16/33).

Outrossim, deserto o recurso, desnecessária torna-se a intimação do recorrido para contra-arrazoar, assim como a remessa à Instância Recursal: "Falta de preparo espontâneo no prazo. No JECiv, o preparo do recurso tem que ser feito espontaneamente pelo recorrente em até 48 horas da sua interposição, sob pena de deserção. Não há, nos autos, comprovação desse preparo. Sequer deveria ter sido intimada a recorrida para contra-arrazoar, morrendo a inconformidade na comarca" (RJE 18/77).

---

[81] Art. 511, CPC – No ato de interposição do recurso, o recorrente comprovará, quando exigido pela legislação pertinente, o respectivo preparo, inclusive porte de remessa e de retorno, sob pena de deserção.

[82] Art. 511, § 2º, CPC – A insuficiência no valor do preparo implicará deserção, se o recorrente, intimado, não vier a supri-lo no prazo de 05 (cinco) dias.

EFEITOS

Art. 43. O recurso terá somente efeito devolutivo (1), **podendo o Juiz dar-lhe efeito suspensivo, para evitar dano irreparável para a parte** (2).

(1) V. art. 521, CPC.

Viável, então, a execução provisória da sentença condenatória (arts. 521 e 587, *in fine*, CPC).

(2) A decisão que denega efeito suspensivo ao recurso pode ser atacada via MS: "Embora o MS não possa ser desvirtuado e usado como um sucedâneo recursal, é plausível sua utilização para casos em que não há recurso específico, como em situações decisórias no Sistema dos JEs, em que, não cabendo agravo, o *writ* se faz necessário para evitar lesão a direito e prejuízo irreparável" (RJE 22/66).

TRANSCRIÇÃO DE GRAVAÇÃO

Art. 44. As partes poderão requerer a transcrição da gravação da fita magnética a que alude o § 3º do art. 13 desta Lei, correndo por conta do requerente as despesas respectivas (1, 1a).

V. art. 170, CPC.

(1) "Não se conformando a parte com a sentença, e interpondo recurso fundado na prova oral, deve instruir a peça recursal com a transcrição da fita magnética, para que possam os julgadores da TR – aos quais não compete escutar fitas magnéticas ou determinar transcrições – aferir o inteiro teor dos depoimentos, pena de prevalecer o que na sentença se contém, nos termos do art. 36 da LJE. É ônus da parte (art. 44 da LJE), e não do cartório, instruir seu recurso com a transcrição. Prevalência, no caso, dos informes fáticos constantes da sentença, porque não providenciada pelo recorrente a transcrição da fita magnética" (Rec. nº 195/97, TR/DF, Rel. Mário Machado, 02-09-97). "Não tendo a parte requerido a transcrição da fita magnética, a análise de seu recurso deve limitar-se à prova constante dos autos" (Rec. nº 1/96, CR-SP, Rel. José Roberto Canducci Molina, 13-09-96).

Em contrário: "É recomendável, em busca da celeridade e simplicidade (art. 2º da Lei 9099/95), a adoção pelo Juiz de meios eletrônicos, gravações em fita cassete, vídeo e outros meios hábeis para a materialização da prova colhida em audiência. Para hipótese de recurso, a Turma Recursal poderá ter acesso a toda prova colhida, sem necessidade de transcrição" (Enunciado Administrativo 11 do I EJJEsI-RJ).

(1a) Quando não for beneficiário da assistência judiciária (art. 3º, Lei 1.060/50).

Lei 9.099/95 - arts. 45 a 47

INTIMAÇÃO DO JULGAMENTO
Art. 45. As partes serão intimadas da data da sessão de julgamento (1, 1a, 1b).

(1) V. art. 19 e notas.
(1a) "Julgamento pelo Colégio Recursal – Intimação irregular para sessão. Prejuízo caracterizado. Nulidade reconhecida posteriormente pelo próprio colegiado, por força de recurso do vencido" (Rec. n° 03/96, CR-SP, Rel. José Roberto Freire da Silva, 25-05-96).
(1b) Durante a sessão de julgamento, ambas as partes têm direito à sustentação oral do recurso, por força do art. 5°, LV, da CF, que assegura aos litigantes a ampla defesa (STJ, RT 775/188).

CONTEÚDO DO ACÓRDÃO
Art. 46. O julgamento em segunda instância constará apenas da ata, com a indicação suficiente do processo, fundamentação sucinta e parte dispositiva (1, 1a). **Se a sentença for confirmada pelos próprios fundamentos, a súmula do julgamento servirá de acórdão** (2).

V. arts. 512, 563 e 564, CPC.
(1) "Se a sentença foi omissa sobre o ponto discutido pelas partes, é possível o julgamento em segundo grau, face aos princípios do JE. Vige, aqui, a mitigação do princípio do duplo grau de jurisdição" (RJE 17/54). Mas "a sentença que extingue o processo sem julgamento de mérito e cujo fundamento é desconstituído em grau de recurso não encerra o ofício jurisdicional de 1° grau. Provimento do recurso, devolvendo-se os autos à origem para o julgamento das demais questões postas em lide" (RJE 26-27/38).
(1a) "A fundamentação da sentença ou do acórdão poderá ser feita oralmente, com gravação em fita magnética, consignando-se apenas o dispositivo na ata" (Enunciado Cível 46 do FONAJE).
(2) Assim, "nos termos do art. 46, *in fine*, não constitui decisão sem fundamentação aquela que mantém a sentença por seus próprios fundamentos" (RJJERJ 1/79).

Art. 47. (VETADO) A redação original era a seguinte: "A lei local poderá instituir recurso de divergência (1) **desse julgamento ao Tribunal de Alçada, onde houver, ou ao Tribunal de Justiça, sem efeito suspensivo, cabível quando houver divergência do próprio Tribunal ou de outra turma de Juízes, ou quando o valor do**

pedido julgado improcedente ou da condenação foi superior a vinte salários mínimos."

(1) "Com o veto presidencial fica nítida a intenção da Lei Federal de proibir as normas locais de organização judiciária de instituírem, para qualquer das hipóteses, o denominado recurso ou embargos de divergência. O que essa Lei pretende, em síntese, é evitar o maior número de recursos possíveis, a fim de que o jurisdicionado vencedor da demanda obtenha com rapidez a decisão definitiva." (Joel Dias Figueira Júnior e Maurício Antonio Ribeiro Lopes, in: Comentários à Lei dos Juizados Especiais Cíveis e Criminais)" (AI nº 96003608-3, Rel. Des. Orli Rodrigues, TJSC, Seção Civil). "Incabível é o recurso de embargos de divergência em virtude da legislação reguladora dos JEs e Turmas de Recursos (LJE) não tê-lo recepcionado, uma vez que o artigo que possibilitaria a instituição daquele recurso foi vetado com o objetivo de possibilitar maior rapidez na prestação jurisdicional" (AI nº 96.011536-6, TJSC, 4ª Câm. Cív., Rel. Des. Alcides Aguiar).

Por isso, "está correta a decisão do tribunal de origem que não admitiu o recurso de embargos de divergência de decisão de turma de recurso de JEs, considerando que a lei federal não prevê tal recurso, pois está fora da alçada do legislador estadual criá-lo" (REsp 158136, STJ, 3ª T., Rel. Min. Carlos Alberto Menezes Direito, DJU 19-04-99, p. 136). "Mostra-se insubsistente, sob o ângulo constitucional, norma local que implique criação de recurso. Esta ocorre no âmbito da competência para legislar sobre direito processual, não estando abrangida pela competência concorrente do inc. XI do art. 24 da CF"[83] (Ag- Rg em AI nº 210068/SC, STF, 2ª T., Rel. Min. Marco Aurélio, 28-08-98, DJU 30-10-98, p. 7).

SEÇÃO XIII
DOS EMBARGOS DE DECLARAÇÃO

CABIMENTO
Art. 48. Caberão embargos de declaração quando, na sentença ou acórdão (1), **houver obscuridade, contradição, omissão ou dúvida** (1a, 1b, 1c, 1d).
CORREÇÃO DE ERRO MATERIAL
Parágrafo único. Os erros materiais podem ser corrigidos de ofício (2, 3, 4).

V. art. 535, CPC.

---
[83] Art. 24, CF – Compete à União, aos Estados e ao Distrito Federal legislar concorrentemente sobre: XI – procedimentos em matéria processual.

Lei 9.099/95 - art. 48

(1) "Os embargos de declaração só podem ser opostos contra o acórdão, não ao voto que, por ser tal, não chega a ser uma decisão, mas opinião a ser sopesada dentro do decidido pelo colegiado" (Rec. n° 96/083, 1ª TR/PR, Rel. Jurandyr Souza Júnior).

(1a) "Admite-se efeito modificativo dos embargos de declaração apenas quando da obscuridade, contradição ou omissão do julgado resultar em sua alteração" (RJJERJ 1/23). "Os efeitos modificativos dos embargos, somente em casos excepcionais, podem ser admitidos. Tal recurso não constitui forma de impugnação com o escopo de reforma integral do decidido, mas apenas para sanar obscuridade ou contradição" (RJJERJ 1/27). "Os embargos declaratórios não se prestam ao reexame da prova nem à modificação da decisão quanto ao seu conteúdo. Se não existe contradição entre os seus termos e a conclusão, nem omissão quanto a qualquer ponto que deveria ter sido abordado, devem ser rejeitados" (RJE-BA 2/34-35). Assim, "No JEC, esse recurso não possui efeitos infringentes" (RJE 17/71). Idem: RJE 24/61. "Os embargos servem à declaração, com a complementação do julgado, não à sua modificação" (RJE 18/85). "Impossível, via embargos de declaração, pretender rediscutir matéria já decidida pelo acórdão, transmutando a vocação do recurso" (RJE 19/98). Idem: RJE 20/76). "À evidência, os embargos de declaração não se prestam para rediscutir a matéria de fato e de direito já discutidas e decididas nos julgamentos precedentes" (RJE 21/40). "O recurso de embargos de declaração não é meio hábil ao reexame da causa" (RJJERJ 1/34).

Contra: "Se o Cartório do Juizado induziu a parte em erro, noticiando que o prazo recursal seria contado da juntada do AR nos autos, e não da ciência da sentença, cabe, excepcionalmente, dar efeitos infringentes aos embargos de declaração, com a finalidade de se conhecer o mérito do recurso interposto" (RJE 17/72).

(1b) Destinam-se, também, a corrigir erro material (RJE 20/76).

(1c) Cabe ser sancionado o embargante quando opostos os embargos com o propósito de procrastinar o andamento do feito: "Embargos de declaração manifestamente protelatórios, por não versarem sobre os fundamentos do acórdão, são puníveis com multa (CPC, art. 538, parágrafo único)"[84] (RJE 17/71). "Cabe aplicação da multa, nos precisos termos do art. 538, parágrafo único, do CPC, quando os embargos forem manifestamente procrastinatórios" (Rec. n° 692/96, TR/AM, Rel. Maria das Graças Pessoa Figueiredo, 13-08-97).

---

[84] Art. 538, parágrafo único, CPC – Quando manifestamente protelatórios os embargos, o juiz ou tribunal, declarando que o são, condenará o embargante a pagar ao embargado multa não excedente de 1% (um por cento) sobre o valor da causa. Na reiteração de embargos protelatórios, a multa é elevada a até 10% (dez por cento), ficando condicionada a interposição de qualquer outro recurso ao depósito do valor respectivo.

(1d) "Não se conhece de embargos de declaração, postos sob o fundamento de omissão, quando a decisão apreciou os pontos suscitados pelas partes. O Juiz não está obrigado a responder todas as alegações das partes, quando já tenha encontrado motivo suficiente para fundar a decisão, nem se obriga a ater-se aos fundamentos indicados por elas e tampouco a responder, um a um, todos os seus argumentos" (RJJERJ 1/27).

"Entendimento diverso do embargante não implica omissão do julgado" (Rec. nº 964, 2º CR-SP, Rel. Marciano da Fonseca, 19-11-97).

Também: "Descabe a apreciação de matéria omitida na sentença monocrática, ante a não-interposição de embargos de declaração. Princípio da adequação típica dos recursos" (RJJERJ 1/71).

(2) Também pode ser corrigido a requerimento dap arte, e a todo tempo, não apenas dentro do prazo destinado à interposição dos embargos declaratórios.

(3) V. art. 463, CPC.

"O erro material pode ser emendado pelo Juiz, de ofício, ou pela TR, também de ofício, presente que vigora, no sistema, a 'mitigação' do princípio do duplo grau de jurisdição" (RJE 17/88). Assim, "há contradição na sentença que conclui pela procedência em parte, e fixa a condenação no valor do pedido. Erro material facilmente corrigido, que não leva a nulidade da decisão" (RJE-BA 2/44).

(4) O erro de cálculo autoriza a interposição de embargos à execução (art. 52, IX, *c*).

PRAZO E FORMA DE INTERPOSIÇÃO
Art. 49. Os embargos de declaração serão interpostos por escrito ou oralmente (1), **no prazo de cinco dias** (2), **contados da ciência da decisão** (3).

(1) Ou seja, logo após a prolação da sentença, em audiência, ou junto à secretaria do JE, dentro do prazo de cinco dias.

(2) A lei não estabelece a ouvida da parte contrária, de forma que inexiste previsão de contra-razões.

(3) V. arts. 52, III (intimação da sentença) e 45 e 46 (intimação do acórdão).

SUSPENSÃO DO PRAZO DO RECURSO PRINCIPAL
Art. 50. Quando interpostos contra sentença (1), **os embargos de declaração suspenderão o prazo para recurso** (1a, 2, 3).

(1) Quando interpostos contra acórdão, ocorre a interrupção do prazo para o recurso extraordinário, por aplicação do art. 538, *caput*, do CPC.

(1a) Desde que tempestivos: "Embargos de declaração interpostos fora do prazo não suspendem/interrompem o prazo para o recurso principal. O prazo recursal conta-se da entrega do AR, que dá ciência da sentença à parte ou ao seu advogado. Havendo mais de uma intimação, no JEC, o *dies a quo* conta-se da primeira" (RJE 17/82-83).
(2) O prazo recursal se suspende, e não se interrompe: "A interposição de embargos de declaração apenas suspende o prazo recursal, que continua a fluir após a intimação da decisão dos embargos. Não é o caso de interrupção do prazo, como vigora, atualmente, no processo comum, onde o decêndio recomeça integralmente" (RJE 17/83). Idem: RJE 18/78-85, 19/99. "Diversamente do CPC, interposição de embargos de declaração perante os JECivs diz da suspensão do prazo recursal, reaberto pelo saldo existente" (RJE 21/40). "Opostos os embargos de declaração, há suspensão do prazo recursal; ou seja, deve ser deduzido do prazo total do recurso de apelação o lapso temporal, contado da ciência da sentença até a data em que opostos os embargos, o que, restando, será o prazo de interpor o recurso" (RJE-BA 2/34). Idem: RJE-BA 2/40).
(3) "Se os embargos de declaração foram procedentes, como no caso, alterando a sentença, o prazo recursal deve ser contado a partir da intimação da decisão dos embargos" (RJE 20/95).

SEÇÃO XIV
DA EXTINÇÃO DO PROCESSO
SEM JULGAMENTO DO MÉRITO

HIPÓTESES DE EXTINÇÃO DO PROCESSO
  Art. 51. Extingue-se o processo (1), além dos casos previstos em lei (1a):
AUSÊNCIA DO AUTOR
  I – quando o autor deixar de comparecer a qualquer das audiências do processo (2, 2a);
INADMISSIBILIDADE DO PROCEDIMENTO
  II – quando inadmissível o procedimento instituído por esta Lei ou seu prosseguimento, após a conciliação (3, 3a, 3b, 4);
INCOMPETÊNCIA TERRITORIAL
  III – quando for reconhecida a incompetência territorial (5, 5a, 5b, 5c);
IMPEDIMENTOS
  IV – quando sobrevier qualquer dos impedimentos previstos no art. 8º desta Lei (6);
SUCESSÃO
  V – quando, falecido o autor, a habilitação (7) depender de sentença ou não se der no prazo de trinta dias;

VI – quando, falecido o réu, o autor não promover a citação dos sucessores no prazo de trinta dias da ciência do fato.

INTIMAÇÃO DAS PARTES

§ 1º. A extinção do processo independerá, em qualquer hipótese, de prévia intimação pessoal das partes (8).

FORÇA MAIOR

§ 2º. No caso do inciso I deste artigo, quando comprovar que a ausência decorre de força maior, a parte poderá ser isentada, pelo Juiz, do pagamento das custas (9).

V. art. 267, CPC.

(1) Importante obervar que "a sentença que extingue o processo sem julgamento de mérito, e cujo fundamento é desconstituído em grau de recurso, não encerra o ofício jurisdicional de 1° grau. Provimento do recurso, devolvendo-se os autos à origem para o julgamento das demais questões postas em lide" (RJE 26-27/38).

(1a) Outros casos de extinção do processo, não-previstos especificamente na LJE:

- CARÊNCIA DE AÇÃO: "Não vale a cessão de crédito em relação ao devedor não-notificado da mesma – art. 1.069 do CC/16. Carência de ação. Em não havendo relação de direito material entre as partes – crédito e débito -, carece de ação o autor – art. 267, inc. VI, do CPC"[85] (RJE 19/76). "Se o veículo envolvido no acidente foi negociado antes do evento, o antigo proprietário é parte ilegítima para a ação indenizatória" (RJE 16/42). Idem: RJE 16/40. "Acidente de trânsito. A venda de veículo automotor se aperfeiçoa com a tradição. Falta de prova. Preliminar de ilegitimidade passiva rejeitada" (RJE-BA 2/39). "Na ação possessória, cumulada com pedido de indenização, quer de força nova ou de força velha, assume legitimidade passiva aquele que de fato exerce a posse sobre a área cuja reintegração é pretendida, e, a final, vem a ser o responsável pela indenização postulada pelo autor" (RJE 23/46). "Legitimidade passiva. Proprietário anterior do automóvel que não consegue demonstrar a quem transferiu o veículo. Responsabilidade reconhecida" (RJE 24/50). "Compra e venda de produto (piscina). Pagamento do preço e não-recebimento do produto. Responsabilidade do vendedor, e não de fabricante. Ilegitimidade passiva deste" (RJE 24/50). "A legitimidade para postular a cobrança da comissão de corretagem está afeta à imobiliária nominada no contrato, sendo descabida a pretensão por intermédio de corretor integrante de seus quadros. Extinto o feito" (Rec. nº 01597536349, Rel. Jorge Alberto Schreiner Pestana, 2ª

---

[85] Art. 267, VI, CPC – Extingue-se o processo, sem julgamento do mérito: VI – quando não concorrer qualquer das condições da ação, como a possibilidade jurídica, a legitimidade das partes e o interesse processual.

TR/RS, 30-09-97). "Possui legitimidade ativa não só o proprietário, como também o possuidor do veículo danificado, na ação em que postula o ressarcimento de danos causados em acidente de trânsito. Tem-na, também, posto que veiculou indenização por lucros cessantes, o que dispensa qualquer prova em relação à propriedade do veículo que conduzia" (Proc. nº 01597544624, Rel. Paulo Antônio Kretzmann, 2ª TR/RS, 18-11-97). "Ilegitimidade ativa para a causa que se decreta 'de ofício', eis que se trata de uma das condições da ação e que pode ser conhecida em qualquer tempo e grau de jurisdição. Decretaram a extinção do processo, eis que documentalmente comprovado pertencer a linha telefônica a outra pessoa de quem a autora é mera procuradora" (Proc. nº 01597510674, 1ª TR/RS, Rel. Guinther Spode, 16-04-97). "Não possui a seguradora legitimidade para ocupar o pólo passivo na ação de ressarcimento de danos causados em acidente de trânsito, eis que inexiste relação jurídica entre a mesma e o prejudicado" (Rec. nº 01597518594, Rel. Paulo Antônio Kretzmann, 2ª TR/RS, 17-06-97). "É carecedora do direito de ação a genitora de menor impúbere que pleiteia, em nome próprio, direito que pertence ao seu filho, por ser ele o titular do contrato de seguro-saúde, podendo agir apenas como sua representante legal em juízo. Extinção do processo sem o julgamento do mérito" (RJE-BA 2/30). "O contrato de seguro obrigatoriamente celebrado entre a sociedade financeira e a seguradora a favor do mutuário do Sistema Financeiro da Habitação tem o caráter de estipulação a favor de terceiro e, neste aspecto, o estipulante – sociedade financeira – é parte ilegítima para responder por indenização decorrente de sinistro" (Rec. nº 865/97, 10ª TR-RJ, Rel. Milton Fernandes de Souza). "A legitimidade não se prova. Ela é verificada, exclusivamente, em função do que o autor afirma na inicial" (RJJERJ 1/9). "O princípio da informalidade dos JEs não conflita com os postulados básicos da teoria geral do processo. A ilegitimidade de qualquer das partes pode e deve ser declarada tanto que reconhecida" (RJJERJ 1/52). "Inexistindo relação de direito material entre o autor e a seguradora, esta não é parte legítima para responder à pretensão indenizatória com base na culpa de seu segurado" (RJE 26-27/35). "Não têm os embargantes legitimidade para postular em nome de terceiros, tampouco de aduzir a inexistência de propriedade sobre o bem configurada pela posse e tradição" (RJE 30-31/38). "Não há legitimidade ativa de sedizente endossatário de cheque nominal para propor ação de cobrança contra o emitente, se a cártula mereceu assinatura no verso de quem não era o tomador. Endosso inexistente. Tal pessoa pode ser considerada avalista, jamais endossatária" (RJE 36-37/49). "Sendo o contrato de seguro garantido por um *pool* de seguradoras que não mantêm qualquer ligação societária com o banco demandado ou fazem parte do mesmo grupo econômico, há ilegitimidade passiva *ad causam* da instituição bancária, que não pode ser compelida a ato juridicamente impossível. Preliminar de carência de ação, reiterada em recurso inominado, acolhida" (RJE 36-37/50).

Mas "réu revel que não atendeu ao chamado inicial para se defender em processo de conhecimento já decidido, e com sentença trânsita em julgado, não pode invocar sua ilegitimidade processual via embargos" (RJE 25/55). Também: "Quando as circunstâncias ensejam dificuldade de identificação da parte passiva, os critérios orientadores do JE autorizam a exclusão da parte ilegítima e o aproveitamento do processo para incluir a parte legítima, facultando o exercício do seu regular direito de defesa" (RJJERJ 1/45). "A rescisória quando há expressa previsão legal de sua inadmissibilidade deve ser extinta sem julgamento de mérito com base no artigo 267, inc. VI, do CPC,[86] por ser o pedido juridicamente impossível" (Ação Rescisória nº 0331100-4, TAMG, 2º Grupo Câm. Cív., Rel. Teresa Cristina da Cunha Peixoto, 18-09-02).

- INÉPCIA DA INICIAL: "Tratando-se de reparação de danos, cabe ao autor indicar os fatos do pedido, isto é, evidenciar em que consistiram, concretamente, esses danos, sob pena de inépcia da inicial. No caso, havendo alegação de pagamento de juros financeiros e perda de rendimentos de poupanças, cabia ao autor a demonstração na inicial dos dispêndios e a exibição dos extratos bancários para a comprovação dos valores, datas, juros, etc. Somente na posse desses dados, chegar-se-ia a discutir o mérito do litígio" (RJE 17/73).

- DESISTÊNCIA DO PEDIDO: "Se o requerimento do autor, para a desistência do pedido, foi apresentado antes da contestação, o Juiz pode decretar a extinção do feito sem o julgamento do mérito, dispensando a cautela do art. 267, § 4º, do CPC,[87] face à especialidade do sistema" (RJE 17/65). "O autor pode desistir do pedido, independentemente da parte contrária, se ainda não decorreu o prazo de resposta. No caso, não concluída a audiência de tentativa de conciliação, que foi transferida, é legal a decisão do Juiz que decretou a extinção do feito, sem o julgamento do mérito, atendendo o pedido de desistência formulado pelo autor. A anuência da parte demandada só seria indispensável se decorrido o prazo contestacional que, no JE, ocorre na audiência de instrução e julgamento" (RJE 18/68). "Extinção do processo por desistência da autora após parcial instrução. Possibilidade mesmo sem a oitiva ou a

---

[86] Art. 267, VI, CPC – Extingue-se o processo, sem julgamento do mérito: VI – quando não concorrer qualquer das condições da ação, como a possibilidade jurídica, a legitimidade das partes e o interesse processual.

[87] Art. 267, § 4º, CPC – Depois de decorrido o prazo para a resposta, o autor não poderá, sem o consentimento do réu, desistir da ação.

concordância da outra parte" (RJE 15/54). "Desistência da ação antes do prazo de resposta (contestação) independe da concordância do réu" (RJE-BA 2/33).

Ainda: "Em demandas onde se estabelece o litisconsórcio necessário, que exige uniformidade de julgamento para todos, sofre restrição o poder que tem o autor de desistir da ação, uma vez que não se pode permitir a exclusão de qualquer um dos litisconsortes. Ou a desistência atinge a todos e o processo se extingue sem julgamento do mérito; ou não atinge a nenhum e o processo continua com todos os réus" (Rec. nº 950, 2º CR-SP, Rel. Marciano da Fonseca, 08-10-97).

- COISA JULGADA: "Demanda anteriormente ajuizada pelos mesmos fatos e entre as mesmas partes. Decisão trânsita em julgado e em sede de execução. Descabimento do pedido. Decisão terminativa do processo confirmada por seus próprios e jurídicos fundamentos" (RJE 17/49). "O Juiz pode reconhecer *ex officio* coisa julgada e extinguir o processo sem julgamento do mérito; desnecessidade de prévio 'parecer' do Juiz leigo" (RJE 17/73). "Contrapedido. Coisa julgada. Havendo danos em ambos os veículos das partes, e não tendo o réu manejado pedido contraposto, mas reconhecida em decisão transitada em julgado a culpa concorrente, não faz esta coisa julgada só em favor do autor, podendo, pois, o réu, intentar a busca da reparação de seu dano, no percentual de culpa averbado às partes, no primitivo decisório. Não há, pois, coisa julgada para uma só das partes" (RJE 22/54). "Coisa julgada. Demandas diversas relativas ao mesmo fato propostas no JE. Descabimento" (RJE 24/60-61). "Tendo sido proposta demanda de cobrança perante o juizado especial de pequenas causas, em que a proposta de condenação feita pelo juiz leigo foi homologada pelo juiz togado, operou-se a coisa julgada, que impede a rediscussão da matéria em outra ação" (Apel. nº 596076406, TJRS, 6ª Câm. Cív., Rel. Des. Jorge Alcebiades Perrone de Oliveira, 24-09-96). "As ações previstas no art. 3º, inc. II, da LJE, que remete àquelas elencadas no art. 275, inc. II, do CPC, ensejam demanda cognoscitiva, razão pela qual, em já havendo sentença definitiva acerca da matéria, mostra-se incabível nova ação em face da coisa julgada" (RJE 30-31/27). "É defeso ao réu reabrir discussão judicial acerca de eventuais reflexos não-patrimoniais dos mesmos fatos dos quais buscou efeitos patrimoniais em ação anterior, objeto de decisão definitiva com trânsito em julgado. Trata-se de aplicação dos princípios da eventualidade (ou oportunidade) e da consubstanciação, tendo-se presentes os postulados da segurança jurídica e de que o processo, sendo um mal, deve ter vida breve e concentrar em uma única oportunidade todas as alegações e defesas que as partes tiverem acerca de determinado fato ou ato jurídico. Inteligência do art. 474 do CPC" (RJE 30-31/42). "Ação declaratória cumulada com restituição. Preexistência de ação de despejo por falta de pagamento, já finda. Transação homologada. Preliminar de coisa julgada reconhecida" (RJE 36-37/52). "Em que pese na ação proposta perante a Justiça Comum ser discutida a indenização de terceiro contra o segurado e no Juizado haver sido decidida a pretensão do segurado contra a seguradora, a matéria jurídica envolvendo as duas situações é uma só. Ou seja, ao ficar a seguradora eximida de suportar a indenização por danos no veículo segurado devido a embriaguez do seu motorista na ocasião do sinistro, também se desobriga de discutir os danos que o segurado causou a terceiro. Processo extinto" (Apel. Cív. nº 0225153-6, TAPR, 9ª Câm. Cív., Rel. Hamilton Mussi Corrêa, 22-04-03). "Ocorrendo novação em processo transitado em julgado no JECiv para exclusão da fiadora, não poderá novamente a autora daquele processo pleitear em face da fiadora o pagamento de valores, uma vez que ocorreu a autoridade da coisa julgada, acarretando, via de conseqüência, a extinção do processo sem julgamento de mérito" (Apel. Cív. nº 0209626-4, TAPR, 6ª Câm. Cív., Rel. Maria José Teixeira, 22-04-03). "Ao propor ação de repetição de indébito, perante o JE, por excesso de cobrança do valor mensal de aluguel, a renúncia a que se refere o § 3º do art. 3º da LJE atinge apenas os valores dos meses objeto dessa ação, podendo o autor propor nova ação, inclusive perante a justiça comum, pelo excesso de cobrança nos meses posteriores à data da propositura da ação no JE" (Apel. Cív. nº 0207562-7, TAPR, 1ª Câm. Cív., Rel. Marcos de Luca Fanchin, 13-05-03). "Faz coisa julgada material a decisão proferida em sede de recurso interposto perante a junta recursal do JECiv, quando atribui culpabilidade do acidente ao terceiro. Se a referida decisão não é executável contra o terceiro, isso não afasta o respeito à exclusão da responsabilidade pelo ora demandante, posto que relacionada com o mesmo acidente, envolvendo os mesmos veículos e condutores. Sob o prisma jurídico, tem-se que a essência da coisa julgada consiste em não admitir que, em demanda posterior, se fundada na mesma causa de pedir, seja reexaminado o mesmo fato" (EI 0155696-3/01, TAPR, 1º Grupo de Câmaras Cíveis, Rel. Juiz Sérgio Rodrigues, 21-06-01). "Ação de despejo por falta de pagamento – Ação de cobrança de alugueres e encargos da locação – anterior decisão proferida no JECiv quanto a última – coisa julgada material – caracterização" (Apel. Cív. nº 0178581-5, TAPR, 7ª Câm. Cív., Rel. Juiz Antônio Martelozzo, 18-03-02). Na anterior ação, no JE, foi decidido que a legitimidade não era da pessoa física, mas sim da sociedade comercial. Não se pode, portanto, neste processo o contrário decidir, até porque se estaria impedindo o acesso à justiça" (Apel. Cív. nº 2001.001.27026, TJRJ, 15ª Câm.

Cív., Rel. Des. Sérgio Lúcio Cruz, 12-12-01). "Existência de coisa julgada material, eis que o autor já ajuizara, anteriormente, ação idêntica, perante o JE, julgada improcedente e não simplesmente extinta sem apreciação do mérito" (Apel. Cív. nº 2000.001.09507, TJRJ, 18ª Câm. Cív., Rel. Des. Miguel Pacha, 29-08-00). "O acordo de pagamento efetivado no JECrim faz coisa julgada nos limites do avençado, isto é, despesas de tratamento até então desembolsadas, não impedindo a postulação de outros direitos derivados do acidente" (Apel. Cív. nº 70004247169, TJRS, 12ª Câm. Cív., Rel. Des. Orlando Heemann Júnior, 13-03-03). "Se a questão posta nos autos, envolvendo discussão sobre cheque dado em pagamento de parcelamento relativo a contratação de serviços prestados, já foi objeto de outra ação, aforada no JECiv, onde houve o reconhecimento de um crédito em favor da prestadora dos serviços contratados, no exato valor correspondente ao cheque referido, e sobre o qual pretende-se a anulação, o acolhimento da preliminar de coisa julgada, argüida em contestação, era medida que se impunha" (Apel. Cív. nº 70003856358, TJRS, 2ª CEC, Relª. Desª. Lúcia de Castro Boller, 02-10-02). "Tendo transitado em julgado sentença exarada no JECiv sobre idêntico acidente e com as mesmas partes, embora em pólos inversos, e, restando estabelecida a responsabilidade exclusiva do ora apelante naquele feito, induvidosa a presença dos efeitos da coisa julgada quanto ao elemento subjetivo – culpa -, ensejador do dano" (Apel. Cív. nº 70002260511, TJRS, 11ª Câm. Cív., Rel. Des. Roque Miguel Fank, 14-11-01). "É exato dizer que a coisa julgada se restringe a parte dispositiva da sentença ou acórdão. Todavia, esta expressão deve ser compreendida em um sentido substancial e não meramente formalista, na medida em que a *res judicata* alcança não só a disposição, mas também o fato constitutivo do pedido, pois abrange a conclusão do silogismo judicial, que constitui premissa objetiva e base lógica e necessária do dispositivo. Ajuizada ação por terceiro atingido pela colisão de veículos de propriedade dos litigantes, discutida e reconhecida a culpa concorrente destes, induvidosa a presença dos efeitos da coisa julgada quanto ao elemento subjetivo – culpa -, ensejador do dano" (Apel. Cív. nº 70001516434, TJRS, 12ª Câm. Cív., Relª. Desª. Matilde Chabar Maia, 15-03-01). "O acordo homologado em juízo em que as partes quitam-se reciprocamente, sem nenhuma ressalva, atinge também o dano moral. A extinção do processo anterior, em razão de transação entre as partes, importou decisão de mérito (art. 269, III, do CPC),[88] sendo que o pedido agora formulado foi alcançado por esse acordo judicialmente homologado, considerando os termos amplos em que foi redigido" (Apel. Cív. nº 70001346964, TJRS, 10ª Câm. Cív., Rel. Des.

---

[88] Art. 269, CPC – Extingue-se o processo com julgamento de mérito: III – quando as partes transigirem.

Luiz Ary Vessini de Lima, 19-10-00). "Uma vez declarada, judicialmente, a culpa exclusiva pelo ato ilícito em sede de ação que tramitou perante o JE de Pequenas Causas, decisão trânsita em julgado, não se perquire mais acerca da culpa concorrente da vítima" (Apel. Cív. nº 599323243, TJRS, 12ª Câm. Cív., Rel. Des. Ana Maria Nedel Scalzilli, 10-02-00). "Reconhecida a culpa concorrente por anterior julgado do JE, certo se mostra o direito ao ressarcimento da seguradora que se sub-rogou no direito do segurado. Mesmo que se reconheça que a motivação da sentença não faz coisa julgada, cabível o cotejo da prova emprestada, mormente a testemunhal, colhida consoante o devido processo legal" (Apel. Cív. nº 599446994, TJRS, 2ª CEC, Rel. Desa. Matilde Chabar Maia, 09-03-00).

Mas, "tendo sido extinto o feito anterior 'sem julgamento do mérito', inexiste 'coisa julgada', e o pedido podia ser reapresentado" (Proc. nº 01196885535, TR/RS, Rel. Wilson Carlos Rodycz). "Se no processo anterior, envolvendo as mesmas partes, não se tratou de lucros cessantes, mas apenas de 'danos materiais', inexiste coisa julgada" (Proc. nº 01596935864, Rel. Claudir Fidélis Faccenda, 1ª TR/RS, 26-02-97). "O ajuizamento de ação de despejo e cobrança de aluguéis pela locadora contra a locatária e fiadores, pleito que se tornou ineficaz por falta de garantias no contrato de locação não isenta a administradora da responsabilidade assumida no contrato de administração. Em conseqüência, a locadora não é carecedora de ação e, de igual forma, a sentença proferida no outro processo do qual não participou a administradora não fez coisa julgada material ou formal" (Rec. nº 01597505393, 1ª TR/RS, Rel. Claudir Fidélis Faccenda, 20-08-97). "Procedimento ajuizado antes no JE, em que foi a ré condenada a reparar diverso dano material. Inocorrência de coisa julgada" (Apel. Cív. nº 2002.001.21066, TJRJ, 7ª Câm. Cív., Rel. Des. Luiz Roldão F. Gomes, 25-03-03). "Questão não atingida pela coisa julgada, eis que o JE havia decidido demanda entre as mesmas partes mas com pedido e causa de pedir diversos" (Apel. Cív. nº 2000.001.03221, TJRJ, 3ª Câm. Cív., Rel. Des. Galdino Siqueira Netto, 19-09-00).

"Há coisa julgada quando se repete ação que foi decidida por sentença de que não caiba mais recurso. E, nos termos da lei civil, uma ação é igual a outra quando tem as mesmas partes, causa de pedir e pedido. Ao concreto, não há falar em coisa julgada, pois as partes litigantes no processo que tramitou no JE são diversas das envolvidas neste feito" (Apel. Cív. nº 70004665279, TJRS, 2ª CEC, Rel. Des. Mário Crespo Brum, 29-10-02). Idem: (Apel. Cív. nº 70002992675, 16ª Câm. Cív. do TJRS, Rel. Desa. Genacéia da Silva Alberton, 20-02-02).

- COISA JULGADA E JUIZADO ESPECIAL CRIMINAL: "O limite objetivo da coisa julgada é representado pelas questões decididas na sentença. Não sendo pleiteada ação de indenização por dano moral perante os JECív, a sentença homologatória de transação contendo outra matéria não induz *res iudicata* na indenizatória aforada na Justiça Comum" (Apel. n° 0346921-6, TAMG, 3ª Câm. Cív., Rel. Caetano Levi Lopes, 13-03-02). "Não sendo pleiteada ação de indenização por dano moral perante os JECív, a sentença homologatória de transação contendo outra matéria não induz *res iudicata* na indenizatória aforada na Justiça Comum" (Apel. n° 0346921-6, TAMG, 3ª Câm. Cív., Rel. Caetano Levi Lopes, 13-03-02). "A composição dos danos civis reduzida a escrito e homologada por sentença perante o JECrim pelo Juiz faz coisa julgada formal, abrangendo todos os danos decorrentes do fato, o que impede posterior propositura de ação com vistas a outra indenização, mesmo que sob a alegação de posterior agravamento dos danos" (Apel. Cív. n° 0301988-9, TAMG, 1ª Câm. Cív., Rela. Juíza Vanessa Verdolim Andrade, 21-03-00). "Impossível rediscutir-se a autoria do fato ilícito, quando o preposto da ré aceita a imputação e é condenado no JECrim na forma do art. 76 da LJE. Tal decisão impede o reexame das questões já examinadas na ação penal, face a responsabilidade do empregador" (Apel. Cív. n° 2002.001.06865, TJRJ, 17ª Câm. Cív., Rel. Des. Bernardo Garcez, 15-05-02). "A transação, efetuada em JECrim, não implica absolvição, condenação ou negativa do evento, mas se constitui tão-somente, em forma de compor a lide. Nenhuma influência em relação a ação civil art. 76, § 6°, da LJE" (Apel. Cív. n° 2000.001.05130, TJRJ, 18ª Câm. Cív., Rel. Des. Miguel Pacha, 06-06-00). "Aceitação de transação no JECrim que não acarreta efeitos civis (art. 76, § 6°, da LJE)" (Apel. Cív. n° 70004348744, TJRS, 10ª Câm. Cív., Rel. Des. Luiz Lúcio Merg, 06-03-03). "O fato de o requerido, em procedimento no JECrim, ter aceito proposta de transação do MP, não implica aceitação de culpabilidade, não tendo efeitos Quanto a responsabilidade civil. LJE, art. 76, § 6°"[89] (Apel. Cív. n° 70001614031, TJRS, 10ª Câm. Cív., Rel. Des. Luiz Lúcio Merg, 07-06-01). "A transação penal não tem caráter condenatório ou de reconhecimento de culpa e, portanto, não gera efeitos na esfera cível. Inteligência do § 6° do art. 76 da LJE" (Apel. Cív. n° 70002255263, TJRS, 12ª Câm. Cív., Rel. Des. Orlando Heemann Júnior, 13-09-01). "Conduta típica admitida na instância penal para os fins do artigo 76 da LJE. Impossibilidade de se rediscutir no cível a autoria

---

[89] Art. 76, § 6°, Lei 9.099 – A imposição da sanção de que trata o § 4° deste artigo não constará de certidão de antecedentes criminais, salvo para os fins previstos no mesmo dispositivo, e não terá efeitos civis, cabendo aos interessados propor ação cabível no juízo cível.

e as eventuais excludentes de ilicitude. Aplicação dos artigos 63 e seguintes do CPP"[90] (Apel. Cív. nº 2001.001.21136, TJRJ, 17ª Câm. Cív., Rel. Des. Bernando Garcez, 07-11-01). "A transação *lato sensu* celebrada no Juízo criminal com o objetivo de composição do feito, revogada posteriormente face ao não cumprimento, não constitui título judicial para efeitos civis. Posterior seguimento do processo com incursão instrutória em sede de JECrim. Interese de agir manifesto. Inexistência de acordo com força de título exeqüível na atualidade. Determinação no sentido do prosseguimento da demanda cível" (Apel. Cív. nº 70002696243, TJRS, 18ª Câm. Cív., Rel. Desa. Marta Borges Ortiz, 24-09-01). "A partir do momento em que a LJE, que criou o JECrim, facultou a composição dos danos civis advindos de ato ilícito, e, em aceitando a vítima a composição, coloca-se na posição de autor da pretensão e, como tal, na condição de optante pelo JE, importando, isso, em renúncia a eventuais danos remanescentes, seja de que ordem forem" (AI nº 70000793307, TJRS, 5ª Câm. Cív., Rel. Des. Marco Aurélio dos Santos Caminha, 13-04-00). "Acordo no JE de Pequenas Causas Criminal que não tem efeitos civis – Art. 76, § 6º, da LJE" (Apel. Cív. nº 135.342-4/5-00, TJSP, 3ª Câm. de Direito Privado de Férias, Rel. Des. Luiz Antonio de Godoy, 28-01-03). "No caso de aplicação pelo JE do art. 89, da LJE,[91] com o deferimento da suspensão condicio-

---

[90] Art. 63, CPP – Transitada em julgado a sentença condenatória, poderão promover-lhe a execução, no juízo cível, para o efeito da reparação do dano, o ofendido, seu representante legal ou seus herdeiros.
Art. 64, CPP – Sem prejuízo do disposto no artigo anterior, a ação para ressarcimento do dano poderá ser proposta no juízo cível, contra o autor do crime e, se for caso, contra o responsável civil.
Parágrafo único. Intentada a ação penal, o juiz da ação civil poderá suspender o curso desta, até o julgamento definitivo daquela.
Art. 65, CPP – Faz coisa julgada no cível a sentença penal que reconhecer ter sido o ato praticado em estado de necessidade, em legítima defesa, em estrito cumprimento de dever legal ou no exercício regular de direito.
Art. 66, CPP – Não obstante a sentença absolutória no juízo criminal, a ação civil poderá ser proposta quando não tiver sido, categoricamente, reconhecida a inexistência material do fato.
Art. 67, CPP – Não impedirão igualmente a propositura da ação civil: I – o despacho de arquivamento do inquérito ou das peças de informação; II – a decisão que julgar extinta a punibilidade; III – a sentença absolutória que decidir que o fato imputado não constitui crime.
Art. 68. Quando o titular do direito à reparação do dano for pobre (art. 32, §§ 1º e 2º), a execução da sentença condenatória (art . 63) ou a ação civil (art. 64) será promovida, a seu requerimento, pelo Ministério Público.

[91] Art. 89, Lei 9.099 – Nos crimes em que a pena mínima cominada for igual ou inferior a um ano, abrangidas ou não por esta Lei, o Ministério Público, ao oferecer a denúncia, poderá propor a suspensão do processo, por dois a quatro anos, desde que o acusado não esteja sendo processado ou não tenha sido condenado por outro crime, presentes os demais requisitos que autorizariam a suspensão condicional da pena (art. 77 do Código Penal). § 1º Aceita a proposta pelo acusado e seu defensor, na presença do juiz, este, recebendo a denúncia, poderá suspender o processo, submetendo o acusado a período de prova, sob as seguintes condições: I – reparação do dano, salvo impossibilidade de fazê-lo;
II – proibição de freqüentar determinados lugares; III – proibição de ausentar-se da comarca onde reside, sem autorização do juiz; IV – comparecimento pessoal e obrigatório a juízo, mensalmente, para informar e justificar suas atividades. § 2º O juiz poderá especificar outras condições a que fica subordinada a suspensão, desde que adequadas ao fato e à situação pessoal do acusado. § 3º A suspensão

nal do processo, não havendo qualquer decisão ou julgamento de mérito, não há que se falar em limite entre a responsabilidade civil e a criminal, estando o Juízo Cível livre para examinar a prova da existência do ilícito civil, quem seja o seu autor, as circunstâncias em que o mesmo ocorreu, a culpa, a existência dos danos e o nexo de causalidade, cujo ônus é da parte que alega ter sofrido o referido dano" (Apel. Cív. nº 320.442-0, TAMG, 7ª Câm. Cív., Rel. Juiz Geraldo Augusto, 13-11-00). "A transação realizada no JECrim possui natureza jurídica *nolo contendere*, pois não discute a culpa" (Apel. Cív. nº 70002513620, TJRS, 11ª Câm. Cív., Rel. Des. Roque Miguel Fank, 17-10-01).

- LITISPENDÊNCIA: "Indevida negativação do nome da autora em instituição de proteção ao crédito. Ação idêntica, fundada no mesmo ato de negativação, em curso no 1º JECiv. Litispendência. Extinção do processo, sem julgamento do mérito" (Apel. Cív. nº 2000.001.05172, TJRJ, 17ª Câm. Cív., Rel. Des. Fabricio Bandeira Filho, 17-05-00). No entanto, "a exceção de litispendência, capaz de determinar a extinção do processo, sem o julgamento do mérito, exige a citação válida, nos termos do art. 219 do CPC.[92] Simples ajuizamento de ação, em outra comarca, não torna prevento o juízo" (RJE 18/81). "Para que se configure a litispendência se impõe a concorrência dos três elementos identificadores da ação; parte, pedido e causa de pedir. Não é a hipótese em que o pai litiga no JE, enquanto que nestes autos a autora é a sua filha, embora a causa de pedir seja a mesma" (Apel. Cív. nº 1999.001.19625, TJRJ, 14ª Câm. Cív., Rel. Des. Ademir Pimentel, 28-03-00). Também: "Não se configura litispendência se os cheques que instruíam execução no JE, dela foram desentranhados para embasar a ação monitória, até porque a execução é inviável sem que o título seja apresentado em original" (STJ RT 722/314). "Se o devedor propõe ação de indenização no JE para ressarcir-se de prejuízos pela demora na entrega das chaves e falta de itens de acabamento, não há falar em litispendência ou conexão com a execução ajuizada pelo credor, que pretende haver o valor de parcela representada por nota promissória, ante a absoluta ausência de identidade da causa de pedir" (Apel. Cív. nº 0204666-8, TAPR, 3ª Câm. Cív., Rel. Rogério Kanayama, 10-12-02). "O ingresso de ação no JECiv não impede o ajuizamento de outra perante a justiça comum, com objeto

---

será revogada se, no curso do prazo, o beneficiário vier a ser processado por outro crime ou não efetuar, sem motivo justificado, a reparação do dano. § 4º A suspensão poderá ser revogada se o acusado vier a ser processado, no curso do prazo, por contravenção, ou descumprir qualquer outra condição imposta. § 5º Expirado o prazo sem revogação, o Juiz declarará extinta a punibilidade. § 6º Não correrá a prescrição durante o prazo de suspensão do processo. § 7º Se o acusado não aceitar a proposta prevista neste artigo, o processo prosseguirá em seus ulteriores termos.

[92] Art. 219, CPC – A citação válida torna prevento o juízo, induz litispendência e faz litigiosa a coisa; e, ainda quando ordenada por juiz incompetente, constitui em mora o devedor e interrompe a prescrição.

que refoge à competência daquele órgão, mormente quando improvado tenha o requerente sido advertido dos riscos e das conseqüências de seu proceder" (Apel. Cív. nº 70000922575, TJRS, 11ª Câm. Cív., Rel. Des. Manoel Velocino Pereira Dutra, 31-10-01). "Indenizatória. Plano de expansão financeira da CRT. São inúmeros e reiterados os precedentes jurisprudenciais das TRs, de pleno conhecimento da ré-corrente, acerca da inocorrência da listispendência com a noticiada ação civil pública. O ajuizamento da mesma e seu resultado não obstam a faculdade da parte em pleitear a mera devolução da quantia paga na aquisição das ações que, ao final e ao cabo, obteve" (RJE 38/70-71).

- CONEXÃO – "Somente se admite conexão em Juizado Especial Cível quando as ações puderem submeter-se a sistemática da Lei 9.099/95" (Enunciado Cível 69 do FONAJE). Por isso "as causas de competência dos Juizados Especiais em que forem comuns o objeto ou a causa de pedir poderão ser reunidas para efeito de instrução, se necessária, e julgamento" (Enunciado Cível 73 do FONAJE). "Cuidando-se de causas conexas e a que correr na Justiça Comum tiver valor superior a quarenta (40) salários mínimos, não cabe a sua remessa para o juizado especial, por não ter competência para julgá-la. A solução mais apropriada é a remessa da ação que tramita perante o JE ao Juízo Comum, que julgará ambas as ações, por ter competência mais ampla" (AI nº 70003942026, TJRS, 5ª Câm. Cív., Rel. Des. Léo Lima, 04-04-02). "Inexiste conexão entre a Justiça Comum e os JEs quando o direito enfocado está atrelado ao art. 3º, § 5º do DL 911/67 – Alienação Fiduciária" (AI nº 156512001, TJMA, 4ª Câm. Cív., Rel. Raymundo Liciano de Carvalho, 18-02-02).

- DECADÊNCIA: "Consumidor. Indenização. Compra e venda de veículo usado, com vício oculto. É oculto o defeito não evidente, não manifesto, que depende de verificação ou qualquer outro procedimento para ser encontrado e/ou reconhecido. Se o defeito pode ser descoberto através de simples vistoria, o vício não pode ser considerado oculto. Reconhecida a decadência, o processo deve ser extinto, sem o julgamento do mérito, nos termos do art. 267, I, combinado com o art. 295, V, do CPC"[93] (Rec. nº 1.518, TR/RS, Rel. Claudir Fidélis Faccenda, 05-10-95).

- PRESCRIÇÃO: "Cobrança. Seguro. Indenização. Diferença de valor. Postulação apresentada após decorrido o prazo prescricional. Prejudicial de mérito (prescrição) acolhida" (RJE 26-27/39).

---

[93] Art. 267 – Extingue-se o processo, sem julgamento do mérito: I – quando o juiz indeferir a petição inicial;
Art. 295 – A petição inicial será indeferida: V – quando o tipo de procedimento, escolhido pelo autor, não corresponder à natureza da causa, ou ao valor da ação; caso em que só não será indeferida, se puder adaptar-se ao tipo de procedimento legal.

(2) "O comparecimento pessoal da parte às audiências é obrigatório. A pessoa jurídica poderá ser representada por preposto" (Enunciado Cível 20 do FONAJE).

"O comparecimento pessoal do autor na audiência do procedimento perante o JE é característica ínsita do sistema (art. 51, I) e consona com o seu propósito: buscar por todos os meios a conciliação das partes, que, via de regra, é frustrada com a intermediação de terceiros. A única exceção a essa regra é prevista em favor do réu pessoa jurídica ou firma individual, que poderá fazer-se representar por preposto (art. 9º, § 4º), que não se aplica analogamente a outras situações. Tendo optado pelo processo do JE, os autores devem-se submeter a todas as suas peculiaridades. Não tendo comparecido na audiência de conciliação, o processo poderia e deveria ter sido arquivado. Reativado várias vezes, tendo sido realizada audiência de instrução e julgamento, continuando ausentes os autores, impende desconstituir a decisão, por nulidade absoluta do processo, que é extinto sem julgamento do mérito" (RJE 18/57). "Sucessivas ausências do autor à audiência. Situação incompatível com os princípios norteadores do JEC, que não se presta a adiamentos intermináveis. Atestados médicos subscritos sempre por diferentes médicos, fazendo alusão lacônica a enfermidade não especificada. Extinção do processo mantida" (RJE 38/72).

"Processo extinto pelo não-comparecimento da autora na audiência. Ausência também da ré. Recurso da autora, alegando que, não tendo comparecido ambas as partes, deveria ter sido decretada a revelia da ré, com julgamento favorável à autora. Ao contrário do que ocorre na Justiça 'Comum', perante o JE, a presença física da parte é muito valorizada, em razão da filosofia e princípios deste novo sistema jurisdicional. Quem primeiro tem o dever de mostrar interesse pela demanda, comparecendo a todas as audiências, é o autor. Por esta razão que o legislador estabeleceu o não-comparecimento do autor como causa de extinção do processo sem julgamento do mérito. Tratando de causa extintiva do processo, a ausência do autor se sobrepõe à revelia, que trata apenas de um efeito processual em benefício da outra parte" (RJE 21/55).

Mas "não se justifica a extinção do processo, se a audiência de conciliação não se realiza, pela ausência das partes, se não há nos autos a prova da citação do executado e da intimação do exeqüente para o ato. Audiência designada antes de concretizada a penhora. Inversão da ordem legal. Nulidade da decisão" (RJJERJ 1/31).

(2a) Sobre custas de reativação do feito, v., em nota ao art. 54, o art. 2º do Provimento nº 34/96-CGJ. V., também, Conclusão 10ª do II ECJEs, nota 8 a este artigo.

(3) V. arts. 3º e 8º e notas.

A análise conjunta desse inciso e do § 3º do art. 3º, permite concluir que a conciliação pode abranger demandas de valor superior a 40 salários mínimos, bem como causas de procedimento diverso do previsto na LJE.

(3a) PEDIDOS DE NATUREZA COMPLEXA:

a) "A ação que visa a obter atualização monetária de depósitos do FGTS é de natureza complexa, refugindo, assim, à competência do JE" (Súmula nº 2 das Turmas Recursais do JECiv do RS). "FGTS. Correção monetária: Questão complexa que afasta a competência do JEC. (...) É inegável que há necessidade de cálculos para a instrução e para a liquidação da eventual condenação, o que contraria o disposto no parágrafo único do art. 38 da LJE. Além disso, a jurisprudência do STJ predomina no sentido sustentado pelo banco-recorrido, da necessidade da intervenção da CEF e, conseqüentemente, do deslocamento da competência para a Justiça Federal. Assim, embora não endossem todos os fundamentos da decisão (os bancos podem ser acionados no JEC), mantém-se a extinção do processo sem julgamento do mérito e se explicita que não haverá remessa dos autos à Justiça Federal, uma vez que no JEC não existe a declinação de competência, cabendo à parte retirar os documentos e ajuizar a ação no foro competente, se o desejar" (RJE 18/61).

b) quando há necessidade de perícia contábil (RJE 15/54); perícia formal (RJE 16/36, 17/73); prova pericial (RJE 16/36, 17/74, 20/60, 21/59); perícia médica (CCo nº 97.000813-9, TJSC, 2ª Câm. Cív., Rel. Des. Nelson Schaefer Martins, 10-04-97); perícia de grande complexidade (RJJERJ 1/78); exame pericial pelo sistema tradicional (RJJERJ 1/10); vistoria, prova testemunhal, cálculos etc (RJE 19/72); prova técnica de perícia (RJE 19/95); cálculos e ampla prova (RJE 19/97); perícia (RJE 20/96); perícia para localização de imóvel penhorado (RJE 34-35/45); elementos de convicção técnico-especializados (RJE 25/53), como, por exemplo, para verificação de eventual fraude em medidor de consumo de eletricidade (RJJERJ 1/61) ou para ocorrência de irregularidade no relógio medidor de consumo (RJJERJ 1/86); ou para definição da origem de infiltração de umidade em apartamento (RJE 36-37/67).

No entanto, "as limitações do sistema devem ser entendidas em benefício do Direito e da Justiça como valores maiores, não podendo servir de arrimo a quem postula por provas técnicas inviáveis nos JEs, procrastinando o feito. A extinção sugerida é remédio a ser usado com moderação, no interesse de ambas as partes e na impossibilidade de alcançar-se a verdade por outros caminhos" (RJE 16/36). Também: "Preliminar de incompetência do JECiv em face de complexidade. Desacolhimento. Inviabilidade de realização de perícia, passados mais de seis meses do fato, e já consertado o veículo" (RJE 36-37/57).

c) cobrança de cheque prescrito, sem que a inicial relate o negócio embasador do crédito e a pretensão, na instrução, tornou-se invencivelmente litigiosa (RJE 15/54);

d) indefinição do vínculo obrigacional, ou da natureza da ocupação, ou posse do imóvel do autor (RJE 17/48, 17/72);

e) cobrança de honorários advocatícios quando ausente contrato escrito e ocorrente divergência quanto ao seu montante (RJE 17/74, 21/40, 21/43, 21/44, 28-29/56, 38/48);

f) litígio versando incidência de juros além do limite constitucional (RJE 17/74, 17/90, 17/75, 18/59, 18/60), juros de contrato de adesão (RJE 26-27/40-42), encargos financeiros oriundos de utilização de cartão de crédito (RJE 28-29/50), revisão de contrato bancário (RJE 24/61) ou discussão sobre abusividade de cláusulas e fixação de valores das prestações de contrato de financiamento com garantia de alienação fiduciária (RJE-BA 2/31). "Não são admissíveis em sede de Juizados Especiais Cíveis as ações cuja causa de pedir tem por fundamento o anatocismo (capitalização de juros)" (Enunciado Cível 16 do I EM-RJ). Contra: "As ações nas quais se discute a ilegalidade de juros não são complexas para o fim de fixação da competência dos Juizados Especiais" (Enunciado Cível 70 do FONAJE);

g) dissolução de sociedade de fato com apuração de haveres (RJE 18/60);

h) cobrança de cheque em que há necessidade de intervenção do banco que financiou a venda do carro (RJE 18/60);

i) devolução de valores do fundo de reserva de consórcio (RJE 18/64, 28-29/49);

j) processo que reclama prova profunda, ampla e detalhada, como a reivindicatória de posse em que o autor ostenta título mais antigo e o réu, a posse atual, não-violenta e nem clandestina (RJE 23/47) e em que se perquire, não só o domínio, mas também as características da posse da parte demandada, inclusive com alegação de prescrição aquisitiva (CCo nº 821, TJSC, 1ª Câm. Cív., Rel. Des. Trindade dos Santos, 19-12-95);

l) indenização por danos morais decorrentes de prejuízos causados por detritos industriais e produtos tóxicos em sanga cuja água serve à autora e seus animais (RJE 24/55);

m) pretensão indenizatória embasada em deficiência de curso técnico (RJE 24/60);

n) reivindicatória de imóvel (RJE 25/56).

o) perdas e danos morais e pensão vitalícia (AI nº 96.003479-0, TJSC, 1ª Câm. Cív., Rel. Des. Carlos Prudêncio, 24-06-97);

p) ação reintegratória de posse cumulada com pedido de cominação de pena de perdas e danos das plantações feitas (CCo n° 96.006251-3, TJSC, 1ª Câm. Cív., Rel. Des. Trindade dos Santos, 15-10-96);

q) fatos complicados que denotam diversas discussões doutrinárias e práticas relativas ao direito societário e que exigem provas profundas (Autos n° 95163107-9, 1ª TR/MS, Rel. Dorival Renato Pavan, 28-08-96);

r) matéria atinente às sociedades anônimas e à apuração de número de ações subscritas após a integralização do capital (RJE 28-29/52).

Mas "a complexidade da matéria ou da instrução, a ponto de afastar a competência do Juizado, somente pode ser reconhecida pelo Juiz instrutor se infrutífera a tentativa de conciliação" (RJE 19/95-96). Também: "A menor complexidade da causa para a fixação da competência é aferida pelo objeto da prova e não em face do direito material" (Enunciado Cível 54 do FONAJE).

(3b) Não registram complexidade: pedido de devolução de parcelas pagas em contrato de uso de imóvel (RJE 19/75, 18/91); restituição de valores pagos de título de capitalização (RJE 28-29/54); questão que dependa de meros cálculos aritméticos a serem feitos por contador (RJJERJ 1/62); discussão sobre mensalidades escolares (RJE 18/60); ações envolvendo danos morais (Enunciado Cível 69 do FONAJE)[94] e seguro residencial (RJE 38/76); e cobrança decorrente de confissão de dívida (RJE 19/95-96), de nota promissória (RJE 20/60), de alugueres (RJE 20/90) e de serviço de reforma e pintura de imóvel (RJE 21/33), pois a complexidade diz respeito à produção da prova, e não à dificuldade no âmbito do direito. "A mera alegação de falsidade da quitação de despesas realizadas com cartão de crédito não traduz complexidade incompatível com a competência do Juizado. A prova pré-constituída da fraude cabe à administradora através de laudo técnico" (Enunciado Cível 13 do I ECJTR-RJ). Também inocorre a incompetência quando a complexidade da matéria acaba sendo solucionada por perícia deferida em face de pedido comum das partes (RJE 20/87) ou quando a complexidade da matéria é técnico-jurídica (RJJERJ 1/14). "Esforços devem ser desenvolvidos de modo a ampliar-se a vitoriosa experiência brasileira retratada nos JEs. A complexidade suficiente a excluir a atuação de tais órgãos há de ser perquirida com parcimônia, levando-se em conta a definição constante de norma estritamente legal. Tal aspecto inexiste, quando se discute a subsistência de cláusula de contrato de adesão, sob o ângulo de ato jurídico perfeito e acabado, no que prevista a devolução de valores pagos por consorciado desistente e substituído, de forma

---

[94] Enunciado Cível 69 do FONAJE – As ações envolvendo danos morais não constituem, por si só, matéria complexa.

nominal, ou seja, sem correção monetária" (RE nº 175161/SP, STF, 2ª T., Rel. Min. Marco Aurélio, 15-12-98).

(4) Outras hipóteses de inadmissão do procedimento da LJE:

a) quando o pedido implicar condenação do Estado (RJE 17/74); ou envolver interesse da Fazenda Pública (RJE 34-35/43);

b) quando a questão é da competência da Justiça do Trabalho, como, por exemplo, envolvendo contribuição sindical descontada por sindicato demandado (RJE 18/58-59), contrato de empreitada (RJE 34-35/62) ou tratando de desconstituição de dívida representada por promissória emitida como condição imposta pela empregadora ao pagamento das verbas rescisórias à liberação das guias do FGTS (RJE 30-31/29-30);

c) quando o pedido for de valor superior ao texto legal: "Embora o valor da entrada estivesse dentro do valor de alçada do JE, o pedido não visa apenas à sua desobrigação, mas à desconstituição do contrato como um todo, cujo valor excede de 40 salários mínimos. Na forma do art. 259, V, do CPC,[95] o valor da causa deve corresponder ao valor do contrato. Assim, é imperioso reconhecer a incompetência do JEC em razão do valor da causa e extinguir o processo sem julgamento do mérito" (RJE 18/59). Idem: RJE 19/96. "Se a ação objetiva o cumprimento do contrato de honorários celebrado por escrito, o valor da causa deverá corresponder ao valor do mesmo, independentemente da renúncia do crédito excedente ao teto do JE pelo autor. Ultrapassando o valor da causa, o limite estabelecido no art. 3º, inc. I, da LJE, e que incide também para as hipóteses enumeradas no art. 275, II, do CPC, decreta-se a extinção do processo sem julgamento de mérito" (RJE 26-27/39). "Pretensão que se fundamenta, originariamente, em rescisão de compromisso de compra e venda de imóvel de valor superior ao limite máximo do JE. Irrenunciabilidade do valor da causa determinado pelo art. 259, inc. V, do CPC. Extinção do processo, remetendo-se as partes à Jusitça Comum Ordinária" (RJE 26-27/40). "O JE não tem competência para apreciar causas em que o valor supera o limite expresso no art. 3º da LJE e naquelas de maior complexidade, a exigir produção de prova incompatível com seus princípios norteadores" (RJJERJ 1/38). "Ação ajuizada no Juizado de Defesa do Consumidor, com pedido de valor superior a 40 salários mínimos, após a vigência da LJE, deve ser extinta, por incompetência do Juizado à análise e julgamento do pedido, em face do disposto no art. 3º, I, da referida legislação e que estabelece limite ao valor de alçada nos JEs" (RJE-BA 2/31). "Ações ajuizadas entre as mesmas partes, mesmo objeto e causa de pedir. Conexão evidente que impõe reconhe-

---

[95] Art. 259 – O valor da causa constará sempre da petição inicial e será: V – quando o litígio tiver por objeto a existência, validade, cumprimento, modificação ou rescisão de negócio jurídico, o valor do contrato.

cimento. Ajuizamento perante o JECiv em ações diversas porque o valor extrapola o teto do juizado previsto em lei. Extinção sem julgamento do mérito" (RJE 34-35/47). Mas a tendência mais recente considera competente o JE, mesmo que o valor do contrato ultrapasse a alçada dos Juizados (RJE 23/42), com aplicação da regra do art. 39. Também: "Na ausência de advogados, fica o limite de alçada do Juizado reduzido a vinte salários mínimos (art. 9º da LJE), devendo a condenação se enquadrar no âmbito deste valor" (RJJERJ 1/36);

d) quando o pleito é de pessoa jurídica: "É claro o texto legal ao vedar de modo expresso que pessoa jurídica litigue em sede de JEs. Extinção do feito por incompetência absoluta do juízo" (RJE 17/72). "Declaratória de nulidade de títulos. Contrapedido formulado por portador dos cheques na condição de cessionário de pessoa jurídica. Incompetência do JE. O JE foi criado para a solução de questões simples, envolvendo interesses de pessoas físicas. Incompetente, assim, o JE, para conhecer de causas complexas, decorrentes de contratos onde os valores são superiores ao de alçada ou, ainda, formulados por pessoas jurídicas ou cessionários" (RJE 20/96-97). "Veda a LJE, em seu art. 8º, § 1º, o exercício da ação às microempresas, que traduz impossibilidade jurídica do pedido. Matéria que cabe ser conhecida de ofício em qualquer momento processual – art. 267, § 3º, do CPC"[96] (RJE 20/97). "Pessoa jurídica. Impossibilidade de propor ação no JE. Incompetência reconhecida" (RJE 24/60). Idem: RJE-BA 2/40. "Pessoa jurídica titular do contrato. Impossibilidade de atuar no pólo ativo da relação processual. Incompetência do Juizado reconhecida" (RJE 25/56).

e) quando o pedido é proposto por incapaz (RJE 23/46). Também: "A superveniência do limite mínimo de idade (18 anos) excepcionada pelo § 2º do art. 8º da LJE, após o julgamento de 1º grau que lhe foi totalmente favorável, não convalida o processo, diante da possibilidade de prejuízo à menor por ocasião do exame do recurso, especialmente em matéria tão controvertida como a fixação do montante indenizatório por dano moral. Extinção que se decreta, possibilitanto à autora-recorrida ajuizar nova ação perante o JE ou na Justiça Comum Ordinária" (RJE 26-27/41).

f) quando o processo é da competência do juízo comum, como, por exemplo, quando concedida liminar em ação revisional de contrato e proposta ação no JECiv para tornar efetivo tal direito (RJE 34-35/58).

---

[96] Art. 267, § 3º, CPC – O juiz conhecerá de ofício, em qualquer tempo e grau de jurisdição, enquanto não proferida a sentença de mérito, da matéria constante dos números IV, V e VI; todavia, o réu que a não alegar, na primeira oportunidade em que lhe caiba falar nos autos, responderá pelas custas de retardamento.

g) quando não-localizado o requerido para citação pessoal ou por hora certa, pois vedada a citação por edital (art. 18, § 2º).

h) quando não encontrado o devedor, ou não existindo bens passíveis de penhora (art. 53, § 4º).

(5) V. art. 4º.

"A incompetência territorial pode ser reconhecida, pelo Juiz, de ofício, em razão dos princípios processuais informativos dos Juizados Especiais, extinguindo-se o processo na forma do art. 51, inc. III, da LJE" (Enunciado do IV ECJEs, CANCELADO no VI ECJJEs). "A competência do JECiv, para pedido de execução fundado em título extrajudicial, é determinada pelo art. 4º, incs. I e II, da LJE. Se o executado, antes da audiência de tentativa de conciliação, apresentou requerimento argüindo a incompetência do juízo, que deveria ter sido apreciado pelo Juiz imediatamente, é correto o decreto de extinção do processo, sem o julgamento do mérito, pela incompetência do juízo" (RJE 17/50). "Foro competente. Cobrança de cheque. Na forma do inc. II do art. 4º da LJE, a competência é do foro da situação do banco-sacado, onde a obrigação deveria ser satisfeita. Correta a decisão de extinção do processo para que o autor ajuíze o seu pedido no foro competente, se o desejar" (RJE 18/57). "Tendo o autor ajuizado ação de execução, haveria de observar a regra de competência estabelecida no art. 3º, § 1º, inc. I, da LJE. Se pretende executar a sentença (sucumbência), emanada no rito comum (sumário ou ordinário), não pode utilizar-se da via do rito especial do JEC, que somente é competente para execução dos seus próprios julgados. Correta a extinção do feito, o que se confirma com fundamento no art. 51, inc. II, da LJE" (RJE 30-31/27). "Definida a incompetência territorial no âmbito dos JECiv, descabe remeter o processo ao foro competente. Extinção sem julgamento do mérito" (RJE 36-37/52).

Contra: "Incompetência territorial. O réu deve argüi-la na resposta, cujo momento processual adequado é o início da audiência de instrução; tendo comparecido e nada alegado nesse momento processual, participando da produção da prova oral, alegando-a somente no final da audiência, impende desacolhê-la; não tendo havido prejuízo, não se acolhe essa matéria argüida como preliminar no recurso" (RJE 17/52).

(5a) "Reconhecida a incompetência em razão do lugar, descabe a apreciação de qualquer outra causa extintiva do feito sem o julgamento do mérito. Eis que a apreciação de tal motivo é de atribuição do Juízo competente para processar e julgar a ação" (RJE 38/64).

(5b) O reconhecimento da incompetência territorial acarreta, insista-se, a extinção do processo, e não a remessa dos autos ao foro competente, conforme a previsão do art. 311 do CPC.

(5c) Quando o juiz receber processo da Justiça Comum – porque esta declinou da competência – e discordar da decisão, cabe-lhe suscitar conflito de competência ao Presidente do Tribunal de Justiça, e não extinguir o processo.

(6) Isto é, em caso de superveniência de incapacidade, prisão, falência ou insolvência de qualquer das partes e, como é óbvio, em casos de preexistência de tais situações.

Também: "Impossibilidade de JE conhecer da demanda reparatória em face de instituição financeira que se encontra em liquidação extrajudicial, cujo regime jurídico sujeita o liquidante, nomeado pelo Banco Central, ao princípio da intransigibilidade, inconciliável com o procedimento especial da LJE" (RJJERJ 1/71). "Banco em liquidação extrajudicial. Impossibilidade de ser parte perante o JE" (RJJERJ 1/89).

(7) Art. 1.055 do CPC – A habilitação tem lugar quando, por falecimento de qualquer das partes, os interessados houverem de suceder-lhe no processo.

(8) Não permitindo a prévia intimação das partes, o legislador visa à pronta extinção do processo, sem possibilidade de regularizar a situação, o que de certo modo contrair o espírito da lei, voltada mais à solução dos litígios do que à simples extinção dos processos.

(9) "É necessária, nos termos do § 2º, art. 51, da LJE, a condenação em custas, quando da extinção do processo sem julgamento do mérito por ausência do autor" (Conclusão 10ª do II ECJEs e Enunciado Cível 28 do V ECJEs). Esse enunciado foi alterado no VI ECJEs, passando a ter a seguinte redação: "Havendo extinção do processo com base no inc. I, do art. 51, da Lei 9.099/95, é necessária a condenação em custas" (Enunciado Cível 28 do FONAJE). Além disso, "é possível a reativação de processo extinto, até com a dispensa do preparo, nos termos do art. 51, inc. I, § 2º" (RJE 20/84).

SEÇÃO XV
DA EXECUÇÃO

PROCESSAMENTO DA EXECUÇÃO DE SENTENÇA
   Art. 52. A execução da sentença processar-se-á no próprio Juizado (1), aplicando-se, no que couber, o disposto no Código de Processo Civil (1a, 1b, 1c, 1d, 1e, 1f), **com as seguintes alterações** (1g, 1h):
LIQUIDEZ DA SENTENÇA
   I – as sentenças serão necessariamente líquidas (2), contendo a conversão em Bônus do Tesouro Nacional – BTN ou índice equivalente (2a, 3);

Lei 9.099/95 - art. 52

CONVERSÃO DE ÍNDICES
II – os cálculos de conversão de índices, de honorários, de juros e de outras parcelas serão efetuados por servidor judicial (3a);

INTIMAÇÃO DA SENTENÇA
III – a intimação da sentença será feita, sempre que possível, na própria audiência em que for proferida (3b). Nessa intimação, o vencido será instado a cumprir a sentença tão logo ocorra seu trânsito em julgado, e advertido dos efeitos do seu descumprimento (inciso V);

EXECUÇÃO FORÇADA
IV – não cumprida voluntariamente a sentença transitada em julgado, e tendo havido solicitação do interessado (4), que poderá ser verbal (4a), **proceder-se-á desde logo à execução, dispensada nova citação** (4b, 4c);

COMINAÇÃO DE MULTA
V – nos casos de obrigação de entregar, de fazer, ou de não fazer (5), o Juiz, na sentença ou na fase de execução, cominará multa diária, arbitrada de acordo com as condições econômicas do devedor, para a hipótese de inadimplemento (5a). Não cumprida a obrigação, o credor poderá requerer a elevação da multa (5b, 5c) ou a transformação da condenação em perdas e danos, que o Juiz de imediato arbitrará, seguindo-se a execução por quantia certa, incluída a multa vencida de obrigação de dar, quando evidenciada a malícia do devedor na execução do julgado (5d);

OBRIGAÇÃO DE FAZER
VI – na obrigação de fazer, o Juiz pode determinar o cumprimento por outrem, fixado o valor que o devedor deve depositar para as despesas, sob pena de multa diária (6);

ALIENAÇÃO FORÇADA DE BENS
VII – na alienação forçada dos bens (7), o Juiz poderá autorizar o devedor, o credor ou terceira pessoa idônea a tratar da alienação do bem penhorado, a qual se aperfeiçoará em juízo até a data fixada para a praça ou leilão (7a). Sendo o preço inferior ao da avaliação, as partes serão ouvidas. Se o pagamento não for à vista, será oferecida caução idônea, nos casos de alienação de bem móvel, ou hipotecado o imóvel (7b);

DISPENSA DE EDITAIS
VIII – é dispensada a publicação de editais em jornais, quando se tratar de alienação de bens de pequeno valor (8);

EMBARGOS À EXECUÇÃO
IX – o devedor (9) poderá oferecer embargos (9a, 9b), **nos autos da execução** (9c), versando sobre:
a) falta ou nulidade da citação no processo, se ele correu à revelia (10);
b) manifesto excesso de execução (11, 11a);
c) erro de cálculo (12);

d) causa impeditiva, modificativa ou extintiva da obrigação, superveniente à sentença (13, 13a).

ROTEIRO PARA AUDIÊNCIA DE EXECUÇÃO

1º) Na execução de título judicial (por quantia certa), fica dispensada nova citação (art. 52, IV), expedindo-se, imediatamente, mandado de penhora. O prazo para embargar é de 10 dias da juntada aos autos do mandado de penhora;
2º) Na execução de título extrajudicial, necessária a citação, penhora e intimação para audiência de conciliação (audiência obrigatória – art. 53, § 1º). O momento para embargar é na própria audiência de conciliação, em não saindo acordo (art. 53, § 1º, parte final);
3º) Em caso de o oficial de justiça não encontrar bens para penhorar, certificando isso no verso do mandado, dar vista ao exeqüente para que este indique bens a serem penhorados, num prazo máximo de 30 dias. Não havendo indicação, extinguir e não suspender o feito (art. 53, § 4º), podendo, entretanto, ser reativado posteriormente quando o credor indicar bens do devedor;
4º) Não sendo encontrados bens a serem penhorados, admitir, com diligências, na fase executiva, pedidos de informações a Órgãos Públicos acerca de eventual patrimônio do devedor, para aqueles órgãos que não prestam essas informações a particulares, a fim de viabilizar a execução;
5º) Penhorados bens suficientes para garantir o débito e não havendo embargos, determinar a avaliação e marcar datas para os leilões, intimando as partes.

(1) "Execução de sentença proferida pelo JECiv. Competência desse juízo para seu processamento e julgamento" (AI nº 70001403070, TJRS, 20ª Câm. Cív., Rel. Des. Rubem Duarte, 14-02-01). Então, "o JE não tem competência para executar título judicial constituído junto à Justiça Comum" (RJE 26-27/43)
(1a) V. arts. 566 a 795 do CPC.
(1b) FRAUDE À EXECUÇÃO:
Art. 593 do CPC – Considera-se em fraude de execução a alienação ou oneração de bens:
I – quando sobre eles pender ação fundada em direito real;
II – quando, ao tempo da alienação ou oneração, corria contra o devedor demanda capaz de reduzi-lo à insolvência;
III – nos demais casos expressos em lei.
"Se o ramal telefônico foi transferido, junto à CRT, pelo devedor, quando o processo e a execução já estavam em andamento, configura-se a fraude à execução, resultando na insubsistência do ato de transferência do bem e na manutenção da penhora. A inibição da penhora e a validade

da transferência do ramal somente seriam admitidas em caso de alienação anterior ao ajuizamento do processo de cobrança" (RJE 17/69-70).

"Veículo transferido ao embargante, segundo o certificado de registro, em data posterior ao ajuizamento da execução de título judicial, obtido em demanda que tramitava desde 10 meses antes da transferência. Adquirente compadre do devedor. Alegação de *consilium fraudis* em face da compadrice, sequer respondida. Sentença que julgou improcedente a ação porque reconheceu como fraude à execução a transferência de propriedade do veículo. Negado provimento ao recurso" (RJE 19/79).

"Certo é que a alienação ocorreu no curso de demanda capaz de reduzir o devedor à insolvência e quando o mesmo já havia sido citado. Irrelevante a suposta boa-fé do adquirente. Fraude à execução configurada" (RJE 20/78).

"Apesar de o recibo de venda passado pelo executado à embargante estar com a firma reconhecida e com data anterior à da penhora, se impõe referir que perante terceiros, como é o caso do exeqüente, a única forma de saber se o veículo ainda pertence, ou não, ao executado seria perante o DETRAN. Como naquele órgão o veículo permanece até hoje em nome do executado, não poderia o exeqüente adivinhar tivesse havido alienação. De qualquer modo, a alienação foi em fraude à execução, eis que, mesmo ciente de seu débito (relativo à compra do próprio veículo vendido), dispôs do bem com a evidente intenção de subtraí-lo da execução, que já estava em andamento (...). Possuísse o executado outro bem, tê-lo-ia oferecido à penhora. Como não se opôs à penhora do veículo, nem ofereceu outro bem, presume-se seja este o único penhorável, de modo que a demanda já em andamento seria capaz de reduzi-lo a insolvência" (RJE 21/43). "Penhora. Fraude à execução. Boa-fé do adquirente. Irrelevância. Opção do Legislador pela proteção do credor-exeqüente, também de boa-fé" (RJE 23/45).

"Alienação ao embargante apenas um dia antes da execução, mas já tramitando a demanda ressarcitória, passível de ensejar a insolvência do devedor, com sentença condenatória prolatada. Fraude à execução, para cuja caracterização não é necessária a má-fé do embargante" (RJE 26-27/41). "Presume-se fraudulenta a alienação, na data do trânsito em julgado da sentença, do único bem conhecido do devedor a um irmão. Presunção evidenciada pela proximidade do parentesco que, entretanto, admite prova em contrário. Hipótese em que, reconhecida a fraude à execução, e declarada a ineficácia do ato, o terceiro que recebeu o bem, e dele livre e proveitosamente se desfez, se submete à penhora de seus próprios bens até o valor do bem transferido. Imperativo ético-jurídico da boa-fé e da dignidade da justiça" (RJE 30-31/39-40).

No entanto, "como assentado em precedentes do egrégio STJ, não havendo registro da penhora não há falar em fraude de execução, ressalvada a possibilidade de o exeqüente provar que o adquirente sabia, efetivamente, que o bem estava penhorado. Tratando-se de veículo, a inscrição representa o apontamento da existência de gravame ou da existência do próprio processo contra o proprietário, nos registros do órgão de trânsito, o que na espécie não se verifica. Assunção de financiamento do veículo, garantido por alienação fiduciária, assumido pela embargante com comprovado pagamento das prestações faltantes. Conclusão no sentido da boa-fé da adquirente" (RJE 36-37/54).

(1c) IMPENHORABILIDADE:

Art. 649 do CPC – São absolutamente impenhoráveis:

I – os bens inalienáveis e os declarados, por ato voluntário, não sujeitos à execução;

II – as provisões de alimento e de combustível, necessárias à manutenção do devedor e de sua família durante 1 (um) mês;

III – o anel nupcial e os retratos de família;

IV – os vencimentos dos magistrados, dos professores e dos funcionários públicos, o soldo e os salários, salvo para pagamento de prestação alimentícia;

V – os equipamentos dos militares;

VI – os livros, as máquinas, os utensílios e os instrumentos, necessários ou úteis ao exercício de qualquer profissão;

VII – as pensões, as tenças ou os montepios, percebidos dos cofres públicos, ou de institutos de previdência, bem como os provenientes de liberalidade de terceiro, quando destinados ao sustento do devedor ou da sua família;

VIII – os materiais necessários para obras em andamento, salvo se estas forem penhoradas;

IX – o seguro de vida;

X – o imóvel rural, até um módulo, desde que este seja o único de que disponha o devedor, ressalvada a hipoteca para fins de financiamento agropecuário.

Art. 5°, XXVI, da CF: "A pequena propriedade rural, assim definida em lei, desde que trabalhada pela família, não será objeto de penhora para pagamento de débitos decorrentes de sua atividade produtiva, dispondo a lei sobre os meios de financiar o seu desenvolvimento."

Lei 8.009, de 29-03-1990:

Art. 1° – O imóvel residencial próprio do casal, ou da entidade familiar, é impenhorável e não responderá por qualquer tipo de dívida civil, comercial, fiscal, previdenciária ou de outra natureza, contraída pelos cônjuges ou pelos pais ou filhos que sejam seus proprietários e nele residam, salvo nas hipóteses previstas nesta lei.

Parágrafo único. A impenhorabilidade compreende o imóvel sobre o qual se assentam a construção, as plantações, as benfeitorias de qualquer natureza e todos os equipamentos, inclusive os de uso profissional, ou móveis que guarneçam a casa, desde que quitados.

Art. 2º – Excluem-se da impenhorabilidade os veículos de transporte, obras de arte e adornos suntuosos.

Parágrafo único. No caso de imóvel locado, a impenhorabilidade aplica-se aos bens móveis quitados que guarneçam a residência e que sejam de propriedade do locatário, observado o disposto neste artigo.

Por isso, são considerados impenhoráveis:

a) fogão, geladeira e camas (RJE 38/63);

b) aparelho de televisão (Rec. nº 1.982, 1º CR-SP, Rel. Sá Duarte, 21-05-96);

c) armário de cozinha e guarda-roupa (Rec. nº 691, 2º CR-SP, Rel. Rodrigues Teixeira, 19-03-97);

d) máquinas de lavar e secar roupas (RJE 21/54);

e) condicionador de ar (RJE 28-29/59);

f) vencimentos e salários (RJE 17/85), inclusive subsídios de vereadores (RJE 38/65);

g) as mercadorias para revenda de pequena empresa familiar do ramo de comércio de alimentos (sacolas econômicas) (RJE 20/77);

h) veículo utilizado por sócios de microempresa especializada em serviços de teleentrega e de transporte de carga (RJE 32-33/41-42 e 34-35/56).

Em sentido contrário, tem-se que: "Os bens que guarnecem a residência do devedor, desde que não essenciais à habitabilidade, são penhoráveis" (Enunciado Cível 14 do FONAJE). Por isso, não estão cobertos pela impenhorabilidade:

a) freezer (RJE 38/63);

b) aparelho de som e arquivo de aço (Rec. n º 700, CR-SP, Rel. Fábio Bellucci, 07-03-94);

c) jogo de sofá (Proc. nº 244/96, CR-SP, Rel. Braido da Silva, 19-12-96).

d) máquina de lavar louças (Rec. nº 929, 2º CR-SP, Rel. Marciano da Fonseca, 06-09-97).

e) bens de pessoa jurídica, mesmo que se trate de firma individual, salvo demonstração inequívoca de que os bens são indispensáveis para a continuação do negócio (RJE 17/70-71), já que "a regra da impenhorabilidade dos bens indispensáveis à atividade profissional não se aplica à firma comercial, individual ou coletiva" (Rec. nº 842, 2º CR-SP, Rel. Barros Nogueira, 26-06-97, e RJE 34-35/55);

f) os equipamentos de informática de empresa jornalística, salvo demonstração inequívoca de que os mesmos são indispensáveis para a continuação do negócio. Interpretação restritiva do contido no art. 649, inc. VI, do CPC[97] (RJE 17/71);

g) o telefone, devendo o executado demonstrar que é indispensável para o exercício de sua atividade (RJE 18/74)

h) os bens cuja propriedade e uso são demonstrados através de argumentos e documentos suspeitos (RJE 19/78 e 20/78);

i) o bem de família do fiador de contrato de locação (RJE 21/41);

j) os bens que garantem dívida relativa a débitos de locação (RJE 21/42), como inadimplência de quotas de condomínio (RJE 30-31/40);

l) o automóvel, quando não é o instrumento de trabalho do devedor, como, por exemplo, do mecanógrafo (RJE 21/54), da revendedora de roupas (RJE 23/44-45), de gerente de agência bancária (Rec. nº 1.034, 2º CR-SP, Rel. Fernando Redondo, 19-11-97), do médico (RJE 30-31/40), ou quando usado como utilitário doméstico ou familiar (RJE 38/62);

m) bens de mero conforto ou lazer, como televisores, vídeos e aparelhos de som e eletroeletrônicos mais sofisticados (RJE 21/56, Rec. nº 883-A, 2º CR-SP, Rel. Marciano da Fonseca, 20-08-97, e Rec. nº 761, 2º CR-SP, Rel. Gilberto Pinto, 09-04-97);

n) os direitos já adquiridos pelo financiado sobre o bem alienado fiduciariamente (RJE 36-37/53).

(1d) EXECUÇÃO PROVISÓRIA:

Art. 587 do CPC – A execução é definitiva, quando fundada em sentença transitada em julgado ou em título extrajudicial; é provisória, quando a sentença for impugnada mediante recurso, recebido só no efeito devolutivo.

Art. 588 do CPC – A execução provisória da sentença far-se-á do mesmo modo que a definitiva, observados os seguintes princípios:

I – corre por conta e responsabilidade do credor, que prestará caução, obrigando-se a reparar os danos causados ao devedor;

II – não abrange os atos que importem alienação do domínio, nem permite, sem caução idônea, o levantamento de depósito em dinheiro;

---

[97] Art. 649, CPC – São absolutamente impenhoráveis: VI – os livros, as máquinas, os utensílios e os instrumentos, necessários ou úteis ao exercício de qualquer profissão.

III – fica sem efeito, sobrevindo sentença que modifique ou anule a que foi objeto da execução, restituindo-se as coisas no estado anterior.

Parágrafo único. No caso do número III, deste artigo, se a sentença provisoriamente executada for modificada ou anulada apenas em parte, somente nessa parte ficará sem efeito a execução.

Art. 589 do CPC – A execução definitiva far-se-á nos autos principais; a execução provisória, nos autos suplementares, onde os houver, ou por carta de sentença, extraída do processo pelo escrivão e assinada pelo juiz.

Art. 590 do CPC – São requisitos da carta de sentença:

I – autuação;

II – petição inicial e procuração das partes;

III – contestação;

IV – sentença exeqüenda;

V – despacho do recebimento do recurso.

Parágrafo único. Se houve habilitação, a carta conterá a sentença que a julgou.

"Execução provisória. Depósito de valor devido. Recurso pendente. A execução provisória, como o próprio nome diz, carece da necessária solidez, alcançada pelo julgamento do recurso. Inviável extinção do feito pelo depósito, ausente o trânsito em julgado. Levantamento indevido de valores, considerando a inexistência de garantias" (RJE 21/35).

(1e) "Por força do disposto no art. 52 da LJE, aplicam-se a execução promovida perante os JECiv os princípios e regras traçados no CPC acerca da matéria. Autorizando o art. 739 § 2º do CPC[98] que os embargos opostos pelo devedor incidam sobre a parte da execução, é lícito ao embargante promover o depósito da parcela incontrovertida" (RJJERJ 1/57).

(1f) Sobre a penhora de bem objeto de garantia hipotecária, cumpre observar a "indispensabilidade de intimação do credor hipotecário. Exegese do art. 615, II, do CPC.[99] Pode a penhora recair sobre o bem hipotecado. Mas o credor hipotecário, a teor do art. 615, II, do CPC, deve ser necessariamente intimado, sob pena de se tornar ineficaz em relação a ele a futura alienação judicial" (RJE-BA 2/39).

(1g) "A hipótese do § 4º, do art. 53, da Lei 9.099/95, também se aplica às execuções de título judicial, entregando-se ao exeqüente, no caso, cer-

---

[98] Art. 739, § 2º, CPC – Quando os embargos forem parciais, a execução prosseguirá quanto à parte não embargada.

[99] Art. 615, II, CPC – Cumpre ainda ao credor: II – requerer a intimação do credor pignoratício, hipotecário, ou anticrético, ou usufrutuário, quando a penhora recair sobre bens gravados por penhor, hipoteca, anticrese ou usufruto.

tidão de seu crédito" (Enunciado Cível 45 do FONAJE). Este enunciado foi substituído pelo Enunciado 75 do FONAJE: "A hipótese do § 4°, do 53, da Lei 9.099/95, também se aplica às execuções de título judicial, entregando-se ao exeqüente, no caso, certidão do seu crédito, como título para futura execução, sem prejuízo da manutenção do nome do exeqüente no Cartório Distribuidor."

Também: "Aplicam-se à execução por título judicial os mesmos princípios dos §§ 2° e 3° do art. 53 da LJE" (Enunciado Cível 13 do I EM-RS).

Ainda: "Na execução fundada em título judicial, não havendo bens a serem penhorados, suspende-se a execução" (Enunciado Cível 21 do I EM-RJ).

(1h) "A nomeação de bens à penhora junto ao JE pode ser feita pelo devedor, diretamente ao Oficial de Justiça, ou por petição por ele próprio firmada, dirigida ao Juiz da causa. Desnecessidade de subscrição da petição por profissional do Direito, seja qual for o valor da causa, porquanto a nomeação constitui direito subjetivo do devedor" (RJE 28-29/62).

(2) V. art. 38, parágrafo único, e notas.

(2a) "Correção monetária. Pedido inicial sem especificação de índice. Possibilidade de escolha pelo julgador. Ausente índice específico, cabe ao Juiz, de ofício, tal nomeação, decisão que não extrapola o pedido inicial, considerando a natureza da correção monetária" (RJE 20/73). "A incidência da correção monetária não depende de comando sentencial, sendo cabível, de ofício, quando não-postulada pela parte, impossibilidade apenas quando constar negativa expressa no ato sentencial, recurso reconhecidamente protelatório, litigância de má-fé" (RJE 20/73).

(3) "A correção monetária deve ser calculada pelo IGP-M, por ser o índice de correção monetária que mais se aproxima da realidade. Provimento n° 23/94-CGJ. Os juros moratórios devem ser computados a contar da citação" (RJE 18/65). "O índice aplicável é o do IGP-M, que melhor reflete a inflação do período. (...) Em decorrência, os juros moratórios são devidos a partir da citação inicial" (RJE 19/69-70).

(3a) Então, "o demonstrativo de débito atualizado não é essencial à propositura da ação de execução, pois, de conformidade com o art. 52, II, da LJE, cabe ao servidor judicial elaborar os cálculos. Não se aplica ao caso o art. 614, II, do CPC"[100] (Rec. n° 82/97, TR/MT, Rel. Carlos Alberto Alves da Rocha).

(3b) V. art. 242, CPC.

---

[100] Art. 614, II, CPC – Cumpre ao credor, ao requerer a execução, pedir a citação do devedor e instruir a petição inicial: II – com o demonstrativo do débito atualizado até a data da propositura da ação, quando se tratar de execução por quantia certa.

(4) Assim, "a sentença em sede de Juizados Especiais Cíveis não é auto-exeqüível" (Enunciado Cível 14 do I EM-RJ).

(4a) "Feito o requerimento verbal para o início da execução de título judicial, compete ao próprio Juizado impulsionar o processo executório, sendo equivocada a decisão que o extingue pela inércia da parte" (Rec. nº 894, 2º CR-SP, Rel. Marciano da Fonseca, 06-08-97).

(4b) "Tratando-se de execução fundada em título judicial – sentença -, a execução se processa mediante provimento do credor, independentemente de nova citação" (Proc. nº 01597540820, Rel. Paulo Antônio Kretzmann, 2ª TR/RS, 04-11-97).

É desnecessária, também, a designação de audiência conciliatória: "A audiência de conciliação pressupõe execução por título extrajudicial, sendo indevido o ato na liquidação de julgado – eventual realização não gera conseqüências quanto à ausência das partes, quer pela extinção, quer pela revelia" (RJE 20/77). Contra: "É cabível a designação de audiência de conciliação em execução de título judicial" (Enunciado Cível 71 do FONAJE). Em verdade, "a análise conjunta dos arts. 19, § 2º, e 52, inc. IV, da LJE, determina que desde logo seja expedido mandado de penhora, avaliação (sempre que possível pelo próprio oficial de justiça), nomeação de depositário e intimação. O executado será considerado intimado a partir da entrega da cópia de mandado em seu endereço. Caso seja designada audiência de tentativa de conciliação, sua data constará no mandado" (Conclusão Cível 5ª do III ECJEs). "A análise do art. 52, inc. IV, da LJE, determina que, desde logo, expeça-se o mandado de penhora, depósito, avaliação e intimação, inclusive eventual audiência de conciliação designada, considerando-se o executado intimado com a simples entrega de cópia do referido mandado em seu endereço, devendo, nesse caso, ser certificado circunstanciadamente" (Enunciado Cível 38 do FONAJE).

(4c) Também: "Na execução do título judicial definitivo, ainda que não localizado o executado, admite-se a penhora de seus bens, dispensado o arresto. A intimação de penhora observará ao disposto no art. 19, § 2º, da Lei 9.099/95" (Enunciado Cível 43 do FONAJE).

Por outro lado, "não tendo a empresa devedora bens suficientes para garantir a execução da obrigação decorrente de relação de consumo, é cabível a penhora sobre os particulares dos sócios, desconsiderando-se a personalidade jurídica, independentemente da prova de abuso de direito, infração da lei ou violação do contrato social" (Rec. nº 946, 2º CR-SP, Rel. Barros Nogueira, 08-10-97). "Cabível a penhora em bens de empresa integrante de grupo econômico, à falta de bens conhecidos da executada, por aplicação da teoria da desconsideração da personalidade jurídica, conforme art. 28, §§ 2º e 5º, do CDC"[101] (Rec. nº 980, 2º CR-SP, Rel. Ribeiro dos Santos, 22-10-97). "Não tendo a empresa executada situação regular e estando em insolvência é possível a penhora de bens particulares de seus sócios, ainda que se trate de sociedade de fato" (Rec. nº 1.022, 2º CR-SP, Rel. Barros Nogueira, 19-11-97). "Estando a sociedade em situação irregular não há como sustentar a distinção entre seu patrimônio e o do sócio. Este responde com seus bens pelos débitos contraídos em nome da sociedade" (Rec. nº 940-A, 2º CR-SP, Rel. Barros Nogueira, 05-11-97).

(5) V. arts. 287, 461, § 4º, 621, 622 e 632, CPC, e 84, § 4º, CDC.

(5a) "Descabimento da imposição de multa cominatória (astreintes) em relação às obrigações de pagar, cuja satisfação é alcançada pela penhora. As astreintes tem sua aplicação restrita às obrigações de fazer ou de não fazer" (RJJERJ 1/80). "A multa cominatória prevista no art. 52, V, da LJE, não se aplica às execuções por quantia certa" (RJJERJ 1/92).

(5b) "Para melhor garantir a execução de entregar, de fazer ou de não fazer, poderão as partes estabelecer no acordo uma multa diária, com base no art. 52, V, da LJE" (Sugestão 2ª do II ECJEs). "A multa cominatória em caso de obrigação de fazer ou não fazer, deve ser estabelecida em valor fixo diário" (Enunciado Cível 24 do FONAJE). O limite, porém, é o de alçada de competência do JE (quarenta vezes o salário mínimo) (RJE 15/63). Também: "A multa diária cominada em decisão de obrigação de fazer que transitou em julgado, deve ficar limitada ao valor de alçada dos Juizados, ou seja, 40 salários mínimos, não integrando este teto, à evidência, os encargos, como juros, correção monetária, custas e honorários" (RJE 21/41). Idem: RJJERJ 1/14 e 15. "A multa cominatória aplicada não pode ser superior ao limite de 40 salários mínimos estabelecido para competência dos JEs, redução que se faz com fundamento no art. 924 da lei civil/16, c/c os arts. 3º, inc. I, e 39 da LJE" (RJJERJ 1/88). Mas, "Multa moratória. Caráter coercitivo, que tem por finalidade assegurar o efetivo cumprimento da obrigação. Por conter tal característica, o valor não é imutável, podendo ser aumentado ou reduzido, por discrição do juiz, conforme as peculiaridades do caso concreto. Obrigação principal cumprida e redução da multa aos limites daquela, nos termos do art. 920 do CC/16. A multa moratória não pode ensejar enriquecimento sem causa e sua redução não importa em afronta à coisa

---

[101] Art. 28, §§ 2º e 5º, CDC – Art. 28 – O juiz poderá desconsiderar a personalidade jurídica da sociedade quando, em detrimento do consumidor, houver abuso de direito, excesso de poder, infração da lei, fato ou ato ilícito ou violação dos estatutos ou contrato social. A desconsideração também será efetivada quando houver falência, estado de insolvência, encerramento ou inatividade da pessoa jurídica provocados por má administração. § 2º – As sociedades integrantes dos grupos societários e as sociedades controladas, são subsidiariamente responsáveis pelas obrigações decorrentes deste código. § 5º – Também poderá ser desconsiderada a pessoa jurídica sempre que sua personalidade for, de alguma forma, obstáculo ao ressarcimento de prejuízos causados aos consumidores.

julgada, já que é matéria a ser conhecida de ofício (art. 644 parág. único do diploma processual)[102] no processo de execução" (RJJERJ 1/43). Ainda: "Embora a multa cominatória fixada na fase de cognição não esteja sujeita ao limite de 40 (quarenta) salários mínimos, pode o Juiz na fase de execução e a partir daí reduzi-la, de tal sorte que a soma de seu valor não ultrapasse o quantitativo da obrigação principal mais perdas e danos" (Enunciado Cível 15 do I ECJTR-RJ). Por isso: "Obrigação de fazer – Multa diária acordada para descumprimento. Limitação a trinta dias pelo juiz da execução. Possibilidade. Autorização no parágrafo único do art. 462 do CPC.[103] Decisão mantida pois se mostrou excessiva a pena" (Rec. nº 2.900, 1º CR-SP, Rel. Joel Geishofer, 14-08-97).

Contra: "A multa cominatória não fica limitada ao valor de 40 salários mínimos, embora deva ser razoavelmente fixada pelo Juiz, obedecendo-se o valor da obrigação principal, mais perdas e danos, atendidas as condições econômicas do devedor" (Enunciado Cível 25 do FONAJE). "No caso de execução de sentença, as multas não estão adstritas ao valor de limite de alçada e sim ao valor da condenação" (Conclusão 3 do V Fórum-BA). "A multa tem a natureza jurídica de medida coercitiva e, como tal, compelir o devedor a adimplir a execução, não se submetendo a limites, salvo ao poder discricionário do juiz de reduzi-la ou ampliá-la, nos termos do art. 644, parágrafo único, do CPC, conforme seu prudente critério, se excessiva ou insuficiente" (RJJERJ 1/22).

(5c) "a) A multa cominatória em sede de Juizados Especiais Cíveis é cabível desde a prestação da tutela antecipada, nos casos do art. 52, V e VI, da LJE. b) A multa cominatória só é cabível nos casos do art. 52 da LJE. c) A multa cominatória, em caso de obrigação de não fazer, deve ser estabelecida em valor fixo/diário. d) A multa cominatória não fica limitada ao valor de 40 salários mínimos, embora deva ser razoavelmente fixada pelo Juiz, obedecendo ao valor da obrigação principal mais perdas e danos, atendidas as condições econômicas do devedor" (Conclusão Cível 7ª do II ECJEs). "A multa cominatória é cabível desde o cumprimento da tutela antecipada, nos casos dos incisos V e VI do art. 52 da Lei 9.099/95" (Enunciado Cível 22 do FONAJE). "A multa cominatória não é cabível nos casos do art. 53 da Lei 9.099/95" (Enunciado Cível 23 do FONAJE).

---

[102] Art. 644, CPC – Na execução em que o credor pedir o cumprimento de obrigação de fazer ou não fazer, determinada em título judicial, o juiz, se omissa a sentença, fixará multa por dia de atraso e a data a partir da qual ela será devida. Parágrafo único. O valor da multa poderá ser modificado pelo juiz da execução, verificado que se tornou insuficiente ou excessivo.

[103] Art. 462, CPC – Se, depois da propositura da ação, algum fato constitutivo, modificativo ou extintivo do direito influir no julgamento da lide, caberá ao juiz tomá-lo em consideração, de ofício ou a requerimento da parte, no momento de proferir a sentença.

(5d) "Obrigação de fazer. Fixado prazo ao devedor, e não satisfeita a obrigação, é lícito ao credor, nos próprios autos do processo, requerer indenização por perdas e danos. Inteligência do art. 633 do CPC[104] Fixação do *quantum* relativo a perdas e danos. Desnecessidade de liquidação. Analogia com a postulação formulada na inicial da ação cominatória, em pedido alternativo, do recebimento de quantia certa destinada a promover o conserto junto a outra empresa ou profissional da área de marcenaria" (RJE 36-37/54).

(6) V. notas anteriores e art. 633, CPC.

(7) "A arrematação e a adjudicação podem ser impugnadas por simples pedido" (Enunciado Cível 81 do FONAJE).

(7a) "A hasta pública será única, não se admitindo o preço vil" (Enunciado Cível 5 do VIII ECJEs, CANCELADO pelo Enunciado 56 do FONAJE).

(7b) "Antes de ordenada a alienação judicial do bem penhorado, poderá o juiz abrir ao exeqüente a possibilidade de adjudicar-lhe o bem, autorizando também sua venda pelo próprio exeqüente, pelo executado ou por terceiro idôneo, por valor não inferior ao da avaliação, depositando-se eventual diferença em juízo (inc. VII, art. 52, Lei 9099/95)" (Enunciado Jurídico 2 do I EJTR-RJ). "Em caso de leilão negativo ou após o exaurimento das hipóteses previstas no inc. VII, do art. 52, da Lei 9099/95, poderá o exeqüente requerer ao juiz a substituição do bem penhorado, sem reabertura do prazo para embargos" (Enunciado Jurídico 5 do I EJTR-RJ).

(8) V. art. 686, § 3º, CPC.

Também: "Designar-se-á hasta pública única, se o bem penhorado não atingir valor superior a vinte salários mínimos" (Enunciado Cível 79 do FONAJE).

(9) Em conseqüência, "na execução não deve o juiz definir questões de mérito, de ofício, que podem ser suscitadas pela parte em embargos do devedor, uma vez que o procedimento da LJE não oferece oportunidade de recurso de AI, nem o MS é substitutivo dessa espécie de impugnação. Acresce ainda que princípio da ampla defesa deve ser respeitado para não prejudicar os interesses da parte, que tem direito a um duplo grau de jurisdição" (RJJERJ 1/32).

Nas execuções de até 20 salários mínimos a assistência por advogado é facultativa (art. 9º).

(9a) Sobre custas e honorários, v. arts. 54 e 55 e respectivas notas. V., também, art. 741, CPC.

(9b) Prazo: "O prazo para embargar, no JE, quando o título é judicial, será de 10 dias, contados da intimação da penhora, nos termos do art. 738,

---

[104] Art. 633, CPC – Se, no prazo fixado, o devedor não satisfizer a obrigação, é lícito ao credor, nos próprios autos do processo, requerer que ela seja executada à custa do devedor, ou haver perdas e danos; caso em que ela se converte em indenização.

inc. I, do CPC"[105] (RJE 22/63). Idem: "Na execução judicial de quantia certa o prazo para interposição de embargos do devedor, conta-se da data da intimação da penhora" (Enunciado Cível 7 do I EJJEs-RJ). Ainda: "Os embargos do devedor devem ser ofertados no prazo de dez dias contados da juntada aos autos da prova de intimação da primeira penhora realizada nos autos da execução. Reforço de penhora não tem o condão de provocar a abertura de novo prazo para embargos. Inteligência do art. 738 do CPC" (RJE 36-37/56). "O prazo para interposição de embargos conta-se da juntada aos autos da prova da intimação da penhora, e não da juntada da carta precatória cumprida. Interpretação constante dos arts. 52 da LJE e 738, inc. I, do CPC" (RJE 32-33/41).

"Para que os embargos sejam recebidos e conhecidos, o embargante, com a inicial, deve provar uma das possibilidades previstas no art. 52, inc. IX" (RJE 19/78). "Descabem embargos à execução quando não-fundados nas situações previstas no art. 51, inc. IX. Trata-se de enumeração taxativa e com interpretação restritiva" (RJE 17/70-71). "Para que os embargos sejam recebidos e conhecidos, o embargante, com a inicial, deve provar uma das possibilidades previstas no art. 52, inc. IX, da LJE. (...) Conexão. A exceção de conexão e/ou continência entre dois pedidos, do próprio Juizado, além dos requeridos do CPC, deve ser argüida no processo de conhecimento, e não em embargos" (RJE 18/75). "Incabíveis embargos à execução quando não fundados nos itens do art. 52, inc. IX" (RJE 19/78). "Os embargos à execução de título judicial só podem versar as matérias previstas no art. 52, IX, da LJE, cujo rol é taxativo, pelo que, caso haja irregularidade no processo de execução, a argüição pertinente deve ser formulada no seu curso" (RJE-BA 2/36). Também: "São incabíveis os embargos à arrematação e à adjudicação em razão dos princípios do art. 2° da Lei 9.099/95" (Enunciado Cível 57 do FONAJE).

"Os embargos à execução poderão ser decididos pelo Juiz Leigo, observado o art. 40 da Lei n. 9.099/95" (Enunciado Cível 52 do FONAJE).

Sobre julgamento antecipado: "Cabe o conhecimento direto do pedido, nos termos do art. 740, parágrafo único, do CPC,[106] quando não se fizer necessária a produção de provas em audiência. Em sendo discutida a *causa debendi*, na incidental de embargos, ante a execução de título extrajudicial, e requerendo atempadamente a parte a produção de provas, vislumbrando-se esta necessária, constitui cerceamento de defesa o julgamento antecipado" (RJE 20/98).

---

[105] Art. 738, I, CPC – O devedor oferecerá os embargos no prazo de 10 (dez) dias, contados: I – da juntada aos autos da prova da intimação da penhora.

[106] Art. 740, parágrafo único, CPC – Não se realizará a audiência, se os embargos versarem sobre matéria de direito ou, sendo de direito e de fato, a prova for exclusivamente documental; caso em que o juiz proferirá sentença no prazo de 10 (dez) dias.

Sobre embargos protelatórios, v. art. 55 e notas.

Sobre custas devidas em caso de improcedência, v., no art. 54, o art. 3º do Provimento nº 34/96-CGJ.

É cabível, igualmente, a exceção de pré-executividade, por exemplo, para reduzir o valor em execução (RJE 23/45), ou para questionar a validade formal do título, atinente às condições da ação (AI nº 144731000, TAPR, 7ª Câm. Cív., Rel. Juiz Miguel Pessoa, 07-02-00).

(9c) Isto é, sem necessidade de autuação em apenso tal como na execução comum (art. 736, CPC).[107] Já na precatória, "o juízo deprecante é o competente para processar e julgar embargos à execução, salvo quando os embargos versarem sobre vícios da penhora, avaliação e licitação" (RJE 18/73). Contra: "Na execução por carta compete sempre ao juízo da execução o conhecimento e julgamento dos embargos, qualquer que seja o seu fundamento" (Enunciado Cível 3 do I ECJTR-RJ).

(10) V. arts. 13, 18 e 20, e respectivas notas.

"A falta de citação autoriza a interposição de embargos e nulifica todo o processo" (RJE 18/72). "Embargos às execução. Revelia decretada no processo de conhecimento. Matéria que pode ser ventilada nos embargos" (RJE 24/56). "Embargo é remédio idôneo para combater execução de título judicial, oriundo de processo que correu à revelia" (RJE-BA 2/37). "Ausência de intimação da sentença, em ação de conhecimento, ao réu revel que se faz presente ao processo, devidamente representado por advogado, antes de sua prolação. Direito de ser intimado dos atos processuais a partir de então. O comparecimento do réu revel ao feito, com juntada de instrumento de mandato outorgado a advogado, faz cessar a contumácia, não no sentido de elisão da revelia, já caracterizada nos termos do art. 20 da LEJ, mas traduzida no direito de ser intimado dos atos processuais a partir de então. Se o comparecimento se dá, nesses termos, antes da publicação da sentença, curial que o demandado, ainda que revel, dela deva ser intimado, pena de cerceamento à defesa. Inteligência do art. 322, segunda parte, do CPC. Sentença não-transitada em julgado. Inexistência de título executivo. Nulidade da execução ajuizada como definitiva. Inteligência do art. 618, inc. I, do CPC" (RJE 34-35/55).

No entanto, "se a carta citatória foi encaminhada para o endereço profissional do citando, entende-se válida e perfectibilizada a citação, mesmo que o AR tenha sido assinado por terceira pessoa. Válida a citação e corretamente decretada a revelia, improcedem os embargos à execução que pretendem discutir a matéria de mérito, própria para o recurso

---

[107] Art. 736, CPC – O devedor poderá opor-se à execução por meio de embargos, que serão autuados em apenso aos autos do processo principal.

ordinário, de apelação" (RJE 17/93). "Embargos de devedor. Improcedência. Alegação de nulidade da citação a contaminar o processo de conhecimento do qual resultou o título judicial em execução. Citação feita por carta com 'AR' entregue no endereço da 'ME' do recorrente, que reconhece ser este também o seu endereço residencial. Validade da citação mesmo que entregue a terceiro" (RJE 23/47). Ainda: "Réu revel que não atendeu ao chamado inicial para se defender em processo de conhecimento já decidido, e com sentença trânsita em julgado, não pode invocar sua ilegitimidade processual via embargos" (RJE 25/55).

(11) "A matéria relativa a excesso de execução deve ser deduzida tempestivamente, por meio de embargos, não cabendo apreciá-la de ofício quando interpostos fora de prazo" (Rec. n° 890, 2° CR-SP, Rel. Barros Nogueira, 20-08-97).

E não pode ser confundido com excesso de penhora; esse será solucionado na própria execução: "O credor não está obrigado a conhecer o patrimônio do devedor. No decorrer da execução, a requerimento do devedor, o Juiz pode adequar a penhora ao valor suficiente para cobrir o pagamento do débito, com a substituição do bem penhorado ou outra alternativa, com o pagamento" (RJE 17/69). "Excesso de penhora não se confunde com excesso de execução. Somente este último enseja embargos à execução" (Rec. n° 469, 2° CR-SP, Rel. Barros Nogueira, 24-07-96).

Mas, "para que os embargos sejam recebidos e conhecidos, o embargante, com a inicial, deve provar o excesso de execução ou da penhora, nos termos do art. 52, IX, da LJE. Se a conta, processo principal, corresponde à decisão transitada em julgado, à evidência, inexiste excesso de execução" (RJE 18/73). "Embargos à execução. Alegado excesso: inocorrência, eis que o limite do valor de alçada diz exatamente com aquele postulado na apresentação do pedido. Eventuais consectários do descumprimento voluntário da obrigação podem suplantar o teto no somatório geral" (RJE 17/69). "Excesso de penhora. Demonstrado, pelo cálculo do contador, que a conta já é maior do que o valor dos bens penhorados, improcedem os embargos à execução" (RJE 18/73). "Embargos à execução (...) Valor de alçada. Competência do JE. É de ser mantida a competência do JE para execução de julgado cujo valor original, do pedido, ficava dentro do limite de alçada e, pela demora na tramitação e resistência do devedor, o valor do débito vem a superar 40 vezes o salário mínimo. Interpretação do art. 3°, inc. I, da LJE" (RJE 18/73). "Excesso de execução. Inexiste excesso de execução se o valor ultrapassar o limite de alçada em virtude dos acréscimos, decorrentes de juros e de correção monetária" (RJE 18/75).

Porém, "a sentença condenatória proferida no JE de Pequenas Causas Cíveis é ineficaz na parte em que exceder o limite de alçada, mesmo transitada em julgado. A coisa julgada não impede que a sentença que condenou em valor superior tenha o *quantum* da obrigação reduzido por embargos na execução respectiva" (Apel. n° 597191105, TJRS, 2ª Câm. Cív., Rel. Des. Ari Darci Wachholz, 29-10-97).

Também: "Se o julgamento foi *citra petita*, a matéria não pode ser devolvida ao Conselho Recursal, não ficando a questão, assim, coberta pela coisa julgada" (RJJERJ 1/9).

(11a) Reconhecido o excesso de execução, impõe-se a redução do valor correspondente: "Alegação pela embargante de pagamentos parciais mediante cheques de terceiro. Admissão de dois desses pagamentos pelo exeqüente, um deles mediante cheque de terceiro cuja compensação foi negada. Abatimento do valor confessadamente recebido pelo exeqüente" (RJE 36-37/55).

(12) "Se o valor da execução de sentença corresponde, exatamente, ao valor da conta, lançada pelo contador e não-impugnada através de prova consistente (erro de cálculo, lançamento de itens não-constantes da sentença, etc.), não há se falar em excesso de execução" (RJE 18/73). "O valor de alçada, para fins de competência do Juizado, deve ser considerado no momento do ajuizamento do pedido. Na execução, à evidência, vale o valor da conta, impaga, na data do ajuizamento da execução. A correção monetária e encargos não se incluem no valor de alçada, até porque provocados pelo devedor inadimplente. Valor da conta. Incumbe ao devedor-embargante produzir a prova desconstitutiva da conta, nos termos do art. 333, inc. II, do CPC.[108] Excesso de Penhora. Demonstrado, nos autos, completa compatibilidade entre o débito e os bens penhorados, improcedem os embargos à execução, por motivo de excesso de penhora. Má-fé. Visto o caráter eminentemente procrastinatório dos embargos, o Juiz deve declarar a má-fé processual e fixar indenização em favor da parte contrária" (RJE 19/78-79).

(13) Exemplos: pagamento, novação e compensação com execução aparelhada (art. 741, VI, CPC).

(13a) Como a causa deve ser superveniente à sentença, obviamente descabe a rediscussão da matéria de mérito decidida: "Os embargos à execução não se prestam para rediscutir matéria de mérito, já superada no feito principal" (RJE 18/72). "É impossível a revisão da sentença de mérito, proferida no processo principal, que transitou em julgado, sem recurso, via embargos à execução" (RJE 18/75). Idem: RJE 19/78. "Eventuais nulidades não-argüidas no primeiro momento que foi dado à parte falar nos autos, mesmo tratando-se de embargos, torna preclusa a matéria" (RJE 20/100). "Embargos. Descabe reexame de matérias já enfrentadas

---

[108] Art. 333, II, CPC – O ônus da prova incumbe: II – ao réu, quanto à existência de fato impeditivo, modificativo ou extintivo do direito do autor.

por ocasião da sentença e acórdão" (RJE 23/45). "Em que pese a nulidade, em tese, da ausência de oferecimento de defensor aos réus, na audiência em que a parte adversa se faz acompanhar de procurador, trata-se de matéria preclusa, em face da coisa julgada e sobre a qual sequer foi interposto o recurso no tempo oportuno. Além disso, a matéria não encontra previsão em sede de embargos, nos termos do art. 52, IX, alíneas *a* a *d* da LJE. Tampouco se confunde com a nulidade do título (sentença)" (RJE 30-31/37). "Com a decisão nos embargos, o juiz de primeira instância não pode reformar a sentença proferida no processo de conhecimento" (RJE-BA 2/37). "Diante de acordo celebrado entre as partes litigantes e regularmente homologado por sentença pelo juiz orientador do juizado de pequenas causas, é inadmissível a pretensão de se rediscutir em embargos à execução questões prévia e definitivamente decididas no processo cognitivo, tendo em vista principalmente os efeitos da coisa julgada ocorrentes na espécie" (Apel. nº 215390-6, TAMG, 1ª Câm. Cív., Rel. Jurema Brasil Marins).

Contra: "Embargos à execução. Desconstituição de título executivo judicial que condenou a seguradora a indenizar furto de veículo segurado. Admissão dos embargos excepcionalmente pela 1ª TR, dada a relevância da matéria, e indícios de fraude. Instruído o feito, resultou provado tratar-se de furto forjado pelo embargado. Prova material com a apreensão da carcaça do veículo, aliada à prova testemunhal de ter sido o ora embargado quem depenou o veículo, abandonou naquele local. Desnecessidade de condenação criminal do embargado. Embargos procedentes" (RJE 17/70).

PROCESSAMENTO DA EXECUÇÃO DE TÍTULO EXTRAJUDICIAL
Art. 53. A execução de título executivo extrajudicial (1), no valor de até quarenta salários mínimos (1a), obedecerá ao disposto no Código de Processo Civil (1b), com as modificações introduzidas por esta Lei.
PENHORA
§ 1º. Efetuada a penhora (2, 2a, 2b), o devedor será intimado a comparecer à audiência de conciliação (2c), quando poderá oferecer embargos (art. 52, IX), por escrito ou verbalmente (2d).
AUDIÊNCIA DE CONCILIAÇÃO
§ 2º. Na audiência, será buscado o meio mais rápido e eficaz para a solução do litígio (3), se possível com dispensa da alienação judicial (3a), devendo o conciliador propor, entre outras medidas cabíveis, o pagamento do débito a prazo ou a prestação (3b), a dação em pagamento ou a imediata adjudicação do bem penhorado (3c, 3d).

Lei 9.099/95 - art. 53

AUSÊNCIA, OU IMPROCEDÊNCIA DOS EMBARGOS
§ 3º. Não apresentados os embargos em audiência, ou julgados improcedentes (4), qualquer das partes poderá requerer ao Juiz a adoção de uma das alternativas do parágrafo anterior.

EXTINÇÃO DO PROCESSO
§ 4º. Não encontrado o devedor (5) ou inexistindo bens penhoráveis (5a, 5b), o processo será imediatamente extinto, devolvendo-se os documentos ao autor (6).

ROTEIRO PARA AUDIÊNCIA DE CONCILIAÇÃO NA EXECUÇÃO DE TÍTULO EXECUTIVO EXTRAJUDICIAL

1º) Identificação do exeqüente e do executado através de identidade ou outro documento. Quando a parte for pessoa jurídica, deverá apresentar a carta de preposto em papel timbrado e/ou com o carimbo da empresa. Em caso de ser representada por diretor ou sócio, com poder de representação, exibir o estatuto ou contrato social, e, se for condomínio, pelo síndico, comprovando através da ata da assembléia geral que o elegeu. Se as partes vierem acompanhadas de advogados, identificá-los mediante a apresentação da carteira fornecida pela OAB;

2º) Ausente o exeqüente, é caso de extinção do feito, que poderá, posteriormente, ser reativado. Mas, estando presente o advogado do exeqüente, com poderes especiais para conciliar, poderá, com a concordância do executado, buscar-se acordo. Não concordando o executado em conciliar com o advogado do exeqüente, extingue-se o feito;

3º) Ausente o executado, devidamente intimado, e já tendo havido penhora de bens suficientes para garantir o juízo, fica prejudicada a audiência, mas prossegue-se a execução com os demais atos subseqüentes. Não existindo penhora, verificar se o mandado foi cumprido. Caso não tenha sido cumprido, determinar o cumprimento imediato, designando-se nova data para audiência, ficando os presentes intimados. Cumprido o mandado, mas com resultado negativo, dar ciência ao exeqüente para que se manifeste em 15 dias no sentido de indicar bens à penhora ou, se for o caso, informar o atual endereço do executado, sob pena de extinção do feito (art. 53, § 4º);

4º) Presentes as partes, deverá o juiz/conciliador, após inteirar-se a respeito do feito, dedicar-se na aproximação das partes com vistas à conciliação, apresentando propostas, como o pagamento do débito a prazo, a adjudicação do bem penhorado ao exeqüente por conta do débito, a dação em pagamento (outro bem do devedor ser dado ao credor pelo débito ou para abater o valor do débito), ou, ainda, a redução do valor do débito com o pagamento parcelado.

Obtido o acordo, reduzir a termo em linguagem bem clara, instando as partes para que cumpram espontaneamente e advertindo-as das conseqüências do descumprimento. Poderá ser estabelecida uma cláusula penal ou multa diária (art. 52, V) para o caso de descumprimento.

Poderá, também, a requerimento do exeqüente, ser indicado um bem do executado em garantia do cumprimento do acordo, assumindo este, formalmente, no mesmo termo, o compromisso de fiel depositário;

Lei 9.099/95 - art. 53

5º) Não havendo acordo e estando seguro o juízo, com a penhora (na execução por quantia certa) ou com o depósito (na execução para a entrega de coisa), poderá o executado, neste momento, oferecer, por escrito ou verbalmente, embargos à execução.

Em seguida, o juiz/conciliador dará a palavra ao exeqüente para impugnar, na hora, ou, no prazo de 10 dias (requerendo este prazo expressamente). Havendo necessidade de produção de prova testemunhal, designar-se-á data para audiência. Não se realizará a audiência se os embargos versarem sobre matéria de direito, ou, sendo de direito e de fato, a prova for exclusivamente documental, caso em que o juiz proferirá decisão na hora ou no prazo de 10 dias (nesta última hipótese, deverá designar data para a publicação da sentença em cartório, ficando as partes presentes desde logo intimadas).

Observação:

Tratando-se os embargos à execução de uma ação incidental e não de um recurso, aplica-se aqui o previsto no art. 9º da LJE;

6º) Não havendo acordo e não tendo sido interpostos embargos à execução, dar prosseguimento ao feito. Não havendo penhora por inexistência de bens penhoráveis ou não tendo sido encontrado o executado, dar ciência ao exeqüente para, em 15 dias, indicar bens do executado a serem penhorados ou informar o atual endereço deste, sob pena de extinção (art. 53, § 4º).

(1) Art. 585 do CPC – São títulos executivos extrajudiciais:

I – a letra de câmbio, a nota promissória, a duplicata, a debênture e o cheque;

II – a escritura pública ou outro documento público assinado pelo devedor; o documento particular assinado pelo devedor e duas testemunhas; o instrumento de transação referendado pelo Ministério Público, pela Defensoria Pública ou pelos advogados dos transatores;

III – os contratos de hipoteca, de penhor, de anticrese e de caução, bem como de seguro de vida e de acidentes pessoais de que resulte morte ou incapacidade;

IV – o crédito decorrente de foro, laudêmio, aluguel ou renda de imóvel, bem como encargo de condomínio desde que comprovado por contrato escrito;

V – o crédito de serventuário de justiça, de perito, de intérprete, ou de tradutor, quando as custas, emolumentos ou honorários forem aprovados por decisão judicial;

VI – a certidão de dívida ativa da Fazenda Pública da União, Estado, Distrito Federal, Território e Município, correspondente aos créditos inscritos na forma da lei;

VII – todos os demais títulos, a que, por disposição expressa, a lei atribuir força executiva.

V., também, art. 57, parágrafo único.

"A instauração de processo de execução deve ter por fundamento título de que emane obrigação de pagar. Não se constitui título executivo o documento em que se contém obrigação de pagar condicionada a fatos que exigem produção de prova. Processo extinto por inexistência de título executivo" (RJE 30-31/38). Também: "Título emitido sem data. Simples anotação a lápis colocada abaixo da assinatura, sem referência a ano. Força executiva inexistente. Extinção *ex officio* da execução" (RJE 38/65).

(1a) A opção do credor pelo JECiv implica renúncia ao crédito excedente ao limite de 40 salários mínimos (art. 3], § 1º, II).

(1b) V. arts. 566 a 795 do CPC.

Sobre fraude à execução, impenhorabilidade e execução provisória, v. notas 1a a 1c do artigo anterior.

(2) Em se tratando de penhora de bem objeto de garantia hipotecária, cumpre observar a "indispensabilidade de intimação do credor hipotecário. Exegese do art. 615, II, do CPC.[109] Pode a penhora recair sobre o bem hipotecado. Mas o credor hipotecário deve ser necessariamente intimado, sob pena de se tornar ineficaz em relação a ele futura alienação judicial" (RJE-BA 2/39).

(2a) "É possível a realização de audiência de conciliação nas execuções por título extrajudicial antes de realizada a penhora" (Conclusão Cível 6ª do II ECJEs).

Já o mandado deverá ser cumprido no prazo máximo de 15 dias (Of. Circ. nº 26/98-CGJ).

(2b) "Penhora. É insubsistente a penhora de imóvel alienado dois anos antes da constrição" (RJE 36-37/54).

(2c) "A audiência de conciliação, na execução de título executivo extrajudicial, é obrigatória e o executado, querendo embargar, deverá fazê-lo neste momento (art. 53, §§ 1º e 2º)" (Enunciado Cível 19 do FONAJE). "No caso de execução de títulos extrajudiciais, efetivada a penhora e infrutífera a audiência de tentativa de conciliação, podem ser apresentados embargos, pelo devedor, no próprio ato da audiência, nos termos do art. 35 da LJE. Intempestivos, pois, embargos apresentados em outro momento processual" (Rec. n. 01597547429, Rel. Claudir Fidélis Faccenda, 1ª TR/RS, 03-12-97). "O executado tem o direito de ser intimado para a audiência do art. 53, § 1º, da LJE, quando terá oportunidade de propor as formas de transação relacionadas pelo legislador. Não abrir oportunidade para que as partes transijam é violar direito público sub-

---

[109] Art. 615, II, CPC – Cumpre ainda ao credor: II – requerer a intimação do credor pignoratício, hipotecário, ou anticrético, ou usufrutuário, quando a penhora recair sobre bens gravados por penhor, hipoteca, anticrese ou usufruto.

jetivo delas, colidindo com as normas estruturais dos JEs definidas no art. 2º da LJE" (RJJERJ 1/70).

Por isso: "Se não realizada a audiência de conciliação, depois da penhora, conforme manda o § 1º do art. 53 da LJE, devem ser recebidos os embargos, como tempestivos, se ajuizados nos 10 dias seguintes à intimação da penhora, sob pena de prejuízo ao devedor. Aplica-se, aqui, subsidiariamente, o CPC" (Rec. nº 01597550803, Rel. Claudir Fidélis Faccenda, 1ª TR/RS, 22-12-97). E: "Audiência de conciliação adiada, fazendo-se constar no termo que, na próxima data a ser designada, seria oportunizado o oferecimento de embargos. Não-realizada nova audiência, impunha-se intimar a executada para oferecer embargos, querendo. Como isto inocorreu, prosseguindo a execução, designados leilões, foram os mesmos suspensos por liminar deferida neste MS. Segurança concedida" (RJE 21/52).

Também: "Não se justifica a extinção do processo, se a audiência de conciliação não se realiza, pela ausência das partes, se não há nos autos a prova da citação do executado e da intimação do exeqüente para o ato. Audiência designada antes de concretizada a penhora. Inversão da ordem legal. Nulidade da decisão" (RJJERJ 1/31).

Ainda: "A audiência de conciliação pressupõe execução por título extrajudicial, sendo indevido o ato na liquidação de julgado – eventual realização não gera conseqüências quanto à ausência das partes, quer pela extinção, quer pela revelia" (RJE 20/77).

(2d) V. notas ao inc. IX do art. anterior, sobre cabimento e situações de admissibilidade dos embargos, e art. 745, CPC.

(3) "É cabível a aplicação da desconsideração da personalidade jurídica, inclusive na fase de execução, quando a relação jurídica de direito material decorrer da relação de consumo" (Enunciado Cível 60 do FONAJE).

(3a) "É possível a adjudicação do bem penhorado em execução de título extrajudicial, antes do leilão, desde que, comunicado do pedido, o executado não se oponha, no prazo de 10 dias" (Enunciado Cível 66 do FONAJE).

(3b) "Admite-se o pagamento de débito por meio de desconto em folha de pagamento, após a anuência expressa do devedor e em percentual que reconheça não afetar sua subsistência e a de sua família, atendendo sua comodidade e conveniência pessoal" (Enunciado Cível 59 do FONAJE).

(3c) "A multa cominatória não é cabível nos casos do art. 53 da Lei 9.099/95" (Enunciado Cível 23 do FONAJE).

(3d) "É cabível a adjudicação imediata de bens penhorados, no processo de execução nos Juizados Especiais Cíveis" (Enunciado Cível 10 do II EJJEs-RJ).

(4) Momento de apresentação: "No caso de execução de títulos extrajudiciais, efetivada a penhora e infrutífera a audiência de tentativa de conciliação, podem ser apresentados embargos, pelo devedor, no próprio ato da audiência, nos termos do art. 53 da LJE. Intempestivos, pois, embargos apresentados em outro momento processual" (RJE 21/41). "O prazo para embargar, no JE, quando o título é judicial, será de 10 dias, contados da intimação da penhora, nos termos do art. 738, inc. I, do CPC.[110] Quando se tratar de execução de título extrajudicial, os embargos deverão ser apresentados na audiência de conciliação, se esta resultar infrutífera, nos termos do art. 53, § 1º, da LJE" (RJE 22/63).

No entanto, "se não realizada a audiência de conciliação, depois da penhora, devem ser recebidos os embargos, como tempestivos, se ajuizados nos 10 dias seguintes à intimação da penhora, sob pena de prejuízo ao devedor. Aplica-se, aqui, subsidiariamente, o CPC" (RJE 21/54).

"Os embargos à execução poderão ser decididos pelo Juiz Leigo, observando o art. 40 da Lei n. 9.099/95" (Enunciado Cível 52 do FONAJE).

Sobre julgamento antecipado, observar que: "Cabe o conhecimento direto do pedido, nos termos do art. 740, parágrafo único, do CPC, quando não se fizer necessária a produção de provas em audiência. Em sendo discutida a *causa debendi*, na incidental de embargos, ante a execução de título extrajudicial, e requerendo atempadamente a parte a produção de provas, vislumbrando-se esta necessária, constitui cerceamento de defesa o julgamento antecipado" (RJE 20/98).

(5) Mas, "frustrada a citação do executado, lícito se afigura a promoção de diligências no sentido de localizá-lo, devendo ser concedida ao exeqüente oportunidade de apresentar novos dados ou informes para encontrar o devedor, vingando a extinção somente após o esgotamento das tentativas" (Rec. nº 1.015, 2º CR-SP, Rel. Marciano da Fonseca, 19-11-97). Logo, "não pode o juiz extinguir de ofício a execução, apenando o exeqüente pela má-fé do executado, se cabia apenas a este informar sua mudança de endereço. O dispositivo legal invocado somente poderá ser aplicado após esgotados todos os meios para satisfação do crédito do exeqüente -, o juiz deverá adotar as providências cabíveis, atendendo ao fim social da lei, para satisfação do crédito" (RJE-BA 2/39).

(5a) "A certidão do oficial de justiça que atesta não existir bens penhoráveis não pode servir, por si só, de meio hábil à extinção do processo. A necessária cautela impõe que haja manifestação do exeqüente sobre a certidão, e, se for o caso, indique bens a penhora. Se frustrada a possibilidade, julga-se extinto o processo. Ainda, aplicando-se subsidiaria-

---

[110] Art. 738, I, CPC – O devedor oferecerá os embargos no prazo de 10 (dez) dias, contados: I – da juntada aos autos da prova da intimação da penhora.

mente o CPC, prevê o art. 659, § 3º,[111] que o oficial de justiça descreva bens que guarnecem a residência ou o estabelecimento do devedor, posto que caberá ao magistrado decidir sobre a possibilidade ou não da penhora, prerrogativa alheia às funções do serventuário" (Rec. nº 64/97, 2ª TR/MT, Rel. Carlos Alberto Alves da Rocha). "O meirinho tem o dever/obrigação de diligenciar com o objeto de constatar os bens do devedor, que são passíveis de penhora e não simplesmente certificar a não-existência, baseado em relato do próprio executado. O processo de execução não deverá ser extinto, com base no art. 53 da LJE, quando o credor indicar bens que sejam passíveis de penhora" (Rec. nº 2.583, 1ª TR/SC, Rel. Dionísio Jenczak, 22-04-97).

(5b) "A conjunção alternativa 'ou' consignada no § 4º do art. 53 da LJE, observada a hipótese de localização de bens, mas não do devedor, autoriza o arresto e a citação editalícia, observados, no que couber, os arts. 653 e 654 do CPC.[112] O § 2º do art. 18 da LJE não se aplica ao processo de execução" (Conclusão Cível 4ª do III ECJEs). "Em exegese ao art. 53, § 4º, da Lei 9.099/95, não se aplica ao processo de execução o disposto no art. 18, § 2º, da referida Lei, sendo autorizado arresto e a citação editalícia quando não encontrado o devedor, observados, no que couber, os arts. 653 e 664 do CPC" (Enunciado Cível 37 do FONAJE).

(6) Não se aplica, portanto, a suspensão do processo prevista no art. 791, III, do CPC.

"A hipótese do § 4º, do 53, da Lei 9.099/95, também se aplica às execuções de título judicial, entregando-se ao exeqüente, no caso, certidão do seu crédito, como título para futura execução, sem prejuízo da manutenção do nome do exeqüente no Cartório Distribuidor" (Enunciado Cível 75 do FONAJE).

"No processo de execução, esgotados os meios de defesa ou inexistindo bens para a garantia do débito, expede-se a pedido do exeqüente certidão de dívida para fins e/ou inscrição no serviço de Proteção ao Crédito – SPC e SERASA, sob pena de responsabilidade" (Enunciado Cível 76 do FONAJE).

---

[111] Art. 659, § 3º, CPC – No caso do parágrafo anterior e bem assim quando não encontrar quaisquer bens penhoráveis, o oficial descreverá na certidão os que guarnecem a residência ou o estabelecimento do devedor.

[112] Art. 653, CPC – O oficial de justiça, não encontrando o devedor, arrestar-lhe-á tantos bens quantos bastem para garantir a execução. Parágrafo único. Nos 10 (dez) dias seguintes à efetivação do arresto, o oficial da justiça procurará o devedor 3 (três) vezes em dias distintos; não o encontrando, certificará o ocorrido.
Art. 654 – Compete ao credor, dentro de 10 (dez) dias, contados da data em que foi intimado do arresto a que se refere o parágrafo único do artigo anterior, requerer a citação por edital do devedor. Findo o prazo do edital, terá o devedor o prazo a que se refere o art. 652, convertendo-se o arresto em penhora em caso de não pagamento.

Também: "Extinta a execução no JE, com base no § 4º do art. 53 da LJE, é legítima a iniciativa de cobrança no juízo comum" (AI nº 144731000, TAPR, 7ª Câm. Cív., Rel. Juiz Miguel Pessoa, 07-02-00).

SEÇÃO XVI
DAS DESPESAS

ISENÇÃO DE CUSTAS, TAXAS OU DESPESAS
Art. 54. O acesso ao Juizado Especial independerá, em primeiro grau de jurisdição, do pagamento de custas, taxas ou despesas (1, 1a).
PREPARO DO RECURSO
Parágrafo único. O preparo do recurso (2), na forma do § 1º do art. 42 desta Lei, compreenderá todas as despesas processuais (3), **inclusive aquelas dispensadas em primeiro grau de jurisdição, ressalvada a hipótese de assistência judiciária gratuita** (4).

(1) "A gratuidade para os Juizados Especiais Cíveis estende-se, quando necessário, para os registros nos Cartórios Extrajudiciais" (Sugestão 4ª do II ECJEs).
Também: "Não são devidas custas quando opostos embargos do devedor" (Enunciado Cível 21 do VI ECJEs). "Não há obrigatoriedade do pagamento de custas quando opostos embargos do devedor e imposição de ônus sucumbenciais, salvo quando julgados improcedentes os embargos" (Enunciado Cível 5 do I EM-RJ).
Ainda: "No âmbito dos Juizados Especiais, não são devidas despesas para efeito do cumprimento de diligências, inclusive quando da expedição de cartas precatórias" (Enunciado Cível 44 do FONAJE).
(1a) Malgrado a regra geral de isenção do pagamento de custas ou despesas, todos os atos deverão ser cotados prevendo-se as hipóteses de eventual interposição de recurso, litigância de má-fé ou denegação de recurso. Por força do art. 55, o juiz condenará o vencido ao pagamento de custas e honorários advocatícios no caso de litigância de má-fé: "A sentença e/ou o acórdão deve mencionar, sempre, a incidência, ou não, das custas do processo e honorários de advogado, atendendo-se ao princípio do art. 55 da LJE" (Rec. nº 01597518420, 1ª TR/RS, Rel. Claudir Fidélis Faccenda, 02-07-97).
Mas não caberá cobrança de custas referentes ao Distribuidor, que nenhuma tarefa desempenha nos processos dos JEs. Tangente ao Contador e ao Oficial de Justiça, a inclusão das respectivas custas e despesas

(aqui, no sentido restrito de condução, no caso do meirinho) ficará na dependência da efetiva atuação no processo.

De observar, também, que: "A Fazenda Pública Estadual e suas Autarquias ou aquelas em que a dispensa de preparo prévio decorrem de lei (Assistência Judiciária, JECiv e MP) estão isentas do pagamento prévio devidos aos Oficiais de Justiça a título de despesas de condução" (AI nº 598084507, TJRS, 2ª Câm. Cív., Rel. Des. Arno Werlang, 26-08-98). "Despesa de condução do Oficial de Justiça. A antecipação desta parcela é indevida quando a parte requerente for a fazenda pública ou uma de suas autarquias. A organização judiciária estadual prevê existência de gratificação incorporada a remuneração dos oficiais de justiça, paga mensalmente, cuja finalidade é o ressarcimento destas despesas em causas de interesse da fazenda pública e de suas autarquias ou aquelas em que as isenções ou dispensa de preparo prévio decorram de lei (assistência judiciária, JEs, MP...). Hipótese que não se enquadra nos termos da Súmula nº 190 do STJ" (AI nº 598452167, TJRS, 20ª Câm. Cív., Rel. Des. José Aquino Flores de Camargo, 16-03-99).

(2) Provimento nº 34/96-CGJ: Art. 1º- O preparo dos recursos nos JEs, ressalvada a hipótese de assistência judiciária, abrange todas as despesas, em sentido amplo, aí compreendidas também as custas dos servidores que efetivamente atuaram no processo, calculadas na forma do respectivo Regimento, além da taxa judiciária de 0,6% sobre o valor da causa, quando este for superior a 300 UFIRs. Parág. único (acrescentado pelo Prov. nº 23/97-CGJ) – Considerando o princípio que rege a aplicação de custas não ser a remuneração de atos praticados, mas sim o seu caráter punitivo e impeditivo, deve o preparo ser cobrado de ambos os recorrentes, até porque se desconhece, quando da propositura do primeiro recurso, se a outra parte, vencida em parte, também não tomará a mesma providência. Por outro lado, cobrar-se apenas do primeiro a interpor o recurso seria solução contrária ao princípio do tratamento igualitário das partes. Fica, porém, resguardada a jurisdição, na medida em que a Turma Recursal poderá determinar o reembolso do recorrente vencedor, se assim o entender. Art. 2º – Para reativação de processos extintos com fundamento no art. 51, I, da LJE, serão devidas as mesmas parcelas referidas no art. anterior. Art. 3º – Na hipótese de improcedência de embargos de devedor – ajuizados em execução de título judicial ou extrajudicial -, serão igualmente devidas as mesmas parcelas discriminadas no art. 1º, com pagamento ao final, sendo as custas do Escrivão calculadas de acordo com a Tabela I, item 5.a., do Regime de Custas. Art. 4º – Para efeito de conta de custas deverá ser levado em consideração o valor da causa atualizado pela URC."

(3) As despesas processuais compreendem as custas, embora a sentença não condene o vencido a tal pagamento.
(4) V. notas ao § 1º do art. 42.
"O fato de a parte ter a opção de ajuizar perante o JECiv em conseqüência do valor da causa não impede a concessão do benefício da Justiça Gratuita. Interpretação do disposto no art. 4º e seu § 1º da Lei nº 1.060/50" (AI nº 0317767-7/2000, TAMG, 2ª Câm. Cív., Rel. Juiz Manuel Saramago, 26-09-00)

CUSTAS E HONORÁRIOS
Art. 55. A sentença de primeiro grau não condenará o vencido em custas (1) e honorários de advogado (1a), ressalvados os casos de litigância de má-fé (2, 2a). Em segundo grau (3), o recorrente, vencido (3a, 3b, 3c, 3d, 3e), pagará as custas e honorários de advogado, que serão fixados entre dez por cento e vinte por cento do valor de condenação ou, não havendo condenação (4), do valor corrigido da causa (4a).
CUSTAS NA EXECUÇÃO
Parágrafo único. Na execução não serão contadas custas (5, 5a), salvo quando:
I – reconhecida a litigância de má-fé;
II – improcedentes os embargos do devedor (5b);
III – tratar-se de execução de sentença que tenha sido objeto de recurso improvido do devedor.

(1) "Havendo extinção do processo com base no inc. I do art. 51 da Lei 9.099/95, é necessária a condenação em custas" (Enunciado Cível 28 do FONAJE).
(1a) "Descabem honorários no JE, em primeiro grau, em qualquer hipótese. Optando pelo sistema, a parte deve submeter-se aos princípios que lhe são próprios" (RJE 17/93).
Não é viável sequer a postulação de honorários em ação distinta com o objetivo de contornar o descabimento previsto em lei: "Ressarcimento de honorários do advogado do vencedor em causa que tramitou no JE. Não-cabimento, pois a sistemática da LJE só admite a condenação em honorários em caso de má-fé ou quando vencido o recorrente (art. 55). Inviabilidade de conseguir-se a condenação na sucumbência, pela via indireta da ação de indenização, quando a LJE não prevê, no caso, a condenação em honorários. Hipótese em que não houve omissão da lei, mas adoção de sistemática diversa daquela do CPC" (RJE 21/44). "Ressarcimento de despesas tidas por responder à ação judicial julgada improcedente. Não responde a parte vencida em ação judicial, por verba

honorária, a menos que seja recorrente vencida, conforme art. 55 da LJE. Cada parte suporta as despesas que efetua pelo seu ônus probatório, e a improcedência do pedido não conduz à obrigação de ressarcir a parte vencedora por seus gastos. Propositura de ação judicial é exercício de direito. Eventual má-fé deveria ser conhecida e apreciada no próprio proceso" (RJE 38/74).

Mas, "se o advogado (autor), representando seu cliente, foi vencedor na ação que promoveu contra o banco demandado, tem, é certo, crédito dos honorários respectivos, conforme estabeleceu a sentença e o acórdão. Posterior acordo entre as partes, presidido por terceiro procurador, só teria eficácia perante o demandante se este tivesse participado, sem o que persiste o princípio de 'que o advogado tem direito ao recebimento dos honorários, fixados em sucumbência'" (RJE 20/79).

(2) Art. 17 – Reputa-se litigante de má-fé aquele que:

I – deduzir pretensão ou defesa contra texto expresso de lei ou fato incontroverso;

II – alterar a verdade dos fatos;

III – usar do processo para conseguir objetivo ilegal;

IV – opuser resistência injustificada ao andamento do processo;

V – proceder de modo temerário em qualquer incidente ou ato do processo;

VI – provocar incidentes manifestamente infundados.

VII – Interpuser recurso com intuito manifestamente protelatório.

"A litigância de má-fé, para ser declarada, com multa à parte infratora, deve resultar evidente, sob pena de se punir quem, legitimamente, sustenta versão em juízo" (RJE 19/61). "Vir a Juízo pleitear direito não importa, por si só, litigância de má-fé" (RJJERJ 1/44).

Assim, por exemplo: "A má-fé, pela renovação do ajuizamento do pedido, não pode ser declarada em virtude de as demandas não serem as mesmas e, ainda, face à divergência jurisprudencial em torno da exoneração do fiador" (RJE 21/51). "Não pode ser declarada litigante de má-fé a parte que não aceitou acordo ou transação, preferindo discutir o mérito da causa" (RJE 22/55).

(2a) É aplicável de ofício (RJE 15/52, 21/40) e se identifica nas seguintes situações:

a) procrastinação infundada do processo (RJE 15/46) ou dos embargos (RJE 18/73, 19/78-79), com a criação de obstáculos ainda que mascarados de fundamento jurídico (Rec. nº 892, 2º CR-SP, Rel. Rodrigues Teixeira, 06-09-97);

b) postulação ou defesa contra texto expresso de lei (RJE 15/53, 19/63);

c) comportamento do autor visando a contornar a proibição de a pessoa jurídica atuar como autora no JE, bem como o valor de alçada do sistema (RJE 17/74);

d) argumentação recursal de ocorrência de novação, quando o recorrente, em depoimento, admitiu a dívida e somente pleiteou prazo para efetuar o pagamento (RJE 17/46), bem como a admissão, antes da sentença, de ser proprietário de veículo, com afirmação em contrário nas razões recursais, para livrar-se de responsabilidade por acidente de veículo (Rec. n° 1.005, 2° CR-SP, Rel. Fernando Redondo, 22-10-97);

e) pedido formulado em contra-razões de recurso frontalmente contra a prova dos autos e as próprias razões do recorrido (RJE 17/53);

f) alegação de desconhecimento de reclamação administrativa da qual comprovadamente lhe foi dada ciência (RJE 17/60);

g) uso de expedientes processuais com visível objetivo de retardar o cumprimento da obrigação (RJE 18/73, 18/74, 21/33), como, por exemplo, com a apresentação de reconvenção, inexistente no sistema, nãojuntada da via original do recibo e suspeita de rasura no documento (Rec. n° 01597549135, 1ª TR/RS, Rel. Claudir Fidélis Faccenda, 17-12-95);

h) alteração da verdade do fato (RJE 18/98-99);

i) utilização do nome de terceiros, porque se encontra cadastrado negativamente nos órgãos de controle de crédito, com oposição ao pagamento do preço do bem adquirido para proveito próprio (RJE 19/63);

j) dedução de pretensão ou de defesa contra fato incontroverso (RJE 16/37, 19/63, 20/83, 21/37), como, por exemplo, postulação de danos oriundos de um segundo acidente ocorrido antes mesmo do conserto do veículo (RJE 28-29/45), ou alegação de renúncia em determinados meses, em ação de cobrança de aluguel por pagamento de valores inferiores do aluguel correto, quando há evidência que a ação tem por objeto meses diversos (Apel. Cív. n° 0207562-7, TAPR, 1ª Câm. Cív., Rel. Marcos de Luca Fanchin, 13-05-03);

l) interposição de recurso reconhecidamente protelatório (RJE 20/73), para atrasar o desfecho da lide (RJJERJ 1/36), ou descabido, como, por exemplo, contra sentença homologatória de conciliação (RJE 23/46);

m) alegação de dúvida, pela seguradora, a quem pagar sem a menor razoabilidade (RJE 20/106);

n) omissão de referência a pagamentos parciais na execução de cambial (RJE 21/53);

o) insistência dos embargantes em alegar nulidade da execução por falta de citação para a execução da sentença (RJE 30-31/37).

A indenização da litigância de má-fé pode ser feita através da imposição de sucumbência (RJE 17/74) ou de pena pecuniária (RJE 18/73), podendo esta ser estabelecida em 20% sobre o valor da ação (RJE 16/37) ou em 10% sobre o valor da condenação (RJE 18/74).

(3) Assim, " não se condena o recorrido-vencido nos ônus da sucumbência, visto que a LJE prevê tal condenação apenas em relação ao recorrente-vencido" (Rec. nº 587, TR/MG, Rel. Vanessa Verdolin, 17-10-97).

Ainda: "Considerando que o art. 55 da LJE não faz distinção entre sentença proferida no processo de conhecimento e no processo de execução, os honorários advocatícios são indevidos numa ou noutra hipótese. O fator determinante é o grau de instância e não a espécie do processo" (Rec. nº 715, 2º CR-SP, Rel. Vitorino Ângelo Filipin, 05-03-97).

(3a) Mas integralmente "vencido", e não apenas em parte: "Não se aplica o disposto no art. 55, *caput*, da Lei 9099/95, na hipótese de provimento parcial do recurso" (Enunciado Cível 9 do I ECJTR-RJ). "As custas e honorários advocatícios somente são devidos quando vencido, integralmente, o recorrente, medida que visa desestimular o uso do recurso manifestamente infundado ou protelatório, sem impedir o uso normal e apropriado da via recursal" (RJE 18/120). "A condenação em honorários só é permitida quando o recorrente for vencido, ou nos casos de má-fé. Assim, mesmo que vencido parcialmente, como no caso, não tem cabimento a condenação em honorários" (RJE 20/76). "A sentença e/ou o acórdão deve mencionar, sempre, a incidência, ou não, das custas do processo e honorários de advogado, atendendo-se ao princípio do art. 55 da LJE. Quando o recurso for provido parcialmente, descabe a condenação do recorrente à sucumbência, salvo a hipótese de má-fé" (RJE 20/76).

Contra: "A sucumbência tem incidência nos casos de apelo ao 2º grau, embora parcialmente acolhido o recurso do apelante" (RJE 19/97). "A imposição dos ônus sucumbenciais diz da responsabilidade única do recorrente vencido, art. 55 da LJE. Provido parcialmente o recurso, continua a responder pela integralidade das custas. Honorários balizados pelos percentuais indicados, sopesada a reforma parcial. Alterada condenação em dinheiro, desnecessária modificação do percentual" (RJE 21/56). "Custas e honorários. Condenação da parte recorrente, embora provido parcialmente seu recurso, por ter a parte contrária decaído de parte mínima do pedido. Inteligência do art. 55 da LJE. Aplicação da regra do art. 21, parágrafo único, do CPC"[113] (RJJERJ 1/37).

(3b) "Não há imposição de ônus sucumbenciais na hipótese de anulação de sentença nas Turmas Recursais" (Enunciado 4 das TRCiv do RJ).

---

[113] Art. 21, parágrafo único, CPC – Se um litigante decair de parte mínima do pedido, o outro responderá, por inteiro, pelas despesas e honorários.

(3c) Da mesma forma, "provido o recurso da parte vencida, o recorrido não responde pelos ônus sucumbenciais" (Enunciado 5 das TRCiv do RJ).
(3d) "Não-conhecimento do recurso enseja pagamento da sucumbência pelo recorrente" (Enunciado Cível 27 do I ECJTR-RJ).
(3e) "Condenação do recorrente vencido ao pagamento de honorários advocatícios de sucumbência. Descabimento se o recorrido não constituiu advogado para a propositura da ação e não apresentou contra-razões de recurso" (RJJERJ 1/45).
(4) Vale dizer, quando o acórdão confirmar a sentença de improcedência do pedido.
(4a) "No JE não haverá condenação em custas no primeiro grau, salvo nos casos de declaração de litigância de má-fé. Já em grau de recurso, haverá condenação do recorrente em custas e honorários em caso de improvimento do recurso" (RJE 20/75).
(5) A lei faz menção apenas a custas, não a honorários advocatícios.
(5a) "Não há obrigatoriedade do pagamento de custas quando opostos embargos do devedor e imposição de ônus sucumbenciais, salvo quando julgados improcedentes os embargos" (Conclusão Cível 5ª do II ECJEs). "Não são devidas custas, quando opostos embargos do devedor. Não há sucumbência, salvo quando julgados improcedentes os embargos" (Enunciado Cível 21 do FONAJE).
(5b) "A regra do art. 55, inc. II, da LJE, atrela a responsabilização sucumbencial ao juízo de improcedência dos embargos" (RJE 34-35/54).

SEÇÃO XVII
DISPOSIÇÕES FINAIS

ASSISTÊNCIA JUDICIÁRIA
Art. 56. Instituído o Juizado Especial, serão implantadas as curadorias necessárias e o serviço de assistência judiciária (1).

(1) V. Lei 1.060/50 (Assistência Judiciária Gratuita) e art. 5º, LXXIV, CF. A prestação da assistência judiciária é atribuição da Defensoria Pública, no RS, segundo a Lei Estadual nº 10.675, de 02-01-96.

ACORDO EXTRAJUDICIAL
Art. 57. O acordo extrajudicial, de qualquer natureza ou valor, poderá ser homologado, no juízo competente (1), **independentemente de termo** (1a), **valendo a sentença como título executivo judicial** (1b, 1c, 1d).

Lei 9.099/95 - art. 57

Parágrafo único. Valerá como título extrajudicial (2) **o acordo celebrado pelas partes, por instrumento escrito, referendado pelo órgão competente do Ministério Público.**

(**1**) O juízo competente, dependendo da natureza (versando questões diversas daquelas previstas no art. 3°, ou envolvendo pessoas excluídas pelo art. 3°) e do valor (superior a 40 salários mínimos) do acordo, pode não ser o do JE, caso em que a homologação deve ser pleiteada no juízo comum.

(**1a**) Isto é, a homologação pode ser lançada na própria petição contendo as cláusulas e condições do acordo.

(**1b**) V. art. 584, III, do CPC.

"A eficácia do acordo extrajudicial a que se refere o art. 57, que pode ser sobre matéria de qualquer natureza ou valor, está condicionada à homologação pelo juízo competente e poderá ser executada no Juizado Especial, nos casos de sua competência" (Conclusão 13ª da CNI-ENM). Assim: "Alimentos. Acordo homologado perante órgão do MP no Juizado de Pequenas Causas, hoje transformado em JECiv. Força executiva face ao disposto no artigo 57, § único, da LJE, aplicando-se à hipótese o previsto no art. 462 do CPC"[114] (Apel. n° 3783/97, TJRJ, 3ª Câm. Cív., Rel. Des. Humberto Perri, 18-11-97). "Transação extrajudicial – homologação – admissibilidade – interpretação do art. 57 da LJE. A partir da Lei Federal n° 7.244, de 1984, tornaram-se possíveis requerimentos de simples homologação judicial para quaisquer acordos extrajudiciais, independentemente da matéria e do valor versados" (Apel. Cív. n° 132.277-4/6-00, TJSP, 3ª Câm. de Direito Privado de Férias, Rel. Des. Carlos Roberto Gonçalves, 28-01-03). Também: "Optando o autor da ação de reparação de danos pelo JECiv, sua renúncia à quantia excedente a quarenta vezes o salário mínimo é automática, ficando sem efeito apenas no caso de conciliação ou transação em que as partes estipulem valor maior ao previsto em lei" (CCo n. 00960017125, TJ-ES, Rel. José Eduardo Grandi Ribeiro, 25-03-97).

(**1c**) "O pedido de homologação de acordo extrajudicial deverá ser ratificado, pessoalmente, pelas partes" (Enunciado Cível 4 do II EJJEs-RJ).

(**1d**) Essa sentença será passível de recurso, já que o art. 41, *caput*, tratando das sentenças irrecorríveis, refere-se apenas às homologatórias de conciliação e laudo arbitral, e não às de transação.

(**2**) V. art. 585, VII, do CPC.

---

[114] Art. 462, CPC – Se, depois da propositura da ação, algum fato constitutivo, modificativo ou extintivo do direito influir no julgamento da lide, caberá ao juiz tomá-lo em consideração, de ofício ou a requerimento da parte, no momento de proferir a sentença.

AMPLIAÇÃO DAS HIPÓTESES DE CONCILIAÇÃO
Art. 58. As normas de organização judiciária local poderão estender a conciliação prevista nos arts. 22 e 23 a causas não abrangidas por esta Lei (1).

(1) Conclusão 3ª do I ECJEs: "A lei local não poderá ampliar a competência do Juizado Especial." Conclusão 12ª do II ECJEs: "O elenco das causas previstas no art. 3° da LJE é taxativo".

Contra: "As normas de organização judiciária local poderão estender a conciliação prevista nos arts. 22 e 23 da LJE às causas não abrangidas pelos JEs. Os conciliadores não podem, em hipótese alguma, proferir despacho nos autos, muito menos de direção do processo, invertendo a sua ordem" (AI n° 250/98, TJRJ, 14ª Câm. Cív., Rel. Des. Mauro Nogueira, 07-04-98)

AÇÃO RESCISÓRIA
Art. 59. Não se admitirá ação rescisória (1) nas causas sujeitas ao procedimento instituído por esta Lei.

V. arts. 485 a 495, CPC.

(1) "Impossível o acolhimento da pretensão rescisória ajuizada pelo demandante, mesmo que denominada de 'declaratória', em virtude da expressa proibição legal. Não se admitirá ação rescisória nas causas sujeitas ao procedimento instituído por esta lei" (RJE 18/86). "Não se admite ação rescisória contra decisão proferida no âmbito dos JECiv" (RJTJRGS 199/372). "Ação de anulação de sentença não pode ser processada perante a TR, por supressão de um grau de jurisdição e fraude à proibição de ação rescisória no sistema dos JEs" (RJE 18/86-97). "O acordo judicial, firmado em audiência, pelas partes e respectivos advogados, homologado pelo Juiz, tem força de sentença e não pode ser rescindido por juízo do mesmo nível, sob pena de perpetuação dos litígios, salvo, evidentemente, de casos excepcionais, como erro material" (RJE 22/77-78). "Não se admite ação rescisória contra sentença proferida perante o JECiv e muito menos contra homologação de transação" (R. Sent. n° 614996-00/4, 2° TACiv/SP, 9ª Câmara, Rel. Eros Piceli, 02-02-00). Contra: "É competente o JECiv para processar e julgar ação anulatória de acordo homologado no sistema da LJE" (Apel. Cív. n° 70000079038, TJRS, 14ª Câm. Cív., Rel. Des. Marco Antônio Bandeira Scapini, 23-03-00).

Ainda: "A competência para conhecer de ação rescisória de decisão prolatada em processo oriundo do Juizado Especial de Pequenas Causas não é do TA, mas de uma das TRs daquele Juizado. Embora não caiba ação rescisória de decisão de feitos do Juizado de Pequenas Causas, a questão da competência precede ao exame das condições da ação" (JTARGS 98/228).

CAPÍTULO IV
DISPOSIÇÕES FINAIS COMUNS

LEGISLAÇÃO ESTADUAL
Art. 93. Lei Estadual (1) **disporá sobre o Sistema de Juizados Especiais Cíveis e Criminais, sua organização, composição e competência** (2).

(1) "Observado o disposto no art. 96, inc. II, da Constituição,[115] resolução do Tribunal competente implantará os Juizados Especiais Cíveis e Criminais até que lei estadual disponha sobre o Sistema de que tratam os arts. 93 e 95 da Lei nº 9.099/95" (1ª Conclusão da CNI-ENM). "Ao implantar os Juizados Especiais Cíveis e Criminais por Resolução, enquanto não existir lei específica, o Tribunal competente poderá atribuir a juiz togado local as funções jurisdicionais estabelecidas na Lei nº 9.099/95" (3ª Conclusão da CNI-ENM).
V. art. 95 e notas.

(2) "A lei local não poderá ampliar a competência do Juizado Especial" (Conclusão 3ª da I ECJES.

SERVIÇOS DE CARTÓRIO
Art. 94. Os serviços de cartório poderão ser prestados, e as audiências realizadas fora da sede da Comarca, em bairros ou cidades a ela pertencentes, ocupando instalações de prédios públicos, de acordo com audiências previamente anunciadas.

PRAZO DE INSTALAÇÃO DOS JUIZADOS ESPECIAIS
Art. 95. Os Estados (1), **Distrito Federal e Territórios criarão e instalarão os Juizados Especiais no prazo de seis meses, a contar da vigência desta Lei** (2).

---

[115] Art. 96, CF – Compete privativamente: II – ao Supremo Tribunal Federal, aos Tribunais Superiores e aos Tribunais de Justiça propor ao Poder Legislativo respectivo, observado o disposto no art. 169: a) a alteração do número de membros dos tribunais inferiores; b) a criação e a extinção de cargos e a remuneração dos serviços auxiliares e os dos juízes que lhes forem vinculados, bem como a fixação do subsídio de seus membros e dos juízes, inclusive dos tribunais inferiores, onde houver, ressalvado o disposto no art. 48, XV; c) a criação ou extinção dos tribunais inferiores; d) a alteração da organização e da divisão judiciárias.

(1) No RS, a Lei n° 10.675, de 02-01-96, criou o Sistema dos Juizados Especiais Cíveis e Criminais, e no RJ, a Lei n° 2556, de 21-05-96.
(2) A "vacatio executionis" findou em 30-05-96.

VIGÊNCIA DA LEI
Art. 96. Esta Lei entra em vigor no prazo de sessenta dias após a sua publicação (1, 1a).

(1) Como a publicação ocorreu em 27-09-95, no DOU, a lei entrou em vigor em 27-11-95.
(1a) "A vigência imediata da norma processual de competência somente sofre restrições em se tratando de processo onde foi proferida sentença, ponto em que a lei nova tem efeito imediato mas não retroativo" (CCo n° 96.001779-8, TJSC, 2ª Câm. Cív., Rel. Des. Anselmo Cerello).

REVOGAÇÕES
Art. 97. Ficam revogadas a Lei nº 4.611, de 02 de abril de 1965 (1), e a Lei nº 7.244, de 07 de novembro de 1984 (2).

(1) Modifica as normas processuais dos crimes previstos nos arts. 121, § 3° (homicídio culposo), e 129, § 6° (lesões corporais culposas), do Código Penal.
(2) Dispõe sobre a criação e o funcionamento do Juizado Especial de Pequenas Causas.

QUADRO DE PRAZOS

PRAZO	PARA
48 horas	- preparo do recurso (art. 42, § 1º)
5 dias de antecedência	- requerimento de intimação das testemunhas para a audiência de instrução e julgamento (art. 34, § 1º)
até 5 dias após a instrução	- apresentação do laudo, ao juiz togado, pelo árbitro, para homologação (art. 26)
5 dias	- apresentação do laudo, ao juiz togado, pelo árbitro, para homologação (art. 26)
10 dias	- interposição de embargos declaratórios (art. 49) - interposição de recurso (art. 42) - oferecimento de resposta pelo recorrido (art. 42, § 2º)
15 dias	- realização da sessão de conciliação após o registro do pedido (art. 16) - realização da audiência de instrução e julgamento após a sessão de conciliação, se não for instituído o juízo arbitral e se não resultar prejuízo à defesa (art. 27, parág. único)
30 dias	- habilitação de sucessores em caso de falecimento do **autor (art. 51, V)** - **promoção da citação dos sucessores, pelo autor, quando o réu falecer (art. 51, VI)**

Índice analítico
(Os números se referem aos artigos, parágrafos e incisos da Lei 9.099/95)

Ação(ões) – 4º, III; 8º, § 1º
Ação de despejo – 3º, III
Ação rescisória – 59
Acesso – 54
Acidentes de trabalho – 3º, § 2º
Ações possessórias – 3º, IV
Acórdão – 46; 48
Acordo – 24; 57, parágrafo único
Acordo extrajudicial – 57
Adjudicação – 53, § 2º
Adoção – 53, § 3º
Advertência – 18, § 1º
Advocacia – 7º, parágrafo único
Advogado(s) – 7º; 9º; 9º, § 1º; 9º, § 2º; 9º, § 3º; 41, § 2º
Agência – 4º, I
Alçada – 39
Alegações iniciais – 18, § 1º
Alienação – 52, VII; 52, VIII; 53, § 2º
Alterações – 52
Alternativas – 53, § 3º
Apresentação – 14; 35
Árbitro – 24, § 1º; 24, § 2º; 25; 26
Argüição – 30
Art 275, inc II, CPC – 3º, II
Assistência – 9º; 9º, § 1º; 10
Assistência judiciária – 9º, § 1º; 54, parágrafo único
Ata – 46
Atividades – 4º, I
Ato(s) – 4º, III; 13, § 3º; 19, § 1º; 40
Atos processuais – 12; 13; 13, § 2º
Audiência(s) – 19, § 1º; 24, § 1º; 27, parágrafo único; 29; 29, parágrafo único; 31, parágrafo único; 35, parágrafo único; 38; 51, I; 52, III; 53, § 1º; 53, § 2º; 53, § 3º; 94

Audiência de instrução e julgamento – 20; 27; 28; 33; 34; 34, § 1º
Ausência – 19, § 2º; 51, § 2º
Autor – 4º, I; 8º, § 2º; 31, parágrafo único; 51, I; 51, V; 51, VI; 53, § 4º
Autos – 52, IX
Autuação – 16
Auxiliares da Justiça – 7º
Avaliação – 52, VII
Aviso de recebimento – 18, I

Bacharéis em Direito – 7º
Bairros – 94
Bem comum – 6º
Bem móvel – 52, VII
Bem hipotecado – 52, VII
Bem imóvel – 52, VII
Bem penhorado – 52, VII; 53, § 2º
Bens – 52, VII
Bens de pequeno valor – 52, VIII
Bens penhoráveis – 53, § 4º
Bônus do Tesouro Nacional, BTN – 52, I

Cálculos – 52, II
Capacidade – 3º, § 2º
Carta precatória – 18, III
Cartório – 94
Caso – 6º
Caução idônea – 52, VII
Causa(s) – 1º; 3º; 3º, § 2º; 9º; 9º, § 2º; 55
Causa impeditiva, modificativa ou extintiva da obrigação – 52, IX, d
Celeridade – 2º
Cessionários de direito – 8º, § 1º
Cidades – 94

Citação – 17; 18; 18, § 1º; 18, § 2º; 18, § 3º; 19; 51, VI; 52, IV; 52, IX
Código de Processo Civil – 3º, II; 52; 53
Coisas – 35, parágrafo único
Comarca(s) – 13, § 2º; 94
Comparecimento – 18, § 1º; 18, § 3º
Competência – 1º; 3º; 3º, § 2º; 93
Composição – 93
Comunicação – 13, § 2º; 19, § 2º
Conciliação – 1º; 2º; 3º; 3º, § 3º; 8, § 2º; 21; 22; 22, parágrafo único; 24; 41; 51, II; 53, § 1º; 58
Conciliador(es) – 7º; 22; 53, § 2º
Condenação – 52, V; 55
Condições econômicas do devedor – 52, V
Condução – 34, § 2º
Confiança – 35, parágrafo único
Conseqüências – 21
Conservação – 13, § 4º
Contestação – 17, parágrafo único; 30; 31
Contradição – 48
Controvérsia – 31
Conveniência – 9º, § 2º
Conversão – 52, I; 52, II
Convicção – 20;38
Cópia – 18, § 1º
Correspondência – 18, I
Crédito – 3º, § 3º
Credor – 52, V; 52, VII
Critérios – 2º; 13; 25
Cunho patrimonial – 3º, § 2º
Cumprimento – 52, VI
Curadorias – 56
Custas – 51, § 2º; 54; 55; 55, parágrafo único

Dação em pagamento – 53, § 2º
Dano(s) – 4º, III; 43
Data – 24, § 1º; 31, parágrafo único; 45; 52, VII
Débito – 53, § 2º
Decisão – 6º; 13, § 3º; 40; 49
Defesa, § 27
Demandado – 20; 23
Depoimentos – 36
Descumprimento – 52, III
Deserção – 42, § 1º
Designação – 31, parágrafo único
Despesas – 44; 52, VI; 54; 54, parágrafo único

Devedor – 52, V; 52, VI; 52, VII; 52, IX; 53, § 1º; 53, § 4º; 55, parágrafo único, III
Dia(s) – 18, § 1º; 26; 27, parágrafo único; 34, § 1º; 42; 42, § 2º; 49; 51, V; 51, VI; 96
Dispensa – 53, § 2º
Distribuição – 16
Distrito Federal – 1º; 95
Documentos – 13, § 4º; 29, parágrafo único; 53, § 4º
Domicílio – 4º, I; 4º, III
Dúvida – 48

Economia processual – 2º
Edital(is) – 18, § 2º; 52, VIII
Efeito(s) – 43; 52, III
Eficácia – 22, parágrafo único
Embargos – 52, IX; 53, § 1º; 53, § 3º
Embargos de declaração – 48; 49; 50
Embargos do devedor – 55, parágrafo único, II
Empresas públicas – 8º
Encarregado da recepção – 18, II
Endereço – 14, § 1º, I; 19, § 2º
Entrega – 18, II
Eqüidade – 25
Erro de cálculo – 52, IX, c
Erros materiais – 48, parágrafo único
Escolha – 24, § 1º
Escritório – 4º, I; 36
Essencial – 36
Estabelecimento – 4º, I
Estado(s) – 1º; 3º, § 2º; 95
Excesso de execução – 52, IX, b
Execução – 1º; 3º, § 1º; 52; 52, IV; 52, V; 52, IX; 53; 55, parágrafo único; 55, parágrafo único, III
Execução por quantia certa – 52, V
Experiência – 5º; 7º
Extinção – 51, § 1º

Fato(s) – 4º, III; 14, § 1º, II; 20; 31; 32; 35; 38; 51, VI
Fichas – 14, § 3º
Filial – 4º, I
Finalidades – 13
Fins sociais – 6º
Firma individual – 9º, § 1º; 9º, § 4º; 18, II
Fita magnética – 13, § 3º; 44

Força maior – 51, § 2º
Força pública – 34, § 2º
Forma – 24
Forma sucinta – 14, § 1º, II
Formulários impressos – 14, § 3º
Foro – 4º; 4º, parágrafo único
Funções – 7º, parágrafo único
Fundamentação – 46
Fundamentos – 14, § 1º, II; 46

Gravação – 44

Habilitação – 51, V
Homologação – 26
Honorários – 52, II
Honorários de advogado – 55
Hora(s) – 18, § 1º; 42, § 1º
Horário noturno – 12

Impedimento(s) – 30; 51, IV
Inadimplemento – 52, V
Incapaz – 8º
Incidentes – 29
Incompetência – 51, III
Indicação – 46
Índice equivalente – 52, I
Índices – 51, II
Informalidade – 2º
Informes – 36
Insolvente civil – 8º
Inspeção – 35, parágrafo único
Instalações – 94
Instrução – 26; 37; 40
Instrumento escrito – 57, parágrafo único
Interessado(s) – 52, IV
Interposição – 42, § 1º
Interrupção – 29, parágrafo único
Intervenção – 10
Intimação(ões) – 19; 19, § 2º; 34; 34, § 1º; 42, § 1º; 51, § 1º; 52, III; 52, III

Jornais – 52, VIII
Juiz(Juízes) – 5º; 6º; 9º, § 2º; 20; 24, § 1º; 25; 30; 33; 34, § 2º; 35; 35, parágrafo único; 38; 43; 51, § 2º; 52, V; 52, VI; 52, VII; 53, § 3º
Juizado Especial Cível – 3º; 3º, § 1º; 3º, § 2º; 8º, § 1º; 9º, § 1º; 41; 52; 54; 56

Juizados Especiais – 1º; 7º, parágrafo único; 95
Juiz(es) leigo(s) – 7º; 7º, parágrafo único; 21; 22; 24, § 2º; 37; 40
Juiz(es) togado(s) – 21; 22; 22, parágrafo único; 23; 26; 37; 40; 41, § 1º
Juízo – 19, § 2º; 52, VII; 57
Juízo arbitral – 24; 24, § 1º; 27
Julgado(s) – 3º, § 1º, I; 52, V
Julgamento – 1º; 3º; 18, § 1º; 46
Juros – 52, II
Justiça – 1º; 7º

Laudo arbitral – 26; 41
Lei – 3º, § 1º, II; 3º, § 3º; 4º; 6º; 8º; 9º, § 1º; 11; 13; 15; 21; 24; 25; 31; 32; 39; 51; 51, II; 51, IV; 53; 54, parágrafo único; 58; 59; 93; 95; 96
Leilão – 52, VII
Legislação – 30
Liberdade – 5º
Limite(s) – 3º, § 3º; 15; 31
Linguagem – 14, § 1º
Litigância de má-fé – 55; 55, parágrafo único, I
Litígio – 21; 53, § 2º
Litisconsórcio – 10
Local – 4º, I; 4º, III; 19, § 2º
Lugar(es) – 4º, II

Maior de dezoito anos – 8º, § 2º
Malícia – 52, V
Mandado – 18, III
Mandato – 9º, § 3º
Mão própria – 18, I
Massa falida – 8º
Matéria de defesa – 30
Medidas – 53, § 2º
Meio(s) – 13, § 2º; 19; 32; 53, § 2º
Menor complexidade – 3º
Ministério Público – 11; 57, parágrafo único
Mudanças – 19, § 2º
Multa – 52, V
Multa diária – 52, V; 52, VI

Nome – 14, § 1º, I
Normas – 13, § 4º
Notas – 13, § 3º
Nulidade – 13, § 1º; 18, § 3º

Manual do
JUIZADOS ESPECIAIS ESTADUAIS CÍVEIS

Objeto – 14, § 1º, III; 31
Obrigação – 4º, II; 14, § 2º; 52, V
Obrigação de dar – 52, V
Obrigação de entregar – 52, V
Obrigação de fazer – 52, V; 52, VI
Obrigação de não fazer – 52, V
Obscuridade – 48
Oficial de Justiça – 18, III
Omissão – 48
Opção – 3º, § 3º
Oralidade – 2º
Organização – 93
Organização judiciária – 12; 58
Órgão – 9º, § 1º
Orientação – 22
Outrem – 52, VI

Pagamento – 51, § 2º; 52, VII; 53, § 2º; 54
Parcelas – 52, II
Parecer técnico – 35
Parte(s) – 8º; 9º; 9º, § 1º; 9º, § 2º; 14, § 1º, I; 17; 19, § 1º; 19, § 2º; 21; 24; 24, § 1º; 27, parágrafo único; 28; 29, parágrafo único; 32; 34; 35; 35, parágrafo único; 41, § 2º; 43; 44; 45; 51, § 1º; 51, § 2º; 52, VII; 53, § 3º; 57, parágrafo único
Parte dispositiva – 46
Patrocínio – 9º, § 2º
Peças – 13, § 4º
Pedido – 14; 14, § 1º; 14, § 2º; 14, § 3º; 15; 16; 17; 18, § 1º; 20; 31; 31, parágrafo único; 38, parágrafo único; 42 Pedidos contrapostos – 17, parágrafo único
Penhora – 53, § 1º
Perdas e danos – 52, V
Pessoa(s) – 35, parágrafo único
Pessoas físicas – 8º, § 1º
Pessoa(s) jurídica(s) – 8º; 9º, § 1º; 9º, § 4º; 18, II
Petição – 42
Poderes especiais – 9º, § 3º
Praça – 52, VII
Prática – 13, § 2º
Prazo – 16; 42; 42, § 2º; 49; 50; 51, V; 51, VI; 95; 96
Preço – 52, VII
Prejuízo – 13, § 1º; 27
Preposto – 9º, § 4º

Preso – 8º
Prédios públicos – 94
Preparo – 42, § 1º; 42, § 2º; 54, parágrafo único
Primeiro grau – 55
Primeiro grau de jurisdição – 41, § 1º; 54; 54, parágrafo único
Procedimento – 3º, § 3º; 51, II; 59
Processo(s) – 1º; 2º; 3º; 5º; 8º; 10; 13, § 4º; 14; 19, § 2º; 25; 46; 51; 51, I; 51, § 1º; 52, IX, a; 53, § 4º
Prosseguimento – 29; 51, II
Prova(s) – 28; 32; 35; 36
Publicação – 52, VIII

Qualificação – 14, § 1º, I
Quantia líquida – 38, parágrafo único
Questões – 29
Razões – 42

Recepção – 18, II
Reconvenção – 31
Recorrente – 42; 55
Recorrido – 42, § 2º
Recurso – 41; 41, § 1º; 41, § 2º; 42; 43; 50; 54, parágrafo único; 55, parágrafo único, III
Registro – 17
Relatório – 38
Renúncia – 3º, § 3º
Reparação do(s) dano(s) – 4º, III
Requerente – 44
Requerimento – 34, § 1º; 35, parágrafo único
Resíduos – 3º, § 2º
Resposta – 42, § 2º
Resumo – 38
Réu – 4º, I; 9º, § 1º; 9º, § 4º; 31; 31, parágrafo único; 51, VI
Revelia – 52, IX, a
Riscos – 21

Salário(s) mínimo(s) – 3º, I; 3º, § 1º, II; 9º; 53
Secretaria do Juizado – 14; 14, § 3º; 16; 34, § 1º; 42, § 2º
Sede – 41, § 1º; 94
Segunda instância – 46
Segundo grau – 55

Sentença – 17, parágrafo único; 22, parágrafo único; 23; 28; 29; 36; 38; 41; 42; 46; 48; 50; 51, V; 52; 52, III; 52, IV; 52, V; 52, IX, d; 55
Sentença condenatória – 38, parágrafo único; 39
Sentença irrecorrível – 26
Sentenças líquidas – 52, I
Serviço de assistência judiciária – 56
Serviços – 94
Servidor judicial – 52, II
Sessão de conciliação – 16; 17; 20; 21
Sessão de julgamento – 45
Simplicidade – 2º
Sistema – 14, § 3º
Sistema de Juizados Especiais Cíveis e Criminais – 93
Solicitação – 52, IV
Solução – 53, § 2º
Sucessores – 51, VI
Sucursal – 4º, I
Súmula – 46
Suspeição – 30

Taxas – 54
Técnicos – 35
Terceira pessoa – 52, VII
Terceiro – 10
Termo(s) – 24, § 1º; 57
Territórios – 1º
Testemunha(s) – 27, parágrafo único; 34; 34, § 1º; 34, § 2º
Título(s) executivo(s) – 3º, § 1º, II; 22, parágrafo único; 53; 57; 57, parágrafo único
Transação – 2º
Transcrição – 44
Transformação – 52, V
Trânsito em julgado – 13, § 3º; 52, III
Turma – 41, § 1º

União – 1º

Valor – 5º; 9º; 14, § 1º, III; 52, VI; 53; 55; 57
Vantagens – 21
Vencido – 52, III; 55
Veracidade – 32